Kunst-Reiseführer in der Reihe DuMont Dokumente

W0188748

Zur schnellen Orientierung – Die wichtigsten Orte im Périgord und an der Atlantikküste auf einen Blick:

(Auszug aus dem ausführlichen Ortsregister S. 329)

Arcachon	289	Hossegor	292
Bayonne	293	Les Eyzies	134
Beaulieu-sur-Dordogne	53	Limoges	74
Bergerac	247	Mimizan	292
Biarritz	294	Monpazier	119
Bordeaux	256	Montignac/Lascaux	177
Bourdeilles	234	Périgueux	201
Brantôme	235	Rocamadour	59
Cabrerets/Pech-Merle	194	Sarlat	101
Cadouin	122	Souillac	66
Cahors	183	Soulac-sur-Mer	287
Capbreton	292	St-Amand-de-Coly	178
Carennac	62	St-Cirq-Lapopie	193
Domme	113	St-Emilion	250
Gourdon/Cougnac	182	St-Jean-de-Luz	295
Hautefort	227	St-Léon-sur-Vézère	143

In der vorderen Umschlagklappe: Karte von Südwest-Frankreich

In der hinteren Klappe: Anbaugebiete und Jahrgänge der Bordeaux-Weine

Font-de-Gaume: Die Kapelle der Bisons (Zeichnung: von H. Breuil)

Thorsten Droste

Périgord
und Atlantikküste

Kunst und Natur im Tal der Dordogne
und an der Côte d'Argent von Bordeaux bis Biarritz

DuMont Buchverlag Köln

Auf der Umschlagvorderseite: Château Castelnaud im Frühnebel
Auf der Innenklappe: Düne von Pilat
Auf der Umschlagrückseite: St-Jean-de-Luz

Der Erinnerung an meinen Vater,
der die Liebe zum Périgord in mir geweckt hat.

© 1981 DuMont Buchverlag, Köln
8. Auflage 1988
Alle Rechte vorbehalten
Satz: Boss-Druck, Kleve
Druck und buchbinderische Verarbeitung: C. S. GRAPHICS PTE LTD

Printed in Singapur   ISBN 3-7701-1197-4

Inhalt

Vorwort 9

Land und Geschichte

Der geographische Raum 11

Naturkundliche Notizen 14
Stichworte zur Geologie 14
Entstehungsgeschichte der Höhlen 14
Höhlenkundliches Glossar 16
Klima und Vegetation 18
Die Fauna 19

Geschichtlicher Überblick 22
Stichworte zur Vor- und Frühgeschichte 22
Von der Römerherrschaft bis zum Mittelalter 22
Das Mittelalter 24
Der Hundertjährige Krieg 30
Vom 16. zum 18. Jahrhundert 31
Ausblick in unsere Tage 49

Reise-Routen

Flußabwärts im Tal der Dordogne 51
Am Oberlauf der Dordogne 51
Von Beaulieu-sur-Dordogne nach Souillac 53
Beaulieu-sur-Dordogne – Castelnau – Grotte de Presque – Gouffre de Padirac – Rocamadour – Carennac – Martel – Grotte de Lacave – Château La Treyne – Souillac

Durch das Limousin nach Süden 71

St-Léonard-de-Noblat 71
Limoges 74
Vorboten des Périgord 97
Die Abtei Solignac – Uzerche – Brive – Collonges-la-Rouge

Das Périgord Noir 101

Sarlat, Hauptstadt des Périgord Noir 101
Blick in die Geschichte – Das Stadtbild: Baugestalt und Soziologie – Erster Rundgang: Vom geistlichen zum weltlichen Zentrum – Zweiter Rundgang: Versteckte Kostbarkeiten
Ausflug in den Norden von Sarlat 108
Burgen, Kirchen und Bastiden 110
Château Fénelon – Château Montfort – Cénac – Die Bastide Domme – La Roque-Gageac – Die Burg von Castelnaud – Château Fayrac – Château Les Milandes – Château Beynac – Château de Fages – Die Bastide Monpazier – Château Biron – Die Bastide Beaumont – Die Zisterzienser-Abtei Cadouin

Im Tal der Vézère 126

Die prähistorische Kunst 126
Geschichte ihrer Entdeckung und Erforschung – Gestalt und Deutung – Technik, Material und Erhaltung – Ursprung und Entwicklung – Epochenübersicht
Les Eyzies, Hauptstadt der Vor- und Frühgeschichte 134
Die Höhlen und Fundstätten 135
Font-de-Gaume – Les Combarelles – Abri du Cap-Blanc – Grotte von La Grèze – Rouffignac – Bara-Bahau – Tayac – Gorge d'Enfer – Laugerie-Basse und Laugerie-Haute – La Mouthe – Weitere Fundstätten
Tropfsteinhöhlen im Umkreis von Les Eyzies 142
Le Grand Roc – Carpe Diem – Gouffre de Proumeyssac
Die Vézère flußaufwärts 143
St-Léon-sur-Vézère – Auf dem Weg nach Montignac – Lascaux – St-Amand-de-Coly – Château de Rastignac

Streifzüge im Quercy 181

Die Landschaft 181
Gourdon und die Höhle von Cougnac 182
Cougnac – Gourdon
Cahors, die Hauptstadt des Quercy 183
Blick in die Geschichte – Die Kathedrale St-Etienne – Rundgang durch die Stadt – Der Pont Valentré
Von Cahors nach Osten 193
St-Cirq-Lapopie – Pech-Merle – Grotte de Bellevue – Abtei Marcilhac
Von Cahors im Tal des Lot flußabwärts 196
Duravel – Château de Bonaguil – Am Unterlauf des Lot

Das Périgord Vert 201

Périgueux, Hauptstadt des Périgord Vert 201
Blick in die Geschichte – Die Kathedrale St-Front – Das Altstadtviertel Puy
St-Front und das Musée du Périgord – Die Cité – Die Bauten des antiken Vesuna
In den Tälern des Isle und der Auvézère 227
Château Les Bories – Château Hautefort – Tourtoirac
Die Abteien vor den Toren von Périgueux 230
Chancelade – Merlande
Von Périgueux den Isle flußabwärts 232

An den Ufern der Dronne 233
Château Bourdeilles 234
Brantôme 235
Zwischen Dronne und Isle 238
Château Puyguilhem – Die Abtei Boschaud – Grotte de Villars – St-Jean-de-Côle
– Thiviers
Abstecher ins Nontronnais 243

Vom Périgord ins Bordelais 245
Abschied von den Kuppelkirchen 245
Paunat – Trémolat – Lanquais
Im Bergeracois 247
Bergerac – Monbazillac
Auf der Grenze zwischen Périgord und Bordelais 248
Montcaret – St-Michel de Montaigne

Im Bordelais 250
St-Emilion 250
Blick in die Geschichte – Rundgang durch die Stadt
Bordeaux 256
Blick in die Geschichte – Das Grand Théâtre – Die Börse – Die Porte de Cailhau –
St-Michel – Ste-Croix – La Grosse Cloche – Die Kathedrale St-André – Die
Museen – Von St-Seurin zum Jardin Public
Ausflüge ins Bordelais 283
Graves, Sauternais und Entre-Deux-Mers – Blayais und Médoc

Am Atlantik – Die Côte d'Argent 287
An der Küste des Médoc 287
Das Becken von Arcachon 289
In den Landes 291
Biscarosse – Mimizan – Hossegor, Capreton
Ausblick in das Baskenland 293
Bayonne – Biarritz – St-Jean-de-Luz – Hendaye

Anmerkungen 296

Praktische Reise-Informationen

Reiseplanung 298
   Auskünfte 298
   Jahreszeiten 298
   Karten und Ausrüstung 299
   Verkehrsmittel 299
   Anreisevorschläge für Autofahrer 300
   Weitere Hinweise 301

Erholung und Sport 301
   Wandern 301
   Ferien mit dem Fahrrad 301
   Ferien mit dem Pferdewagen 302
   Kreative und alternative Ferien 302
   Bootsfahrten 302
   Badeplätze an den Flüssen 302
   Die Badeorte am Atlantik von Nord nach Süd 303

Die Küche im Périgord 307
   Spezialitäten des Landes 307
   Ausgewählte Restaurants 310

Wissenswertes für den Freund guter Weine 312
   Die Tradition der Bordeaux-Weine 312
   Die Weinregionen im Bordelais 314
   Das Etikett der Bordeaux-Weine 317
   Über den Umgang mit Bordeaux-Weinen 318
   Kleines Lexikon der Bordeaux-Weine 319

Öffnungszeiten 321
   Die wichtigsten Schlösser 321
   Museen 322
   Höhlen und prähistorische Fundstätten 323
   Sonstige Sehenwürdigkeiten 325

Abbildungsnachweis 326

Register 329

Vorwort

Mit dem Landschaftsbegriff Aquitanien werden die Gebiete Limousin, Périgord, Quercy, Bordelais und die Atlantikküste von der Gironde-Mündung nach Süden umrissen. Dieser Bereich des südwestlichen Frankreichs zählt zu den reichsten Kulturlandschaften Europas, an dem nicht nur die Fülle an hochbedeutenden Kunstwerken fasziniert, sondern auch die Tatsache, daß hier auf relativ engem Raum Zeugnisse aller Epochen der Menschheitsgeschichte anzutreffen sind. Keine andere Landschaft Europas gewährt einen so lückenlosen Einblick in die Entwicklung der Kunstgeschichte, so daß eine Fahrt im Tal der Dordogne und in ihren Seitentälern zu einer Reise durch die Jahrtausende wird. In den Höhlen des Vézère- und des Lot-Tales findet man die frühesten Dokumente menschlichen Kunstschaffens überhaupt. Alle Epochen der prähistorischen Kunst von ihren tastenden Anfängen aus der Zeit um 40 000 v. Chr. bis in die ausgehende Steinzeit sind repräsentiert. Bauten und Bildwerke der Antike haben sich in Périgueux, Montcaret und an anderen Orten erhalten, das frühe und hohe Mittelalter erstrahlt in einer Reihe von Kirchen und Klöstern, Renaissance und Barock schließlich haben dem Land eine unübersehbare Zahl an Burgen und Schlössern geschenkt.

Dies alles ist eingebettet in eine Landschaft, von der Henry Miller ohne übertriebenes Pathos befand, daß »diesseits von Griechenland nichts dem Paradies so nahe kommt«.[1] Er nennt es »großzügig das Paradies der Franzosen« und fährt fort: »Es muß schon vor Tausenden von Jahren ein Paradies gewesen sein, wohl schon zu Zeiten des Cro-Magnon-Menschen, . . . Ich glaube, daß der Cro-Magnon-Mensch sich hier niederließ, weil er äußerst intelligent war und einen hochentwickelten Schönheitssinn besaß. Ich glaube, daß auch sein religiöses Gefühl bereits sehr entwickelt war und daß es hier gedieh, obwohl er wie ein Tier in den tiefen Höhlen hauste. Ich glaube, daß dieses friedliche, weite Gebiet Frankreichs stets ein heiliger Fleck Erde für den Menschen bleiben wird, . . .«

Es ist deshalb Ziel dieses Buches, Landschafts- und Natureindrücke gleichgewichtig neben die Kapitel zur Geschichte und Kunstgeschichte zu setzen. Darum wurden naturkundliche Notizen mit Informationen zur Geologie, zur Botanik und Fauna an den Anfang gestellt. Es schließen sich ein geschichtlicher Überblick und daran die Reisebeschreibungen an. Neben nützlichen Hinweisen zur Planung und Gestaltung einer Reise enthält der praktische Informationsteil ausführliche Exkurse zur Gastronomie und zum Weinbau, nicht zuletzt in der Absicht, auch etwas vom ›Kunstcharakter‹ französischer Lebensart zu vermitteln.

Land und Geschichte

Der geographische Raum

Die hier vorgestellten Landschaften umfassen die drei flächengrößten Departements Frankreichs: Dordogne, Gironde und Les Landes, sowie das Departement Lot. Sechs weitere Departements werden zum Teil mitbehandelt: Puy-de-Dôme, Creuse, Haute-Vienne, Corrèze, Lot-et-Garonne und Basses Pyrénées. Das Departement *Dordogne* entspricht in seinen Grenzen weitgehend der alten Provinz Périgord, dessen vielgestaltige Landschaft einen Übergang von den Ausläufern des Zentralmassivs im Osten zu der weiten Ebene des Aquitanischen Beckens im Westen und Süden bildet. Im Norden beherrschen die Hügel des Limousin das Bild. Charakteristisch für das Departement *Lot*, die ehemalige Grafschaft Quercy, sind seine weiten Hochebenen. In die Kalkfelsen haben zahlreiche Flüsse ihre Täler gezogen, die alle in westlicher Richtung fließen und ihre Wasser mit der Dordogne oder der Garonne vereinen. Der alte Name Südwest-Frankreichs, *Aquitanien,* den schon Caesar in seinem Kommentar zum Gallischen Krieg zitiert[2], deutet auf reiche Wasservorkommen, wie auch die Endsilbe *ac* (von *aqua*) bei vielen Ortsnamen (z. B. Bergerac, Beynac, Fayrac usw.) auf das Vorhandensein einer Quelle an dem jeweiligen Ort hinweist.

Die Flußtäler bestimmen das Landschaftsbild und geben ihm eine natürliche Gliederung, die auch als Leitfaden für die hier beschriebenen Kunstreisen gewählt wurde, denn gerade in diesen Tälern konzentriert sich die Zahl der Sehenswürdigkeiten. Die wichtigsten Flüsse sind:

– Die *Dordogne.* Sie entspringt im Zentralmassiv in 1720 m über dem Meeresspiegel am Fuß des Puy-de-Sancy (Mont-Dore), wo sie zunächst nur Dore heißt; erst zusammen mit dem kleinen Nebenfluß Dogne führt sie den vollen Namen Dordogne, die mit einer Gesamtlänge von 490 km einer der längsten Flüsse Frankreichs ist. Im Oberlauf ist der Fluß mehrfach zu großen Seen für die Gewinnung von Elektrizität gestaut. Die Dordogne fließt nördlich von Bordeaux in die Garonne; der breite Mündungstrichter beider Ströme ist die *Gironde.*

– Die *Vézère* entspringt im Limousin unterhalb des Mont Bessou. Westlich von Brive werden ihr die Wasser der gleichfalls aus dem Limousin kommenden *Corrèze* zugeführt. Die Vézère hat eine Gesamtlänge von 192 km und mündet bei Limeuil in die Dordogne. An ihren Ufern finden sich die meisten prähistorischen Höhlen der Welt.

Im Quellgebiet der Dordogne
unterhalb des Puy-de-Sancy

– Südlich von Limoges entspringt der *Isle,* in den kurz vor der Hauptstadt des Departements Dordogne, Périgueux, die *Auvézère* mündet. Er ist 235 km lang und auf etwa 150 km vor der Mündung bei Libourne flußaufwärts schiffbar.

– Die Quelle der *Dronne* liegt gleichfalls südlich von Limoges. Ihr Weg verläuft nahezu parallel zum Isle, in den die Dronne 15 km nördlich von Libourne mündet.

– Der *Lot* entspringt in den Cevennen. Er ist mit 481 km annähernd so lang wie die Dordogne, zu der er parallel verlaufend sein Tal durch die Kalkfelsen des Quercy gefurcht hat. 20 km westlich von Agen mündet er in die Garonne.

– Die *Garonne,* mit 650 km Gesamtlänge der größte Fluß in Südwest-Frankreich, entspringt in den Pyrenäen. In einem weiten Bogen fließt sie zunächst nordöstlich, und von Toulouse an ändert sie ihre Richtung nach Nordwesten.

Das Land um die Unterläufe der Dordogne und der Garonne ist das *Bordelais,* wo sich eine blühende Weinbaulandschaft entwickelte. Südlich von Bordeaux breitet sich die große Ebene der *Landes* (Heiden) aus, die in einem Dreieck von der Garonne und dem Adour im Süden begrenzt wird. Bis ins vorige Jahrhundert waren die Landes weitgehend ein unwirtliches Sumpfgebiet, das dann systematisch trockengelegt und mit Kiefern und Korkeichen aufgeforstet wurde. Die wie mit einem Lineal gezogene Küste der Landes bietet das Bild einer Dünenlandschaft, die in Europa einzigartig ist. Ein regelrechter Dünengürtel hat zahlreiche *Etangs* (Binnenseen) im Landesinnern vom Meer abgeschnitten. Das Becken von Arcachon hat noch als einziges die direkte Verbindung zum offenen Atlantik, da der Gezeitenwechsel mit ungeheurem Druck den schmalen Zugang zum Meer freihält. Mit ihren herrlichen Sandstränden reichen die Landes bis nach Biarritz; von dort an wird die Küste wieder felsiger, die Pyrenäen machen sich bemerkbar. Der Küstenabschnitt zwischen St-Jean-de-Luz und Hendaye ist die *Corniche Basque,* die mit ihren schräg geschichteten Schieferfaltungen ein bizarres Landschaftsbild bietet, ein krasser Gegensatz zu den weiten Stränden der Landes.

Naturkundliche Notizen

Stichworte zur Geologie

Das Garonne-Becken und die diesem Bereich geographisch zugeordneten Gebiete der Dordogne und ihrer Nebenflüsse werden nicht nur von den Historikern, sondern auch von den Geologen Aquitanien genannt, man spricht vom *Aquitanischen Becken*. Die von zahlreichen Flüssen durchzogene Ebene bildet ein nahezu dreieckiges Senkungsfeld, das im Osten vom Zentralmassiv, im Norden von dem vom Zentralmassiv westwärts abzweigenden Armorikanischen Massiv (Höhenzüge durch die Vendée und die Bretagne bis zu den Britischen Inseln) und nach Süden durch die Pyrenäen begrenzt wird. Ursprünglich ein Meeresgolf, also eine Erweiterung der heutigen Biscaya nach Osten, entstand das Aquitanische Becken, indem sich der Meeresboden allmählich mit Schuttmassen auffüllte, die von den im Tertiär und Quartär aufsteigenden Gebirgen oder Nachfaltungen (z. B. des Zentralmassivs) stammten. Diese Molasse und fluviatile Bildungen überdeckten weitgehend die älteren marinen Ablagerungen, die nur am Nordostrand in Form von Kalken des Alttertiärs, der Kreide und des Jura mit den Ausläufern des Zentralmassivs mitangehoben wurden. Die Vézère, die Dordogne und der Lot haben tiefe Gräben in diese Gesteinsschichten gezogen. Eine einheitliche Schichtenfolge ist auf Grund der ständig wechselnden Gesteinsarten und der erheblichen tektonischen Störungen (z. B. Erdbeben) nicht zur Durchbildung gekommen. Unter den von den Gebirgsfaltungen in die Senke getragenen Schuttmassen bildeten sich Gase und Erdöl, die seit einigen Jahren in den Landes mit Zentrum in Parentis-en-Born abgebaut werden. Ansonsten ist das Aquitanische Becken arm an Bodenschätzen, weshalb sich letztlich keine nennenswerte Industrie entwickelte und bis heute die agrarische Struktur der Gegend vorherrschend blieb.

Entstehungsgeschichte der Höhlen

Die Höhlen finden sich überwiegend im Kalksaum entlang den Ausläufern des Zentralmassivs, also in den Tälern der Vézère, der Dordogne und des Lot, die klassische Karstgebiete sind. Die Bezeichnung *Karst* benannte ursprünglich einmal die Kalklandschaft im heutigen Grenzbereich zwischen Italien und Jugoslawien, inzwischen aber findet sie allgemein Anwendung für Kalklandschaften, deren gemeinsames Charakteristikum eine unterirdische

Entwässerung ist. Das Kalkgestein – in Jahrmillionen durch Ablagerungen entstandener alter Meeresboden – wurde durch die tertiären Nachfaltungen des Zentralmassivs mit nach oben gedrückt. Dabei verschoben sich die Kalkschichten, wurden vielfältig gebrochen, in- und übereinander gelagert, was zahllose Risse, Klüfte und Fugen verursachte. Dieses Gefüge aus zerklüfteten Hohlräumen ist der Ursprung der unterirdischen Höhlen, die sich als bizarre Konsequenz der Wasserlöslichkeit des Kalkgesteins herausbilden. Das mit Kohlendioxyd aus der Luft, insbesondere der Luft pflanzenreicher Böden, angereicherte und dadurch säureartig wirkende Wasser dringt in die Risse und Fugen des aufgefalteten ehemaligen Meeresbodens ein und beginnt, sie zu verbreitern und zu vergrößern. Neben dieser chemischen Wirkung des Wassers, der Korrosion, übt es auch eine mechanische Kraft aus (Erosion): mitgeführte feste Bestandteile wie Sand, Schutt und ähnliches werden an den Kalkwänden gerieben und sorgen für eine zusätzliche Abtragung. So entsteht allmählich ein System unterirdischer Kanäle, das der Erdoberfläche mehr und mehr das Regenwasser entzieht. Durch den Wasserentzug trocknet die Krume aus, wird stellenweise abgetragen, und entsprechend reduziert sich die Vegetation bis hin zur teilweisen Verödung: das klassische Bild einer Karstlandschaft. Das versickerte Wasser gräbt sich seinen Weg der Erdanziehung folgend in die Tiefe, bis es auf wasserunlösliche Gesteinsschichten trifft, auf denen es abfließt, um dann irgendwo als Karstquelle wieder zutage zu treten. Auf diesem Weg in die Tiefe bleiben die höher gelegenen Teile des entstandenen Gezweiges aus Kanälen und Hohlräumen allmählich frei von Wasser; dies sind dann die unterirdischen Höhlen, die den Menschen des Paläolithikums so oft als Kultstätten dienten und in denen sich vielfach eine Zauberwelt aus Tropfsteinen bildete.

Schema von der Verkarstung einer Landschaft mit der Bildung einer Tropfsteinhöhle

Wasserundurchlässige Gesteinsschichten

Bei den Tropfsteinen, mit anderen vergleichbaren Bildungen allgemein *Höhlensinter* genannt, handelt es sich um *Sekundären* Kalk. Der *Primäre* Kalk ist der gewachsene ehemalige Meeresboden, der, wie oben beschrieben, vom kohlendioxydhaltigen Wasser zersetzt und in gelöstem Zustand weitertransportiert wird. In größeren Tiefen gibt das Wasser die Kalkbestandteile wieder ab, die dann als Höhlensinter sichtbar werden, im Grunde ein ähnlicher Vorgang wie die jedem bekannte ›Kesselstein‹-Bildung. Die dafür entscheidende Voraussetzung ist jedoch weniger die Wasserverdunstung als vielmehr das allmählich entweichende Kohlendioxyd, so daß das Wasser den gelösten Kalk nicht länger bindet und dieser zu den vielfältigen Formen des Höhlensinters heranwächst.

Wenn das Wasser an einer schrägen Höhlendecke oder -wand verläuft, ohne dabei abzutropfen, entstehen die *Sinterfahnen.* Wo aber der Neigungsgrad zu gering wird, tropft das Wasser von der Decke zu Boden. Dabei lagern sich nach und nach sowohl oben als auch unten Kalkteilchen ab, bis die von der Decke herabhängenden Kalkzapfen *(Stalaktiten)* und von unten aufwachsenden Kerzen *(Stalagmiten)* entstehen; je nach Verlauf des Wasser sind dabei alle Formen und Spielarten denkbar. Die Stalagmiten treten am häufigsten als Kegel oder Zylinder auf. Am erstaunlichsten sind die *Excentriques,* korallenartig verzweigte, kleinteilige Sinterstäbchen, über deren Entstehungsweise, die jedem Naturgesetz zu widersprechen scheint, immer noch weitgehend Unklarheit herrscht. Ferner gibt es *Sinterbecken,* flache, wannenähnliche Gebilde, und den *Bodensinter,* der dort entstand, wo Wasser über den Boden ablief, was meistens zu wulstigen, buckligen Formen führte.

Die genaue Untersuchung eines *Tropfsteins* gibt Aufschluß über sein Alter und die klimatischen Bedingungen zur Zeit seiner Entstehung. Für seine Datierung hat sich die C14-Methode – Messung des jeweils noch vorhandenen radioaktiven Kohlenstoffs (C14) – als erfolgreich erwiesen: Im Kohlendioxyd der Luft finden sich minimale Mengen von C14, der durch das Wasser in den Tropfstein gelangt und vom Moment der Kalkausscheidung an zu zerfallen beginnt. Je geringer also die noch meßbaren radioaktiven Rückstände sind, desto älter ist das Tropfsteingebilde. Ferner gewinnt man Aufschluß über die Wachstumsgeschwindigkeit eines Tropfsteins: etwa 1 cm pro Jahrhundert! Bei Querschnitten durch Stalaktiten und Stalagmiten wurden verschiedene Schichtungen festgestellt, die wie die Jahresringe eines Baumes die paläoklimatischen Bedingungen widerspiegeln. In den Kaltzeiten, die nur geringe Vegetation zuließen, kam ihr Wachstum fast zur Stagnation, während die Phasen der Erwärmung mit einer reichen Flora das Wachstum beschleunigten. So sind die Schichten der Kalksinterbildungen zugleich ein Spiegel der eiszeitlichen Epochen.

Höhlenkundliches Glossar

Abri   Felsdach oder Halbhöhle.

Dolomit   Gestein aus Kalziumkarbonat und Magnesiumkarbonat in verschiedenem Mengenverhältnis; wie Kalk verkarstungsfähig.

Erosion Mechanisch abtragende Tätigkeit des fließenden Wassers; die Abscheuerung erfolgt vor allem durch mitgeführten Sand, Schotter und dergleichen.

Excentriques Vielfältig gekrümmte Sinterbildungen, durchsichtig kristallin.

Gesamtganglänge Summe aller vermessenen Gangstrecken eines Höhlensystems.

Höhle Natürlicher unterirdischer, begehbarer Hohlraum im Gestein.

Kalk Verkarstungsfähiges Ablagerungsgestein, das zum größten Teil aus Kalziumkarbonat besteht ($CaCO_3$).

Kalzit Kristalliertes Kalziumkarbonat; Sinterbildungen bestehen vorwiegend aus Kalzit.

Kalziumbikarbonat Chemische Bezeichnung des wassergelösten Kalks mit der chemischen Formel $Ca(HCO_3)_2$.

Kalziumkarbonat Chemische Grundsubstanz von festem Kalk mit der chemischen Formel $CaCO_3$.

Karst Durch Korrosionserscheinungen geprägte Landschaft, charakteristisch für wasserlösliche Gesteine. Ursprünglich Eigenname der Gebirgslandschaft im Umkreis von Triest, jetzt Begriff für alle Gebiete mit ähnlichen Bedingungen.

Karsterscheinungen Formen, die sich in der Karstlandschaft entwickeln; dazu zählen Schlinger, Schwinden, Karstquellen und Höhlen mit ihrem Formenschatz.

Karstlandschaft Gesamtbild der Landschaft in einem Karstgebiet.

Karstquelle Austrittstelle des Wassers aus einem Karstgebiet. Eine Karstquelle ist sowohl die Wiederaustrittstelle versunkener Flüsse als auch die Austrittstelle eines unterirdischen Gerinnes, das aus Wasser mehrerer Schluckstellen gespeist wird.

Korrosion Auflösung oder chemische Zersetzung; speziell Auflösung von Kalk, der sich in Kalziumbikarbonat umwandelt.

Molasse Bezeichnung für lockere Sandsteine.

Schacht Vertikaler Höhlenteil. An der Oberfläche ansetzende Schächte werden im Französischen Gouffre (gelegentlich auch Aven) genannt.

Schlinger, Schwinde Öffnungen, durch die Wasser in ein unterirdisches Bett eintritt. In einer Schwinde fließt das Wasser als Sohlengerinne, in einen Schlinger tritt es unter Druck ein.

Sinterbecken Flaches, wannenförmiges Gebilde aus Sinter, im Entstehungszustand mit Wasser gefüllt.

Sinterschale Bezeichnung für ein Sinterbecken innerhalb einer Formation mehrerer treppenförmig angeordneter gleichartiger Gebilde.

Siphon Abschnitt eines Höhlenganges, in dem sich die Höhlendecke in den flüssigen Höhleninhalt (Wasser) oder auch in den festen Inhalt (Sedimente) einsenkt.

Speläologie Höhlenkunde.

Stalagmit Aufrechte, meist zylinder- oder kegelförmige Tropfsteinbildung, die durch auffallende kalkhaltige Wassertropfen auf den Boden entsteht. Stalagmiten wachsen unter einer Tropfstelle vom Boden nach oben.

Stalaktit Tropfsteinbildung, die an der Höhlendecke ansetzt und den fallenden Tropfen folgend nach unten wächst.

Troglobiont Höhlenbewohnendes Tier, das sich dauernd in der Höhle aufhält (kleine Krebse, Schnecken, Käfer usw., die meist blind sind).

Tropfröhrchen Auch als ›Makkaroni‹ oder ›Fistuleuse‹ bezeichnet: Anfangsstadium eines Stalaktiten; Röhrchen aus kristallisiertem Kalk, nur wenige Millimeter dick und in Einzelfällen meterlang.

Tropfstein (Auch Sinterbildung) Ausscheidung von Kalziumkarbonat aus Kalklösung.

(Nach: Hubert Trimmel, Redaktion Fachwörterbuch für Karst- und Höhlenkunde/Jahresheft für Karst- und Höhlenkunde des Landesvereins für Höhlenkunde in Wien und Niederösterreich, Wien 1965.)

Klima und Vegetation

Der südwest-französische Küstenraum ist ganz dem Einfluß des Atlantischen Ozeans geöffnet, der ein gemäßigtes Klima ohne extreme Temperaturschwankungen begünstigt. Die Sommer sind angenehm warm, ohne jedoch jemals drückend heiß zu werden; Niederschläge fallen gleichmäßig über das Jahr verteilt, nehmen allerdings im Spätherbst zu. Im Winter gibt es nur selten Frosttage, Schnee fällt so gut wie nie. Östlich an das Médoc und an die Wälder der Landes schließt sich eine breite Zone atlantisch-mediterranen Mischklimas an, in der jedoch die atlantische Komponente dominiert. Die Durchschnittstemperatur liegt geringfügig über der des Küstenstreifens, und das Niederschlagsmaximum ist mehr in die Spätsommermonate verlagert; in dieser Zeit kommt es häufiger zu gewittrigen Platzregen.

Dieses Klima bietet die ideale Voraussetzung für eine üppige und vielgestaltige Vegetation. Im Landschaftsbild dominiert der Laubwald. An der Atlantikküste bilden die Kiefern- und Korkeichenhaine der Landes de Médoc und der Landes de Gascogne mit einer Gesamtfläche von rund 15 000 qkm den größten zusammenhängenden Wald in Frankreich, in dem die Seestrandkiefer *(pinus maritima)* den Hauptanteil stellt. In der atlantisch-mediterranen Mischzone des zentralen Südwestens herrscht der westeuropäische Eichenmischwald vor. Darin fallen die zahlreichen Edelkastanienbäume auf, die an den Abhängen des Dordogne- und des Vézère-Tals zum Teil geschlossene Haine bilden. In den Tälern und Niederungen überwiegen Zypressen, Pinien und Pappeln. Unter den landwirtschaftlich genutzten Bäumen ist der Walnußbaum an erster Stelle zu nennen. Das Departement Dordogne ist mit 10 000 Tonnen Jahresertrag der Hauptlieferant für Walnüsse in Frankreich. Die Bäume werden plantagenmäßig angepflanzt, doch auch dort, wo sie scheinbar wildwachsend in der Landschaft stehen, gehören sie in der Regel einem Bauern. Man sollte deshalb als Tourist mit einer privaten Ernte vorsichtig sein und sich bei Appetit auf Walnüsse lieber auf dem nächsten Markt versorgen. Neben dem Walnußbaum spielt die Trüffeleiche eine tragende Rolle im Wirtschaftsleben: an ihren Wurzeln wächst die berühmte Delikatesse. In dem milden Klima gedeihen auch exotische Zierbäume wie z. B. Palmen, sogar Bananenstauden sind als Zierpflanzen verbreitet, ohne jedoch Früchte zu tragen. Unter den

Obstbäumen rangieren der Pflaumen-, Pfirsich- und Nektarinenbaum an oberster Stelle; im Gebiet um Bergerac befinden sich die größten Pfirsich-Plantagen Frankreichs. Zu den landwirtschaftlichen Nutzpflanzen zählt noch der Tabak, der überall im Südwesten angebaut wird. Rund 20 000 Bauern ernten jährlich bis zu 45 000 Tonnen Tabak, wobei das Departement Lot-et-Garonne den größten Anteil liefert.

Des milden Klimas wegen gedeihen in ganz Südwest-Frankreich mediterrane Blumenarten. Nur wenige, ausgesprochen atlantische Spezies, sind ausschließlich auf den Küstenstreifen beschränkt. Die auffälligsten Blumen in der atlantischen Dünenlandschaft sind die Strandkresse *(Lobularia maritima)* mit ihren kleinen weißen Blüten, die Strandkamille *(Matricaria maritima)* mit margeritenähnlichen Blüten, der goldgelb blühende Strand-Schneckenklee *(Medicago maritima)*, der Hornmohn *(Glaucium flavum)* mit seinen orangefarbenen Blüten und die zartrosa blühende Strandwinde *(Calytegia soldanella)*, die diesen Namen wegen ihres gewundenen Stengels trägt. Auf dem sandigen Boden der Landes gesellen sich verschiedene Heidekraut-Arten dazu. Die *Garigue*, ein Gemisch verschiedener Zwergsträucher, die im Frühjahr in den buntesten Farben blühen, wuchert auf den trockenen und oft steinigen Böden des Binnenlandes. Dazu gehören in erster Linie der tiefgelb blühende Dornginster *(Calicotome spinosa)*, der violette Schopflavendel *(Lavandula stoechas)* und die weißblühende Salbeiblättrige Zistrose *(Cistus salviifolius)*. Dem Liebhaber von Orchideen bietet sich eine überraschende Vielzahl an verschiedenen Sorten, die anderswo zum Teil schon nahezu ausgestorben sind und deshalb unter Naturschutz stehen (Farbt. 20–25). Die Bocks-Riemenzunge z. B. *(Himantoglossum hircinum)* mit ihrer vollen Doldenblüte trifft man auf einigen Wiesen wie Unkraut wuchernd, während die seltenen Exemplare in Deutschland unter strengstem Naturschutz stehen. Verbreitet sind ferner das Kuckucks-Knabenkraut *(Orchis mascula)* mit seinen zahlreichen Verwandten, die Waldhyazinthe *(Platanthera bifolia)*, das Langblättrige Waldvöglein *(Cephalanthera longifolia)* und zahlreiche andere. Die Botaniker haben in Südwest-Frankreich mehr als zweihundert wildwachsende Orchideen-Arten identifiziert.

Die schneefreien Winter lassen sogar einige Winterblüher gedeihen, deren bekanntester der immergrüne, die ganzen Wintermonate über zartlila blühende Rosmarin ist *(Rosmarinus· officinalis)*. Die Blütenpracht wird je nach Gegend, ob es sich um trockenes oder sumpfiges, flaches oder felsiges Gelände handelt, von einer unüberschaubaren Vielfalt weiterer Blumenarten bereichert. Wer sich für die Flora besonders interessiert, sollte auf jeden Fall ein einschlägiges Blumen- oder Pflanzenbestimmungsbuch mitnehmen.

Die Fauna

Gegen die überreichen Darstellungen in den steinzeitlichen Höhlen mit ihren Abbildungen von Büffeln, Wildpferden, Raubkatzen und anderen zum Teil ausgestorbenen Großtierarten wirkt das südwestliche Frankreich heute relativ tierarm. Es gibt fast keine wildlebenden

Großtiere mehr in dieser Region, und was man entlang des Weges sieht, sind ausschließlich Haustiere. Besonders fällt das nach seinem Herkunftsland benannte rostbraune Limousin-Rind auf, neben dem weißen Charollais-Rind die zweite wichtige Rinderrasse in Frankreich. Während das burgundische Charollais ein hochwertiges Fleischvieh ist, wird das relativ zierliche Limousin vorwiegend zur Milchproduktion gehalten, es liefert also den Grundstoff für so viele schmackhafte Käsesorten, an denen gerade das südwestliche Frankreich so besonders reich ist. Als Weidevieh spielt auch das Schaf eine große Rolle in der Landwirtschaft, wegen seiner Wolle und wegen seines Fleisches gleichermaßen geschätzt. Eine Delikatesse ist die würzige Lammleber.

Der Vogelfreund kommt dagegen eher auf seine Kosten. Abgesehen von dem wohlschmeckenden Federvieh, das auf den Gehöften gehalten wird, kann man in freier Wildbahn eine beträchtliche Anzahl auch seltener Arten beobachten. Je nach geographischer Situation (Bergland, Flußtäler, Sumpf- und Küstengebiete) wechselt das Bild, und mit Geduld und Ausdauer kann man vom Zaunkönig bis zum Steinadler nahezu alles erleben. Auch hier empfiehlt sich zur Bestimmung der entdeckten Arten ein gutes Vogelbuch.

In den warmen Jahreszeiten kann man auch eine Menge Reptilien beobachten; vor allem beleben verschiedene Eidechsen-Arten das warme Gestein von Felsen und Ruinen, unter denen die giftgrüne Smaragd-Eidechse *(Lacerta viridis)* die optisch auffälligste ist. Gelegentlich kann man auch dem lustigen Mauergecko *(Tarentola mauritanica)* begegnen, der sich dank seiner mit Saugnäpfen ausgestatteten Füße selbst an senkrechten, glatten Flächen noch sicher und schnell fortbewegt, oder dem farbenprächtigen Feuersalamander *(Salamandra salamandra)*. Eine Beruhigung mag es sein, daß es in den in diesem Buch beschriebenen Gegenden nur selten Giftschlangen (z. B. Kreuzottern) gibt. Die gefährliche kleine Sandviper, deren Biß unter Umständen tödlich sein kann, ist erst in den Pyrenäen anzutreffen. Um jedes Risiko zu vermeiden, sollte man dennoch niemals barfuß durch freies Gelände streifen, sondern immer nur mit festem Schuhwerk gehen. Vereinzelt können einem zwar Schlangen begegnen, aber dann handelt es sich in der Regel um eine der harmlosen Nattern-Arten. Irritierend wirkt da das Verhalten der gleichfalls ungefährlichen Zornnatter *(Coluber gemonensis)*, die bis zu 1,5 m lang werden kann. Bei drohender Gefahr ringelt sie sich zusammen und nimmt das Gebaren einer Giftschlange an, indem sie heftig züngelt und mit dem Kopf vorstößt, als wolle sie zubeißen.

Eine reiche Ausbeute bietet sich dem Insektenforscher. Es ist sicher kein Zufall, daß ausgerechnet der berühmteste Entomologe (Insektenforscher) aller Zeiten aus dem Périgord stammt: Jean-Henri Fabre (1823–1915). Er siedelte in die Provence über, wo er nahe der Stadt Orange auf einem kleinen Gehöft seinen Forschungen nachging. Die Ergebnisse seiner jahrzehntelangen Arbeit, die er in zehn großen Bänden unter dem Titel ›Souvenirs Entomologiques‹ zwischen 1879 und 1907 veröffentlichte, wurden nicht nur zu einem Fundament der modernen Verhaltensforschung, sie lesen sich auch für den Laien selbst jetzt noch spannender als mancher Kriminalroman. Wer die Ausführungen Fabres zum Insektenleben auch nur zum Teil kennengelernt hat, wird sich mit anderen Augen in der Natur Südfrankreichs umsehen. Da gilt es, das aufregende Verhalten der unterschiedlichen

Gottesanbeterin (Mantis religiosa) in Angriffshaltung (nach Jean-Henri Fabre)

Grabwespen zu studieren, die ihren Larven ein durch gezielte Stiche gelähmtes Opfer als Nahrung mit in die einsame Brutkammer geben, man lernt das mühselige Geschäft des Mistkäfers kennen, dessen schillernder Panzer nicht ahnen läßt, daß er sich von den Verdauungsresten anderer Tiere ernährt, man erlebt den erschreckenden Kampf der mit mörderischen Scheren ausgerüsteten Gottesanbeterin und vieles mehr. Auch der Blick auf diese so scheinbar unbedeutenden Dinge trägt mit dazu bei, die Komplexität und den Reichtum dieses Landes zu erfassen.

Geschichtlicher Überblick

Stichworte zur Vor- und Frühgeschichte

Die Frühzeit menschlichen Lebens im Raum des heutigen Südwest-Frankreichs liegt im Dunkel der Vorgeschichte. Funde aus archäologischen Grabungen erwiesen, daß schon vor über einer Million Jahren Vorfahren des Homo sapiens in Südfrankreich gelebt haben. Im Altpaläolithikum folgten vier Eiszeiten im Wechsel mit warmen Perioden aufeinander: die Günz-, Mindel-, Riß- und Würm-Eiszeit. In das vorletzte Interglazial, etwa in die Zeit um 600 000 v. Chr., wird das Entstehen erster Kulturäußerungen datiert. Die Prähominiden dieser Periode kannten bereits das Feuer und fertigten aus Stein erste primitive Werkzeuge. Um 150 000 v. Chr., mit dem Beginn der mittleren Altsteinzeit, die zugleich das letzte Interglazial einleitet, tritt in Mitteleuropa der Neandertaler auf. In Frankreich wurden an verschiedenen Fundorten Schädel mit geringen unterschiedlichen rassischen Merkmalen festgestellt: man kennt den Moustier-, den Ferrassie- und den Chapelle-aux-Saints-Typus. Die Steinwerkzeuge dieser Menschen zeigen bereits eine differenziertere Bearbeitung. In der letzten Eiszeit stirbt der Neandertaler aus, und etwa um 40 000 v. Chr. erscheint der Menschentyp, den man Homo sapiens nennt. Im Dordognegebiet ist es der *Cro-Magnon*-Mensch, der Schöpfer der jungpaläolithischen Höhlenkunst, deren Anfänge um 40 000 v. Chr. angesetzt werden und die nach 10 000 vor unserer Zeitrechnung untergeht. Dem zurückweichenden Eis folgte das Rentier, eines der wichtigsten Beutetiere, nach Norden, und mit ihnen wanderten die Jäger ab. Aus der Übergangszeit des Mesolithikums kennt man praktisch keine Funde, was sicher auch mit der zunehmenden Verwendung vergänglicher Stoffe (Holz, Leder, Darm etc.) zusammenhängt. Erst mit dem anbrechenden Neolithikum mehren sich wieder die Funde: seit ca. 4250 v. Chr. kennt man die Keramik. Mit dem ausgehenden Neolithikum endet um 2800 v. Chr. die Steinzeit, es folgen die Bronze- und die Eisenzeit. In Südfrankreich lassen jedoch die Funde auf eine weitgehende Kontinuität der neolithischen Hirten- und Ackerbauern-Kultur bis in das letzte vorchristliche Jahrtausend schließen. Etwa ab 500 v. Chr. wanderten keltische Stämme aus dem Osten ein.

Von der Römerherrschaft bis zum Mittelalter

Die Römer kamen gegen Ende des 2. Jh. v. Chr. nach Gallien, wo sie entlang der Via Domitia (benannt nach dem Eroberer Domitius) verschiedene Kolonien und Handelsstütz-

Decimus Magnus Ausonius (Phantasie-Portrait aus dem 17. Jh.)

punkte gründeten. Das Périgord blieb davon jedoch noch weitgehend unberührt, bis durch die Eroberungsfeldzüge Caesars der ganze gallische Raum dem römischen Imperium fest eingegliedert wurde. In der Nachfolge Caesars wurde das Land von Augustus tiefgreifend romanisiert. Zahlreiche Stadtgründungen manifestierten den universalen Machtanspruch Roms. Die bedeutendsten Gründungen in Aquitanien waren Vesuna Petrucorium (Périgueux) und Burdigala (Bordeaux). Mit ihrer Devise ›divide et impera‹ hatten die Römer eine glückliche Hand, und aus der Zeit nach Augustus sind kaum mehr nennenswerte Empörungsversuche gegen das Imperium bekannt geworden. Es entwickelte sich die gallorömisch genannte Mischkultur, in der eine friedliche Koexistenz zwischen Römern und Ureinwohnern herrschte. Wie weit die Verschmelzung der Völker ging, zeigt die Tatsache, daß einer der größten römischen Kaiser, Antoninus Pius – er herrschte um die Mitte des zweiten nachchristlichen Jahrhunderts als einer der sogenannten Adoptivkaiser – ein Provinziale war. Sein Vater stammte aus der Colonia Nemausus (Nîmes) in der Provence.

Die Römer entdeckten als ideales Anbaugebiet für den Wein das Bordelais, das damit eine bald 2000jährige Tradition hat. Der bekannteste Schriftsteller Aquitaniens in der Antike, der aus Bordeaux stammende *Decimus Magnus Ausonius*, pries schon im frühen 4. Jh. n. Chr. die Weine des Bordelais. Ausonius, ein weitgereister Intellektueller mit besten Beziehungen zum kaiserlichen Hofe in Trier, hat nicht nur Verse auf die Landschaften seiner Heimat verfaßt, er gilt auch als der erste Schriftsteller, der in Gedichten deutsche Lande besungen hat. Berühmt ist sein Lied ›Mosella‹, in dem er eine Reise über den Hunsrück von Bingen nach Trier beschreibt.[3]

Das Christentum gewann nur zögernd Boden in Südfrankreich, es war zunächst einer unter vielen Kulten. Neben den offiziellen römischen Staatsgöttern spielten Heiligtümer für Mithras, Isis und okkulte Religionen eine Rolle. Das von Kaiser Konstantin 313 erlassene Toleranzedikt von Mailand, das den Christen im ganzen Reich die freie Ausübung ihrer Religion gestattete, führte auch in Südfrankreich zu einer rascheren Verbreitung des Christentums, und nach und nach entstanden in den alten römischen Städten Bistümer. Von den inneren Wirren des römischen Imperiums, der Reichsneuordnung unter Diokletian (284–305) und den verschiedenen Teilungen des 4. Jh. blieb das südwestliche Frankreich weitgehend unberührt. Zu einer grundlegenden Umwälzung kam es erst mit dem Einfall der Germanen.

Nach dem Durchzug der Vandalen folgten die Westgoten, die im frühen 5. Jh. in Südfrankreich und Spanien ein eigenes Königreich gründeten. Zunächst wurden sie als ›foederati‹ offiziell angesiedelt, aber im Grunde waren sie bereits von Rom unabhängig. In ihrer Hauptstadt Toulouse schufen sie eine Metropole, in der das römische Kulturerbe noch lange weitergepflegt wurde. Im Norden formierte sich indessen das Reich der Franken, das zu einer immer stärker werdenden Bedrohung für die Herrschaft der Westgoten heranwuchs. In der Schlacht bei Vouillé (507) wurden die Westgoten von den vereinigten Franken und Burgundern vernichtend geschlagen und zogen sich über die Pyrenäen nach Spanien zurück, wo sie noch einmal ein Königreich begründeten, das erst 711 unter dem Ansturm der Sarazenen zerfiel, die ihren Siegeszug über die Pyrenäen nach Südwest-Frankreich fortsetzten. Deren weiteres Vordringen wurde 732 durch den Großvater Karls des Großen, Karl Martell, bei Tours und Poitiers gestoppt.

Das Mittelalter

Karl der Große befreite Aquitanien von den Sarazenen und gliederte es dem fränkischen Königreich wieder ein. Allerdings endete die militärische Aktion Karls vor den Toren von Saragossa mit einem Debakel, und der Rückzug über die Pyrenäen brachte die bittere Erkenntnis, daß keineswegs alle Einheimischen auf Seiten der Franken standen. Die Vernichtung der Nachhut von Karls Heer unter dessen Anführer Roland durch aufrührerische Basken 778 im Paß von Roncesvalles hat die Phantasie des Mittelalters zu allen Zeiten angeregt und zu einem der frühesten und größten epischen Werke geführt, dem Rolandslied.

Das nachfolgende 9. Jh. brachte eine Zeit der Verwirrung. Die mehrfachen, unglücklichen Reichsteilungen unter Karls Nachfolgern führten sogar zur vorübergehenden Bildung eines souveränen Königreichs Aquitanien, das von Pippin, einem der vier Söhne Kaiser Ludwigs des Frommen regiert wurde. Nach seinem Tode 838 fiel Aquitanien wieder an seinen Bruder Karl den Kahlen, Herrscher des Westreiches; doch erhob der Sohn Pippins, Pippin II., zumindest formell den Anspruch, in Nachfolge seines Vaters als König von Aquitanien zu gelten. Diese Zeit des Niedergangs wurde abgelöst von einer Erneuerungswelle, in deren Mittelpunkt die Hinwendung zur Religion stand. Entscheidenden Anteil an dieser Entwick-

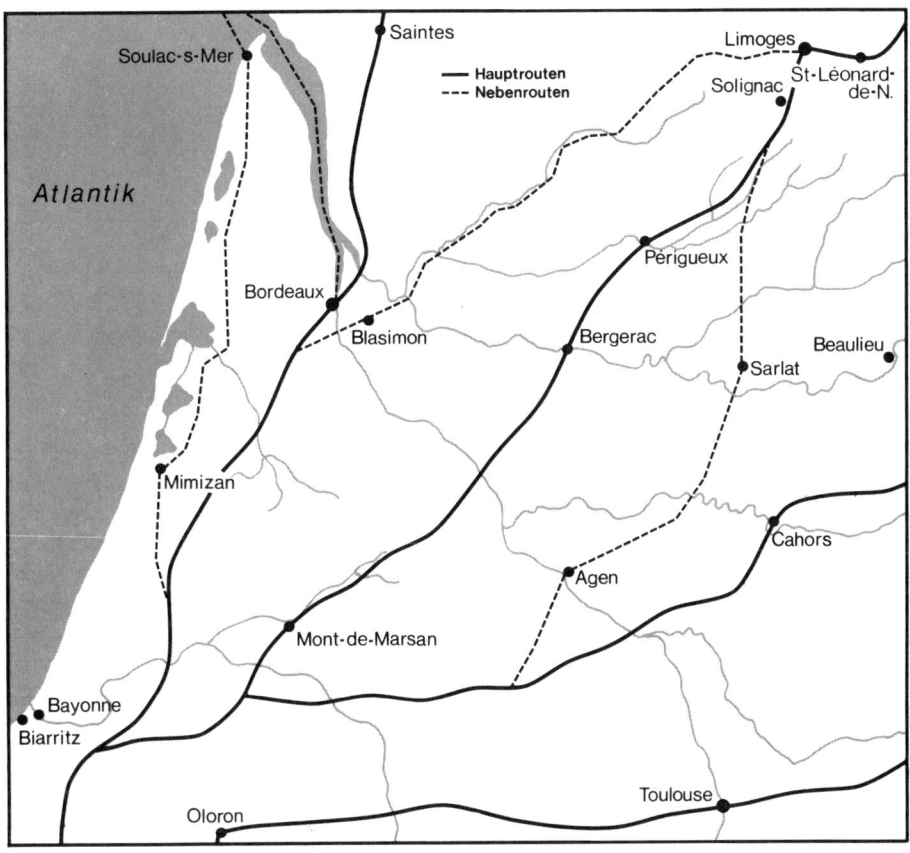

Die mittelalterlichen Pilgerrouten nach Santiago de Compostela durch Aquitanien

lung hatte die Entdeckung des Grabes des *Apostels Jakobus des Älteren* in Galicien, im äußersten Nordwesten Spaniens. In der Folgezeit erfaßt das mittelalterliche Europa ein wahrer Jakobus-Taumel, der im 12. Jh. seinen Höhepunkt erlebt. In Frankreich formieren sich vier große Pilgerrouten: Die erste nimmt ihren Ausgang in St-Denis bei Paris und führt über Orléans, Tours, Poitiers, Saintes und Bordeaux nach Süden. Die zweite beginnt in Burgund, in Vézelay, und verläuft über Limoges und Périgueux, die dritte hat Le Puy im Zentralmassiv als Ausgangspunkt und berührt Conques, Cahors und Moissac. Die vierte schließlich nimmt von St-Gilles in der Provence ihren Weg über Toulouse nach Spanien. Alle Wege laufen in Spanien zusammen und vereinigen sich zu einem einzigen großen Pilgerstrom, der im 12. Jh. mehr Menschen nach Santiago de Compostela als nach Rom oder ins Heilige Land führte. In Bordeaux fanden sich zahlreiche Pilger ein, vor allem Briten und Norddeutsche, die den ersten Teil der beschwerlichen Reise zu Schiff hinter sich gebracht hatten. Bekannt ist die Geschichte jenes Hamburger Senators, der im Auftrag seiner Stadt zum Dank für die Bezwingung des berüchtigten Seeräubers Störtebeker noch im frühen 15. Jh. eine Dankeswallfahrt nach Santiago unternahm, die ihn zu Schiff nach Bordeaux führte. Entlang den Pilgerstraßen entstanden zahlreiche Klöster, Hospize und Kirchen, von denen heute noch viele erhalten sind und beredtes Zeugnis ablegen von jener großen Bewegung, die entscheidenden Anteil hatte am Entstehen eines europäischen Bewußtseins.

Im 11. und 12. Jh. entwickelten sich äußere und innere Stabilität in Aquitanien, die das Land zu einer kulturellen Blüte von europäischem Rang führte. Die sichtbaren Zeugen dieser Epoche sind die *romanischen Kirchen*. Unter den mittelalterlichen Bauschulen Frankreichs nimmt die des Périgord eine Sonderstellung ein. Der Grundgedanke des einschiffigen Saalraumes stellt zwar eine Verbindung zu den benachbarten Landschaften der Provence, der Languedoc und des Poitou her, aber im Périgord entwickelt sich eine Konstruktion, die eine einzigartige Gruppe von Kirchenbauten hervorgebracht hat: den von Kuppeln überwölbten Saal. Die Wurzeln dieser Bauform sind nicht restlos geklärt, doch vermutet man Querverbindungen über Venedig (San Marco) nach Byzanz. Von den ursprünglich vielen hundert Kirchen sind heute nur noch etwa siebzig und auch diese oft nur fragmentarisch erhalten. Die bekanntesten Beispiele finden sich in Cahors, Périgueux, Souillac und Trémolat. Gegenüber der Tonnenwölbung hat dieses System der Wölbetechnik einen ins Auge fallenden Vorteil: während die Tonne einen gleichmäßig stark zu den Seiten hin wirkenden Schub auf das Mauerwerk ausübt, der alle Architekten des Mittelalters vor Probleme stellte, die sich erst in der Gotik mit der Erfindung des Strebewerks lösten, wird der Gewölbedruck der Kuppel über Pendentifs (Hängezwickel) senkrecht auf die vier tragenden Stützen abgeleitet. Diese werden so geschickt in das Mauerwerk eingezogen, daß sie im Eindruck des Rauminnern nur als gliedernde Wandvorlagen Gestalt annehmen.

Andere große Leistungen hat die *Monumentalskulptur* hervorgebracht. In Toulouse arbeiteten seit dem ausgehenden 11. Jh. mehrere Bildhauerschulen, die mit Aufträgen im ganzen Land bedacht wurden. Sie kamen im 12. Jh. zu voller Entfaltung und brachten Werke hervor, in denen sich die romanische Plastik Europas vollendete. Das Périgord selber blieb dabei relativ bilderarm; hier beschränken sich die Zeugnisse der Bauskulptur in erster Linie auf die Kapitellplastik. In der Nachbarlandschaft Quercy jedoch findet sich ein ganzer Reigen reich ausgestalteter Kirchenportale. Zuvorderst sind Souillac, Carennac und Beaulieu-sur-Dordogne zu nennen; der Jesaja von Souillac gilt als der absolute Höhepunkt dessen, was die romanische Kunst je hervorgebracht hat.

Im Limousin wuchs Limoges zu einem Zentrum der *Goldschmiedekunst* heran. Wegen der Lage der Stadt an einer der wichtigen Pilgerstraßen nach Santiago war durch die durchziehenden Wallfahrer ein günstiger Absatzmarkt für Erzeugnisse der Kleinkunst gegeben. Im 12. Jh. wurden geradezu fabrikationsmäßig in Serien kleine Reliquiare, Kruzifixe und andere Gegenstände der religiösen Verehrung produziert, die jetzt zu

Tausenden über alle Museen der Welt verstreut sind. Aus der Emailkunst, einem wichtigen Zweig der Goldschmiedekunst, entwickelten sich später die Porzellanmanufakturen, die noch heute einen der wichtigsten Wirtschaftszweige der Stadt stellen. Aus ihnen ist mancher namhafte Künstler hervorgegangen, der bekannteste ist der Impressionist Auguste Renoir, der seine künstlerische Laufbahn als Porzellanmaler in Limoges begonnen hatte.

Neben den bildenden Künsten entwickelte sich die *Troubadour-Lyrik* zu einer Kunstgattung von gleich hohem Rang. Die Sprache der Troubadours war das Oc (auch Provençalisch genannt), das sich aus dem Latein herausgebildet und mit örtlichen Sprachwurzeln vermischt hatte. Von den piemontesischen Alpen über die Provence bis an die Atlantikküste vereinigte diese gemeinsame Sprache die südfranzösischen Landschaften, die zumindest nominell lange Zeit auf das deutsche und das französische Königreich verteilt waren. So hatte sich noch Kaiser Friedrich I. Barbarossa zum Zeichen seines offiziellen Machtanspruches über die Provence, d. h. das Königreich Arelat, in der Kathedrale von Arles trauen und krönen lassen. Die einende Kraft der Sprache war stärker, während der Einfluß des französischen Königs in Südfrankreich lange Zeit gering blieb. Als der erste Troubadour gilt Herzog Wilhelm IX. von Aquitanien, der Großvater Eleonores von Aquitanien (1071–1127), in dessen Nachfolge einige hundert Troubadours bekannt wurden. Die namhaftesten unter ihnen sind Arnaut Daniel, Bertran de Born, Aimeric de Sarlat und Bernard de Ventadour. Das immer wiederkehrende Thema der Troubadour-Gesänge ist die Verehrung der Frau; meist wurde die Herrin oder Landesfürstin besungen und in allen ihren Vorzügen verklärt. Als mystischer Schwester der Muttergottes wandten sich ihr die Dichter in platonischen Liebeserklärungen zu. Sie stammten aus allen sozialen Schichten: Wilhelm IX. war ein großer Herr, Bernard de Ventadour dagegen war der Sohn eines einfachen Handwerkers. Die Troubadour-Lyrik wirkte weit über die Grenzen Aquitaniens hinaus; über die Provence fand sie Eingang in den deutschen Sprachraum, wo sie an der Entstehung des Minnesangs teilhatte. Als die französische Sprache im hohen Mittelalter in Südfrankreich vordrang, erstarb diese Literaturgattung, während die Oc-Sprache als Mundart des Volkes noch lange lebendig blieb. Der aus dem südwestlichen Frankreich stammende ›bon roi‹ Heinrich IV. beherrschte sie, und noch 1904 erhielt der Dichter Frédéric Mistral für seine in Provençalisch verfaßten epischen Werke den Nobelpreis für Literatur. Seitdem ist das Oc jedoch völlig in den Hintergrund gedrängt worden und wird heute nur noch vereinzelt von alten Leuten in entlegenen Gebieten gesprochen. Erst in den letzten Jahren erfolgte eine Rückbesinnung auf die vergessene Kultursprache. Der Begriff ›OC‹ wurde zu einem Schlagwort für die politische und kulturelle Emanzipation Südfrankreichs in den siebziger Jahren.

Eine große Förderin der Künste der Troubadours war *Eleonore von Aquitanien*. Als einzigem Kind Herzog Wilhelms X. von Aquitanien fiel ihr nach dessen Tod die Regentschaft über Aquitanien zu. Das damalige Herrschaftsgebiet umfaßte weite Teile Südfrankreichs: die Herzogtümer Aquitanien und Gascogne sowie die Grafschaften Toulouse und Poitou. Diesen Besitz führte Eleonore der französischen Krone zu, als sie

Siegel der Eleonore von Aquitanien

1137, erst fünfzehnjährig, in der Kathedrale von Bordeaux mit dem Kronprinzen Ludwig vermählt wurde, der schon wenig später als Ludwig VII. den französischen Thron bestieg. Die Ehe blieb jahrelang kinderlos, was für damalige Verhältnisse einer Katastrophe gleichkam. Zudem belasteten zunehmende Zwistigkeiten zwischen den Gatten die Verbindung. Ludwig VII. wird in der Geschichte immer als ein in mönchischer Askese zurückgezogen lebender Herrscher beschrieben, während Eleonore, eine Tochter des lichterfüllten und heiteren Südens, die weltlichen Freuden genoß – stets hatte sie etliche Troubadours um sich versammelt, pflegte eine aufwendige Hofhaltung und kleidete sich in die kostbarsten Gewänder. Später sind ihr diese Wesenszüge als Merkmale eines hemmungslosen Charakters ausgelegt worden, tatsächlich aber war sie eine Frau mit politischem Weitblick, großem persönlichen Ehrgeiz und eiserner Disziplin. Nach dem Scheitern der Ehe mit Ludwig trachtete sie nach einer Auflösung der Verbindung, doch war eine Scheidung völlig ausgeschlossen. Sie beschaffte deshalb Dokumente, die eine entfernte Verwandschaft zwischen den Ehegatten belegten, was nach dem damals herrschenden kanonischen Recht als Blutschande galt. Die Ehe wurde deshalb 1152 auf dem Konzil von Beaugency offiziell annulliert. Eleonore wird wohl schon vorher Beziehungen zu Heinrich, dem Herzog der Normandie, unterhalten haben, den sie bereits zwei Monate nach Auflösung ihrer Ehe heiratete. Heinrich war nicht nur Herzog der Normandie, sondern gebot auch über die Grafschaften Maine, Touraine und Anjou. Als er nur zwei Jahre später (1154) durch Erbfolge als Heinrich II. die Königswürde über England erhielt, entstand durch die Verbindung mit den von Eleonore in die Ehe eingebrachten Erblande das sogenannte *Angevinische Großreich*, das sich von den Pyrenäen bis nach Schottland erstreckte. Eleonores ganzes Bestreben war von da an darauf gerichtet, dieses einzigartige Machtgebilde ihren aus der Verbindung mit Heinrich II. entstammenden Kindern zu sichern. Es ist aber ihr tragisches Geschick, daß sie miterleben mußte, wie fast alle ihre Söhne noch vor ihr starben: Heinrich 1183, Gottfried 1186 und Richard Löwenherz 1199; sie selbst starb erst 1204 hochbetagt im Alter von 82 Jahren.[4] Als einziger ihrer Söhne überlebte sie Johann Ohneland, der sich in jahrelangen Kämpfen mit dem französischen König Philipp II. Auguste aufrieb und schließlich in der entscheidenden Schlacht bei Bouvines 1214 kapitulieren mußte. Seine sämtlichen Besitzungen nördlich der Loire mußten der französischen

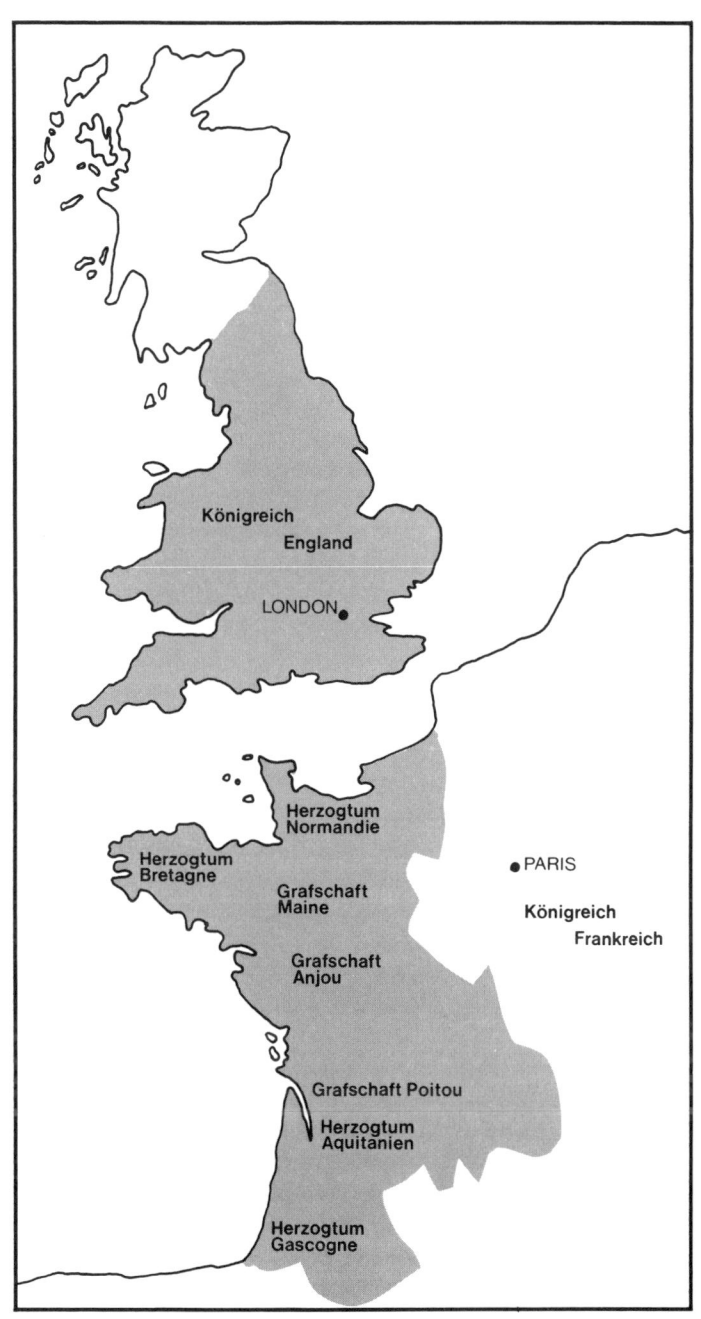

Königreich
England

LONDON●

Herzogtum
Normandie

Herzogtum
Bretagne

Grafschaft
Maine

Grafschaft
Anjou

●PARIS

Königreich
Frankreich

Grafschaft Poitou

Herzogtum
Aquitanien

Herzogtum
Gascogne

*Das Angevinische
Großreich Heinrichs
II. Plantagenet von
England und der Eleo-
nore von Aquitanien*

Krone abgetreten werden. Aquitanien blieb jedoch unter englischer Oberhoheit und wurde damit zum Grenzland zwischen den beiden Königreichen. Im 13. Jh. sprossen deshalb allerorten im Périgord die Bastiden aus dem Boden, Garnisonsstädte, mit denen die Herrscher ihre Stellung im Grenzgebiet festigen wollten.

In derselben Zeit brach ein weiteres großes Unglück über Südfrankreich herein: die *Albigenserkriege.* Die Albigenser gehörten einer häretischen Sekte an, die, von Osten her kommend, sich hauptsächlich in der Stadt Albi und im westlichen Languedoc ausbreitete. Ihre Anhänger vertraten eine radikal dualistische Glaubenslehre manichäischer Prägung, die im krassen Widerspruch zum Dogma der römisch-katholischen Kirche stand und Papst Innozenz III. zum Kreuzzug gegen die Ketzer aufrufen ließ. Der französische König beteiligte sich an dem Vorhaben, da er sich bei dieser Gelegenheit territorialen Gewinn in dem von der Krone unabhängigen Süden erhoffte. Der Feldzug begann 1209 mit dem grauenvollen Massaker von Béziers. Auf die Frage der irritierten Soldaten, woran sie denn die Albigenser von den Nichtketzern unterscheiden könnten – es befanden sich nur wenige hundert Albigenser in der Stadt –, soll der päpstliche Legat mit dem zynischen Satz geantwortet haben: »Tötet sie alle, Gott wird die seinen schon erkennen«. So starben an einem einzigen Tage sämtliche Einwohner von Béziers, mehr als 15 000 Menschen! Dasselbe Schicksal erlitten auch andere Orte; das Land ertrank in einem Strom von Blut und mit ihm die blühende Kultur. Die Führung des Kreuzzugs hatte Simon von Montfort übernommen, der den Feldzug geschickt zur Mehrung seines privaten Besitzes nutzte. So brachte er unter anderem die Burg von Montfort in seine Gewalt, deren Nachfolgebau heute noch auf einem hohen Felsen über der Dordogne thront. Mit einer Massenhinrichtung der letzten Albigenser nach dem Fall der Festung Montségur 1229 endete das furchtbare Kapitel des Albigenserkreuzzuges, in dessen Nachfolge die von den Dominikanern betriebene Inquisition anhob. Der hl. Dominikus hatte den Orden 1204 zur Bekämpfung der Ketzerei gegründet.
Eine vorübergehende Befriedung erfuhr das Land im 14. Jh. zur Zeit des Avignoneser Exils der Päpste. Die große Rolle, die damals die aquitanischen Bischöfe spielten, manifestiert sich darin, daß vier von ihnen zur höchsten Würde, dem Papsttum aufstiegen: Clemens V. (Bertrand de Got aus St-Bertrand-de-Comminges, 1305–14), Johannes XXII. (Jacques Duèze aus Cahors, 1316–34), Benedikt XII. (Jacques Fournier aus Mirepoix, 1334–42) und Clemens VI. (Pierre Roger aus dem Limousin, 1342–52). Aber schon bald hoben die Streitigkeiten zwischen der englischen und französischen Krone um Aquitanien wieder an, die schließlich in den Hundertjährigen Krieg mündeten (1339–1453).

Der Hundertjährige Krieg

Nach dem Aussterben der Capetinger 1328 erhoben sowohl Philipp VI. aus dem Hause Valois als auch der englische König Eduard III., ein Enkel Philipps des Schönen, Anspruch auf den französischen Thron. Dieser Konflikt führte zehn Jahre später zum Ausbruch des Krieges, in dem Frankreich, das ohnehin durch innenpolitische Wirren geschwächt war, mehrere vernichtende Niederlagen einstecken mußte. 1360 wurde der Frieden von Brétigny geschlossen: Eduard III. verzichtete auf die französische Krone, erhielt aber dafür die Souveränität über das ganze südwestliche Frankreich. Nach einem Jahrzehnt relativer Ruhe brach der Krieg erneut aus. Als sich Burgund 1415 mit den Engländern verbündete, drohte dem französischen Königtum der Untergang; unter Karl VII. gingen sogar die Kronlande um Paris an die Feinde. Die Wende trat erst mit dem Erscheinen der ›Jungfrau von Orléans‹ ein: Jeanne d'Arc, ein siebzehnjähriges Bauernmädchen aus dem lothringischen Domrémy, hatte – göttlicher Eingebung folgend – ein starkes französisches Nationalgefühl entfacht. Mit einer Schar von Gefolgsleuten gelang es ihr, 1429 Orléans zu befreien und Karl VII. zur Krönung nach Reims zu führen. Burgunder nahmen sie 1431 bei Compiègne gefangen und lieferten sie den Engländern aus, die sie in Rouen als Ketzerin verbrannten. Das Urteil wurde 1456 revidiert, 1920 schließlich wurde die Jungfrau heiliggesprochen. Als es im Vertrag von Arras 1435 zu einer Aussöhnung zwischen Burgund und Frankreich kam, fiel der für die Engländer bis dahin so wichtige Bundesgenosse aus. Schon im Jahr darauf räumten die Engländer Paris, in der Folgezeit wurden sie immer weiter zurückgedrängt. Nach der letzten entscheidenden Schlacht bei Castillon an der Dordogne 1453 ging der Krieg schließlich ohne formellen Friedensvertrag zu Ende.

Vom 16. zum 18. Jahrhundert

Im Laufe der dem Hundertjährigen Krieg folgenden Friedenszeit wurden überall auf den Trümmern der zerstörten Burgen neue Schlösser errichtet, deren enorme Anzahl alle

Die Schlacht von Coutras 1587 (Stich von F. Hogenberg, Bibl. Nat., Paris)

anderen Gegenden Frankreichs, ja sogar Europas in den Schatten stellt. Entlang der Dordogne und ihren Nebentälern zählt man heute noch über tausend Schlösser! Da es sich nicht um Königssitze handelt, haben sie nicht die gewaltigen Ausmaße der Loire-Schlösser, aber gerade darum sind sie leichter zu überschauen als jene und geben den Flußufern, die sie säumen, oftmals das Aussehen wahrer Märchenlandschaften. Im Tal zwischen La Roque-Gageac und Beynac etwa erfaßt man mit einem Blick nicht weniger als fünf Schlösser innerhalb einer einzigen Flußschleife der Dordogne. In einer Atmosphäre der Entspanntheit und des Wohlstandes entstand ein reges geistiges Leben, das zahlreiche namhafte Philosophen und Schriftsteller hervorbrachte. Der bekannteste unter ihnen, der Humanist *Michel de Montaigne* (1533–92), stammte aus der Nähe von Bordeaux, dessen Bürgermeister er in den Jahren 1582–85 war. Er war mit gleicher Leidenschaft Philosoph, Politiker und Winzer. Seine in zwei Bänden veröffentlichten ›Essays‹ gelten als das erste große Denkmal der Laienphilosophie in der Nachantike. In ›Sur l'amitié‹ (Über die Freundschaft), einem der berühmtesten dieser Essays, huldigt er seinem früh verstorbenen Freund *Etienne de La Boétie*. La Boétie (1530–63), wie Montaigne gleichermaßen Politiker und Schriftsteller, stammte aus Sarlat, wo sein Geburtshaus, eines der schönsten Renaissance-Häuser Frankreichs, heute noch neben der Kathedrale zu bewundern ist. Der in Limoges geborene *Jean Dorat* (1508–88) gründete den Dichterkreis ›La Pléiade‹ mit sieben Mitgliedern in Anlehnung an die Plejaden, die sieben Töchter des Atlas und der Pleione, die von Zeus als Siebengestirn an den Himmel versetzt worden waren. Ein Chronist jener Epoche wurde *Pierre de Bourdeille*, Abt und Herr von Brantôme (1535–1614), mit seinem das Sittenbild des 16. Jh. schildernden Buch ›Les Dames galantes‹.

Nach der Mitte des 16. Jh. verdunkelt sich noch einmal für einige Jahrzehnte der Himmel. Die Glaubensspaltung zieht die mit äußerster Härte und Erbitterung geführten Religionskriege zwischen Katholiken und Protestanten (Hugenotten) nach sich, von denen Aquitanien schwerer betroffen wird als manche andere Gegend Frankreichs. Im Périgord übte in den achtziger und neunziger Jahren der Hugenotten-Führer Vivans ein wahres Schreckensregiment aus, bis Heinrich IV. den Greueln durch das Edikt von Nantes 1598 ein Ende setzte. In der Folgezeit sanken die Landschaften Aquitaniens wie alle Provinzen Frankreichs aufgrund der zunehmenden Zentralisierung durch Paris in Bedeutungslosigkeit ab. Im 18. Jh. sind als Geistesgrößen zu nennen: *Montesquieu*, der bedeutende Philosoph und Moralist (1689–1755), der als Sohn eines Richters aus Bordeaux auf Schloß Labrède geboren wurde, und *François de Fénelon*, der spätere Erzbischof von Cambrai, der durch seinen ›Télémaque‹ und andere theologische Schriften berühmt wurde (1651–1715). Das Schloß Fénelon, wo er geboren wurde, kann heute noch ebenso wie das Château Labrède Montesquieus besichtigt werden. Weitere namhafte Philosophen dieser Zeit im Périgord sind *Joseph Joubert* (1709–84), ein enger Freund und Berater Chateaubriands, und *Maine de Biran* aus Montignac (1766–1828).

Größere Bauten sind nach der Mitte des 17. Jh. nur noch selten entstanden. Das Schloß Hautefort im nördlichen Périgord, das als einer der schönsten Bauten des ›Style Classique‹ in Frankreich gilt, stellt einen Einzelfall dar.

2 BEAULIEU-SUR-DORDOGNE   Chor der romanischen Abteikirche

◁ 1 BEAULIEU-SUR-DORDOGNE   Portal mit Tympanon der romanischen Abteikirche

3, 4 BEAULIEU-SUR-DORDOGNE   Portalmittelpfeiler der romanischen Abteikirche

5   BEAULIEU-SUR-DORDOGNE   Kapelle der ›Schwarzen Büßer‹

6   Tropfsteinbildung in der Höhle von PADIRAC   7   Grotte de PRESQUE   ›Säulen des Herkules‹ ▷

8 CARENNAC
an der Dordogne

9 Dorfstraße
in CARENNAC

10 CARENNAC Tympanon der ehem. romanischen Abteikirche: Christus in der Mandorla
11 CARENNAC Apostel im Tympanon der Abteikirche ▷

12 SOUILLAC Relief über dem Eingang zur romanischen Abteikirche

13, 14 SOUILLAC Der ›Bestienpfeiler‹, Details: ›Der Höllensturz‹ und ›Die Opferung Isaaks‹

15
Der Jesaja von
SOUILLAC

17 ST-LEONARD-DE-NOBLAT, Glockenturm der ehem. Abteikirche
◁ 16 Wallfahrtsort ROCAMADOUR

19   LIMOGES   Kathedrale, Detail am Nordportal

◁ 18   LIMOGES   Kathedrale St-Etienne,
nördl. Querschiff

20   LIMOGES   Kathedrale, Holztür des 16. Jh. am
Nordportal mit Martyrium des Hl. Stephanus

21 UZERCHE an der Vézère

22 BRIVE an der Corrèze, Innenhof des
    Hôtel de Labenche

Ausblick in unsere Tage

Schon im 19. Jh. wurden Bestrebungen wach, Aquitanien aus seinem provinziellen Schlummer zu erwecken. Napoleon I. versprach bei einer Inspektionsreise durch die Landes, dieses öde Gebiet in ›einen Garten für seine Veteranen‹ zu verwandeln, doch erst sein Neffe, Kaiser Napoleon III., löste dieses Versprechen ein. 1857 wurde ein Gesetz erlassen, das alle Gemeinden der Landes zur Trockenlegung der Sümpfe und zur Aufforstung verpflichtete, womit ein achtbarer wirtschaftlicher Aufschwung erzielt wurde. Aus dem Harz der Kiefern gewinnt man Terpentin, Kolophonium und Teer; das Sprichwort »qui a pin a pain« (Wer Kiefern hat, hat Brot) charakterisiert treffend den zunehmenden Wohlstand der bis dahin ärmlich lebenden Bauern der Landes. Heute jedoch ist die Harzgewinnung kaum mehr rentabel, dafür ist die Holzverarbeitung vor allem für die Papierindustrie in den Vordergrund getreten. Die Vernachlässigung der südwest-französischen Provinzen durch die Regierung und die Zentralverwaltung in Paris führte nach dem Zweiten Weltkrieg zu einem starken Linkstrend. Im Departement Dordogne verbuchen Sozialisten und Kommunisten nach wie vor mit die höchsten Stimmgewinne für sich. Die wirtschaftliche Erschließung Südwest-Frankreichs wurde deshalb seit den sechziger Jahren verstärkt vorangetrieben. Um Toulouse entstand eine große Flugzeug-Industrie, aus der das englisch-französische Gemeinschaftsprojekt der ›Concorde‹ hervorgegangen ist, die inzwischen ihre Hersteller jedoch in die roten Zahlen geflogen hat. Ferner werden hier Teile des zukunftsträchtigen ›Airbus‹ montiert. Bordeaux entwickelte sich zu einem großen Handelshafen und zu einem weiteren wichtigen Industriezentrum. Neuerdings wird in der Gegend um Parentis-en-Born ein großes Erdölgebiet erschlossen, das bereits einen beachtlichen Prozentsatz des französischen Energiebedarfs deckt. Das Périgord dagegen ist nach wie vor weitgehend agrarisch strukturiert; seine Haupterzeugnisse sind Tabak, Nüsse, Trüffel, Gänseleberpastete und Mastgeflügel. Dazu entwickelte sich in den letzten Jahren der Tourismus als eine immer gewichtigere Einnahmequelle. Die große, von Ausonius begründete literarische Tradition Aquitaniens ist in unseren Tagen von *Eugène Le Roy* (1836–1907), sowie von den aus Bordeaux stammenden *Jean Anouilh* (geb. 1910) und *François Mauriac* (1885–1970) fortgeführt worden. Mauriac, Mitglied der Académie Française (seit 1933) und Nobelpreisträger (1952), sagte von seiner Heimat: »Ich weiß nicht, ob ich dich hasse oder liebe, aber ich weiß, daß ich dir alles verdanke.«

Reise-Routen

Flußabwärts im Tal der Dordogne

Am Oberlauf der Dordogne

Die Dordogne entspringt tief im Herzen der Auvergne. Im näheren Umkreis ihres Quellgebietes gibt es eine Reihe von Kirchen eines besonderen Bautyps, der für diese Landschaft charakteristisch ist: die Auvergnatische Emporen-Basilika. Man findet sie in Clermont-Ferrand, Orcival, Issoire und St-Nectaire. In den Emporen-Basiliken sind die Seitenschiffe durch Aufstockung einer Empore auf annähernd dieselbe Höhe geführt wie das Mittelschiff, das sich bei der klassischen Basilika (ohne Empore) über die Seitenschiffe erhebt. Der Grund für die Ausprägung dieser Bauform liegt nicht im liturgischen Bereich, etwa im Bedürfnis nach zusätzlichem Raum für Altäre, sondern im baustatischen: Der Druck des Mittelschiffgewölbes wird so von den auf gleicher Höhe befindlichen Emporen aufgefangen. Die Wirkung dieser Bauform war beträchtlich und reichte weit über die lokalen Grenzen hinaus; die bedeutendsten Beispiele außerhalb der Auvergne finden sich in Toulouse (St-Sernin) und in Santiago de Compostela.

In Höhe des Kurortes La Bourboule beginnt ein großer Stausee, der sich bis Bort-les-Orgues hinzieht. Fährt man von La Bourboule kommend die N 122 südwärts, zweigt in dem Flecken Lanobre, etwa 5 km vor Bort-les-Orgues, ein kleines Sträßchen nach rechts ab, das erst über freies Feld und dann durch Waldgebiet führt. Nach 2 km taucht unvermittelt der gestaute Fluß auf, und die Waldlichtung gibt den Blick frei auf eine Burg, die hier wie ein Vorbote auf den Reichtum steht, der sich an den Ufern dieses Flusses weiter stromabwärts entfalten wird: das *Château de Val*. Ursprünglich lag die Burg, die im 15. Jh. zur Zeit des

Château de Val

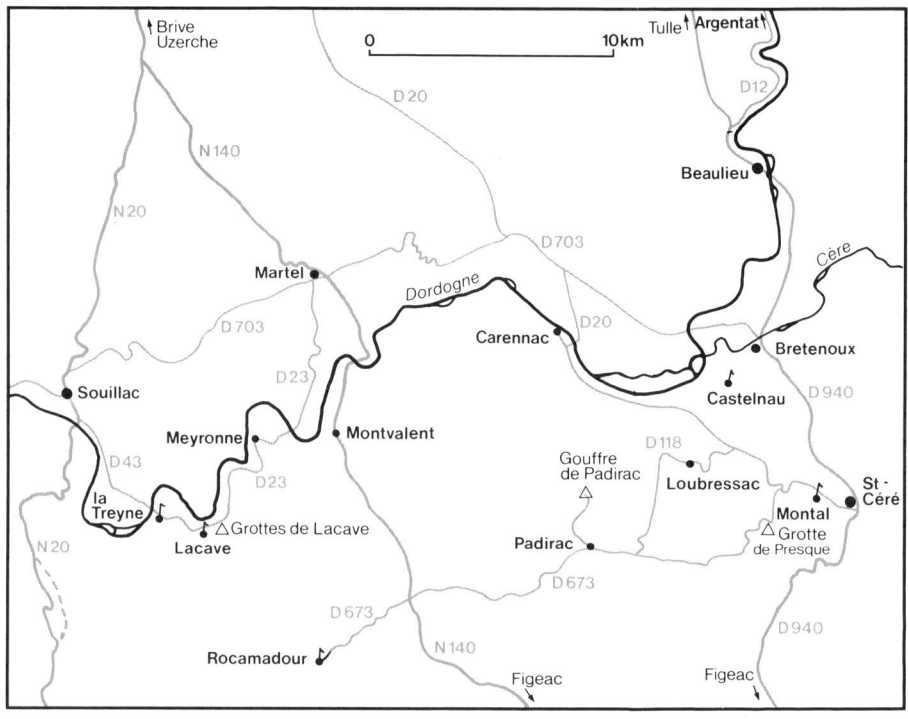

Das Dordogne-Tal von Beaulieu bis Souillac

Hundertjährigen Krieges errichtet worden war, auf einem Felssporn hoch über dem Fluß und kontrollierte das Tal. Der Stausee hat eine völlig neue Situation entstehen lassen, denn die Burg liegt nun auf einer kleinen Insel und ist mit dem Ufer nur durch einen schmalen Steg verbunden. Fünf Türme, mit Pecherker-Kränzen und Spitzkegeldächern bekrönt, umstellen wie aufgepflanzte Lanzen den Wohntrakt des Schlosses. Über dem Eingang ist das Wappen der ehemaligen Besitzer d'Estaing angebracht. Dieudonné d'Estaing hatte in der Schlacht von Bouvines (1214) König Philipp II. Auguste das Leben gerettet und durfte deshalb als besonderes Privileg das königliche Wappen führen. Die Besichtigung des Innern lohnt in erster Linie wegen des Aufstiegs auf einen der Türme. Von dort oben hat man einen herrlichen Rundblick über den Stausee und die umliegenden Anhöhen.

Den schönsten Blick auf das Château de Val hat man von einem Parkplatz an der N 679; um dorthin zu gelangen, überquert man den mächtigen Staudamm bei *Bort-les-Orgues.* Bei gutem Wetter werden in der Ferne die Bergspitzen des Cantal und des Puy-de-Sancy sichtbar. Ein Abstecher führt zurück über den Staudamm durch den Ort Bort-les-Orgues auf der D 127 hinauf zu jenen bizarren Felsformationen, die dem Ort Bort seinen Beinamen *les Orgues* (die Orgeln) gaben: Auf einer Länge von gut 2 km erheben sich die bis zu 100 m hoch aufragenden Felsbildungen vulkanischen Ursprungs, die infolge der Einschrumpfung erkaltender Lavamassen entstanden. Nachfolgende Erosion vertiefte die Spalten und zerfurchte den Fels zu Formationen, die wie zyklopische Orgelpfeifen anmuten.

Weiter nach Westen durchschneidet das Flußtal ein unwegsames und dünn besiedeltes Gebiet, in dem keine weiteren Sehenswürdigkeiten zum Verweilen einladen. Auch an den Fluß selber kommt man nicht näher heran. Es empfiehlt sich deshalb der Weg auf der N 122 nach Mauriac und von dort auf der N 680 über Pleaux und St-Privat nach Argentat.

Mit dem Eintreten der Dordogne in das Quercy wandelt sich das Landschaftsbild. Bis Argentat mehrfach zu Seen angestaut, nimmt der Fluß von hier an ungehindert seinen natürlichen Verlauf; das Tal wird breiter und lieblicher. Einen wunderbaren Blick auf das malerisch zu beiden Seiten des Flusses gelegene Argentat und das umliegende Land gewinnt man von der Anhöhe des *Puy-du-Tour*. Man erreicht sie im Süden der Stadt über die D 12. Dieselbe Straße führt entlang dem Ufer nach Beaulieu-sur-Dordogne.

Von Beaulieu-sur-Dordogne nach Souillac

Beaulieu-sur-Dordogne

Der kleine Ort birgt eine romanische Kirche mit einem prächtigen Portal (Abb. 1–4). Die Klosterkirche *St-Pierre* geht auf eine Gründung des 9. Jh. zurück. 840 wurde das Kloster von dem damaligen Erzbischof von Bourges, Raoul, den Benediktinern überantwortet, die durch den Erwerb bedeutender Reliquien Beaulieu zu Blüte und Ansehen führten. Unter den Laienäbten des 11. Jh. kam es zum Verfall, der gegen Ende des Jahrhunderts dank der Reformierung durch Cluniazenser aufgehalten wurde. Beaulieu entwickelte sich zu einer wichtigen Station auf dem Pilgerweg nach Santiago. Wie in so vielen anderen Zentren der Wallfahrt wurde im 12. Jh. der Neubau der Abteikirche in Angriff genommen, die genauen Baudaten sind jedoch nicht überliefert. Stilistische Beobachtungen sprechen für eine Entstehung der Chorpartie und des Querhauses im frühen 12. Jh., das basilikale Langhaus dürfte gegen die Jahrhundertmitte vollendet gewesen sein. Damit ist auch ungefähr der zeitliche Rahmen für das Portal abgesteckt, das etwa im zweiten Viertel des 12. Jh. entstanden ist. Es öffnet sich an der südlichen Langhausseite unter einer weit vorgezogenen Eingangshalle, die den Skulpturen einen optimalen Schutz vor Verwitterung bietet. Die beherrschende Gestalt im Zentrum des Tympanon ist Christus, der mit ausgebreiteten Armen die Wundmale seiner Hände zeigt. Um ihn herum gruppiert sich das Geschehen des Weltgerichts. Zwei Engel blasen die Fanfaren zur Auferweckung der Toten, die weiter unten ihren Grüften und Särgen entsteigen. Die Apostel, unter denen nur Petrus mit den Schlüsseln als einziger namentlich zu identifizieren ist, nehmen als Beisitzer des Jüngsten Gerichts teil. Über dem Ganzen schweben zwei Engel, die das Kreuz Christi halten. Die Verschiebung des stark betonten Kreuzes aus der Mittelachse verleiht der Gruppierung

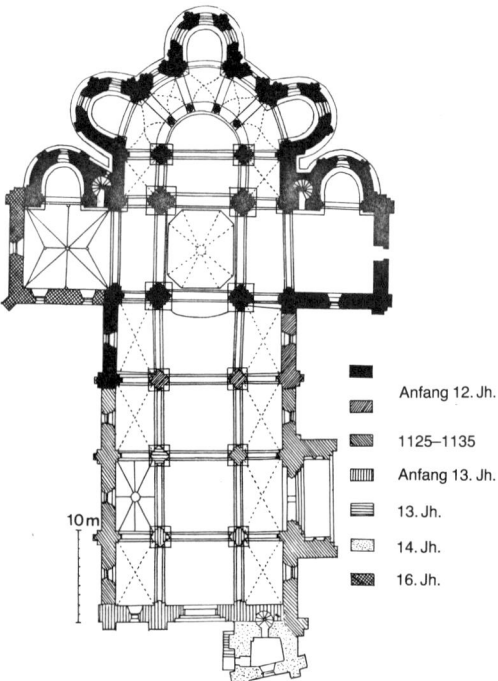

Anfang 12. Jh.

1125–1135

Anfang 13. Jh.

13. Jh.

14. Jh.

16. Jh.

10 m

Beaulieu-sur-Dordogne,
Grundriß der romanischen
Abteikirche St-Pierre (Zodiaque)

einen Hauch von Asymmetrie, der der Gesamtkomposition seine Lebendigkeit gibt. Die gekreuzten Beine der kleinen Männergestalten rechts unten sind ein Charakteristikum der Toulousaner Bildhauer des 12. Jh. Der Türsturz ist in zwei Streifen geteilt; im oberen erscheinen vier Fabeltiere, die den Verdammten höllische Martern zufügen, im unteren entrollen sich aus einem Rosettenfries weitere Monstren, unter denen ein siebenköpfiges Ungeheuer aus der Apokalypse herzuleiten ist. Der Trumeau (Portalmittelpfeiler, vgl. Abb. 3 und 4), wird aus vier überschlanken Figuren gebildet, möglicherweise Propheten, die durch eingebuchtete Säulchen gegeneinander abgegrenzt werden. Den Eingang flankieren links Petrus und rechts Paulus, die Patrone der Abtei. In den Portalwangen sind weitere Reliefs angebracht, die jedoch starker Beschädigungen wegen nur noch schwer zu entziffern sind. Links erkennt man Daniel in der Löwengrube und rechts die Versuchungen Christi. Mit dem Hauptthema dieses Portals, der Weltgerichtsdarstellung, verbindet sich noch ein anderer Gedanke: Die weitausgebreiteten Arme des Weltenrichters mit der Zurschaustellung der Wundmale, die Betonung des großformatigen Kreuzes und der Engel, der oben rechts eine Krone hält, deuten auf den Triumph Christi hin.

Auf der Rückseite der Kirche bietet sich ein schöner Blick auf die klar gegliederte Chorpartie (Abb. 2). Sie spiegelt die innere Raumsituation nach außen wider. Pyramidal aufsteigend schichten sich die einzelnen Baukörper übereinander. In der untersten Zone liegen drei Chorkapellen, begleitet von zwei weiteren Kapellen an den Querhausarmen. Man erkennt, daß der oft für diese Anordnung verwendete Begriff des Kapellenkranzes nicht ganz zutrifft. Die Kapellen stehen isoliert nebeneinander; zwischen ihnen wird die Mauer des Chorumganges sichtbar, die sogar durchfenstert wurde, so daß die Bezeichnung ›radial geordnete‹ Kapellen zutreffender ist. Der Kranz, bei dem die Kapellen tatsächlich wie Glieder einer Kette aneinander stoßen, kommt erst mit der Gotik nach der Mitte des 12. Jh. auf. Hingegen werden in der Romanik die Baukörper noch als voneinander disparate Elemente zu einem großen Ganzen zusammengefügt. In der nächst höher gelegenen Zone erscheint das Dach des Chorumganges. Das Chorhaupt erhebt sich so weit darüber, daß noch genügend Raum für die Durchbrechung mit einer Reihe von Fenstern entstand. Aus der Vierung wächst der gedrungene, quadratische Turm empor, der sich nach oben zu der oktogonalen Glockenstube verjüngt. Das pyramidale Ansteigen des Ensembles findet seinen letzten Ausdruck in der spitzen Bedachung des Vierungsturmes. Nur selten findet man eine so klare, von späteren An- oder Umbauten ungestörte Ordnung einer romanischen Chorpartie, jene von Beaulieu ist geradezu beispielhaft. Der angrenzende Kreuzgang ist dagegen fast völlig zerstört.

Im Innern wird deutlich, daß Beaulieu im Einzugsgebiet verschiedenartiger Einflüsse liegt. Der Aufriß ist pseudobasilikal; das Mittelschiff erhebt sich zwar über die begleitenden Seitenschiffe, da diesen aber kleine Emporen aufgesetzt wurden, ist der Obergaden des Mittelschiffes, also jener Abschnitt, der sich über die Seitenschiffe erhebt, nach außen verstellt. Das Fehlen von Fenstern im Obergadenbereich – es wäre ja immerhin möglich gewesen, das Mittelschiff durch die Emporen indirekt zu erhellen – verweist in das Limousin, die Empore leitet sich aus der benachbarten Auvergne her, und die Gestalt der Pilgerkirche mit Chorumgang und Chorkapellen schließlich trägt die Handschrift der Cluniazenser.

Von der Abteikirche gelangt man durch den verwinkelten Ort an das Ufer der Dordogne. Hier, außerhalb der Stadt, steht halb in den Fluß gebaut eine weitere romanische Kirche. Es ist die Kapelle der ›Schwarzen Büßer‹ (*Pénitents Noirs,* Abb. 5). Der kleine einschiffige Bau ist bescheiden und ohne nennenswerte Ausstattung gehalten, doch lohnt er den Besuch wegen seiner malerischen Lage am Wasser. Ein in der Nachbarschaft gelegenes kleines Gartenrestaurant lädt den Kunstpilger ein, sich zu einem Apéritif oder zum Essen auf der Terrasse niederzulassen, von wo aus man den Blick auf die Dordogne und die Büßer-Kirche in Ruhe genießen kann.

Castelnau

6 km südlich von Beaulieu-sur-Dordogne überquert man die Cère, die nur wenige hundert Meter weiter in die Dordogne mündet. Man gelangt nach Bretenoux, von wo aus schon bald die Kulisse der Ruinen von Castelnau sichtbar wird. Die Geschichte dieser Burg, die in ihren Anfängen dramatisch verlief, fand ein heiteres Ende. Die Barone von Castelnau gehörten zu

Château Castelnau im 19. Jh.

den mächtigsten Vasallen im Quercy des 11. Jh. 1184 jedoch unterstellte Raymond V., Graf von Toulouse, die Burg von Castelnau dem Vizegrafen von Turenne, dessen Burg heute als Ruine auf halbem Weg von hier nach Brive liegt und gleichfalls besichtigt werden kann. Der Baron wollte sich nicht beugen und brachte die Angelegenheit bis vor den König. Da es zu keiner Einigung kam, folgten blutige Auseinandersetzungen zwischen den beiden Burgherren. Ludwig VIII. machte dem durch einen amüsanten Schiedsspruch ein Ende: Der Baron von Castelnau sollte zwar im Besitz seiner Burg bleiben, aber jährlich einmal seinem Souverän, dem Vizegrafen von Turenne, ein Ei als Tributleistung überbringen. Seitdem wurde Jahr für Jahr in einem großen Umzug auf einem von vier Ochsen gezogenen Wagen ein rohes Ei von Castelnau nach Turenne transportiert. Im Hunderjährigen Krieg und auch in der Folgezeit mehrfach geplündert, brannte die Burg schließlich 1851 ab. Seit 1896 wurden Restaurierungsarbeiten durchgeführt, die sich bis 1932 hinzogen. In den wiederhergestellten Räumlichkeiten werden heute Tapisserien aus Aubusson und einzelne Antiquitäten gezeigt. Den schönsten Anblick bietet das aus rötlichen Quadern erbaute Schloß in der untergehenden Sonne; dann nimmt der Stein eine tiefe, glutrote Färbung an.

Wer von Castelnau nicht gleich wieder dem Verlauf der Dordogne folgt, hat von hier aus die Möglichkeit zu lohnenden Abstechern nach *St-Céré* an der Bave, einem reizenden Städtchen mit einer großen Zahl alter Wohnhäuser, zum *Château Montal* (Farbt. 4), einem Renais-

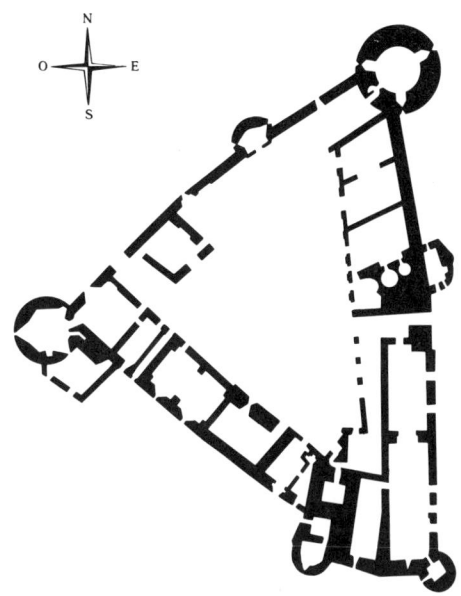

Grundriß des Château Castelnau bei Bretenoux

sance-Schloß mit berühmter, reichdekorierter Freitreppe, zu einer weiteren Burg, *Loubressac*, in schöner landschaftlicher Lage und zu den Höhlen von Presque und Padirac. Vor allem den Besuch von Padirac sollte man auf keinen Fall versäumen.

Grotte de Presque

Mit der Grotte de Presque (Abb. 7) wird der Reigen großer Tropfsteinhöhlen eröffnet, von denen das südwestliche Frankreich so zahlreiche zu bieten hat. Die Höhle besteht aus einer Abfolge verschiedener Säle, die eine Gesamtlänge von ca. 400 m haben. Im ersten stehen zahlreiche Stalagmiten, die zum Teil überraschend schlank und fast weiß sind. Es folgen weitere Säle mit merkwürdigen Sinterbildungen. Das Ganze wird durch eine geschickte Beleuchtung optisch wirkungsvoll zur Geltung gebracht. Nicht weit von der Grotte de Presque entfernt liegt die berühmteste aller Tropfsteinhöhlen Frankreichs, der Gouffre de Padirac.

Gouffre de Padirac

Gouffre bedeutet so viel wie Schlund, womit in Frankreich eine ganz bestimmte Klasse von Höhlen benannt wird. Es sind große, meist kreisrunde Löcher, die als natürlicher Schacht senkrecht in den Fels vordringen. Der Gouffre de Padirac (Abb. 6) liegt in der Causse de Gramat; er hat einen Durchmesser von 31,5 m und ist 75 m tief. Der Legende zufolge soll das

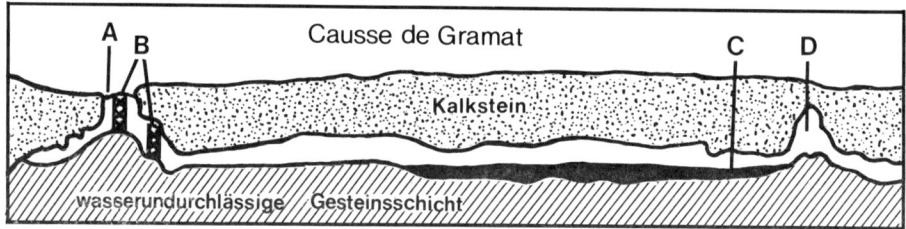

Längsschnitt durch die Höhle von Padirac (A = Gouffre, B = Aufzüge, C = unterirdischer Fluß, D = Grand Dôme)

große Loch durch einen Tritt des Teufels entstanden sein, als dieser nach einem verlorenen Disput mit dem hl. Martin auf die Erde gestampft habe.

1889 wurde der Gouffre von dem Speläologen Martel erschlossen, der am Grund des Loches einen Durchschlupf ins Erdinnere entdeckte. Bei seinem weiteren Vordringen stieß Martel auf einen unterirdischen Fluß, dessen Ursprung bis heute nicht ermittelt werden konnte. Färbversuche zeigten, daß der Fluß 10 km entfernt direkt am Ufer der Dordogne zutage tritt. Martel erkundete die Höhle zunächst auf einer Länge von etwas mehr als 2 km. Erst nach 1937 stießen andere Höhlenforscher (Lavour, Joly, Trombe) weiter vor. Bis heute ist die Höhle von Padirac auf einer Länge von mehr als 10 km erforscht. Sie ist die bekannteste und meistbesuchte Höhle Frankreichs, die mittlerweile jährlich von mehr als 300 000 Menschen besichtigt wird. In der Hauptsaison werden Tageskapazitäten bis zu 5000 Besuchern gezählt.

Man erreicht den Grund des Gouffre in einem Aufzug. Von dort steigt man dann zu Fuß durch den Felsspalt hinab in die Höhle. Ein mehrere hundert Meter langer Gang führt zu

Padirac, Höhlenabschnitt beim See des Regens

dem unterirdischen Fluß, wo den Besucher Barken erwarten, in denen man eine etwa 700 m lange Fahrt macht. Man gelangt schließlich in den *Grand Dôme*, eine gigantische Tropfsteinhöhle von mehr als 90 m Höhe. Über zahlreiche Treppen wird man durch einen Wald von Stalaktiten und Stalagmiten geführt. Dazwischen erscheinen immer wieder die absonderlichsten Sinterbildungen, in denen man mit etwas Phantasie alle erdenklichen Figuren und Gestalten sehen kann.

Rocamadour

Von Padirac lohnt für den weniger eiligen Touristen der Abstecher zu dem alten Wallfahrtsort Rocamadour (Abb. 16). Es sind nicht so sehr kunstgeschichtlich besonders nennenswerte Bauten, sondern vielmehr die imposante Lage der steil am Felsen emporwachsenden Stadt hervorzuheben, die als eine der wichtigsten Pilgerstätten des Mittelalters in Europa gilt. 1166 fanden Einwohner des damals unbedeutenden Dorfes anläßlich einer Beisetzung hinter dem der Muttergottes geweihten Altar ihrer Kirche einen unversehrten Leichnam, um den sich sofort verschiedene Legenden zu ranken begannen. Die verbreitete Version sah in den sterblichen Überresten jenen Zachäus, Oberzöllner in Jericho, der auf einen Baum gestiegen war, um Christus zu sehen und daraufhin vom Herrn in seinem Hause besucht worden war. Er galt gleichzeitig als der Ehegatte der hl. Veronika und wurde nach dem Auffindungsort seiner Gebeine ›roc amator‹ – der Felsliebende – benannt, woraus sich Rocamadour entwickelte. Seine Beliebtheit als Wallfahrtsort verdankte Rocamadour jedoch in stärkerem Maße der wundertätigen Nôtre-Dame-des-Pauvres, der Muttergottes der Armen. Bedeutende Männer der Kirche und der Politik pilgerten hierher, so unter anderem die Heiligen Dominikus und Bernhard, die Könige Ludwig IX., Philipp IV. der Schöne, Philipp VI. und zahlreiche andere Prominente. Die Zeiten der endlosen Kriegswirren, erst im Hundertjährigen Krieg, dann während der Religionskriege, führten zum Versiegen des Pilgerstromes. Rocamadour geriet in Vergessenheit. Mehrere schwere Erdrutsche und Steinschläge ließen weite Teile der alten Heiligtümer in Trümmer niedersinken. Erst im 19. Jh. unternahmen die Bischöfe von Cahors gewaltige Anstrengungen, die Wallfahrt wiederzubeleben. Dafür war zunächst die Wiederherstellung der Sanktuarien und des Ortes vonnöten, die bald erfolgreich abgeschlossen werden konnte. Tatsächlich gelang es, den Ort wieder für die Gläubigen attraktiv zu machen, und seither ist Rocamadour Jahr für Jahr das Ziel für Tausende von Pilgern. Natürlich herrscht hier der übliche Rummel und das gewohnte Gedrängel, begleitet vom Angebot geschmackloser Souvenirs wie in allen solchen Orten, aber dennoch liegt über dem Ganzen eine sehr authentische Atmosphäre tiefer Frömmigkeit.

Über eine Treppe mit 216 Stufen, auf denen die Pilger früherer Zeiten auf den Knien hochrutschten – heute hilft da ein Aufzug –, gelangt man zum eigentlichen Heiligtum, das aus einer Ansammlung von sieben Sanktuarien besteht. Das größte ist die Basilika *St-*

Rocamadour, Ansicht aus dem 17. Jh. ▷

Sauveur, die noch weitgehend aus dem 12. Jh. stammt. Es ist eine ehemalige Klosterkirche, die mit der *Chapelle Miracouleuse* (Wunder-Kapelle) verbunden ist, dem wichtigsten Heiligtum des Ortes. Diese Kapelle war völlig zerstört und wurde im 19. Jh. neu wiederaufgebaut. An ihrer Stelle soll sich ehemals das Oratorium befunden haben, in dem der hl. Amadour seine täglichen Gebete verrichtete. Im Gewölbe hängt eine Glocke aus karolingischer Zeit, die nur dann geläutet wird, wenn ein Wunder geschehen ist. Das Ziel der Wallfahrt ist die hier aufgestellte Statue der Muttergottes, eine aus Nußbaumholz geschnitzte und mit Silber überzogene Figur, die unterschiedlich vom 9. bis zum 12. Jh. datiert wird. Reizvoll ist die *Michaels-Kapelle,* die zum Teil aus dem gewachsenen Fels geschlagen wurde. An ihrer Außenseite haben sich Fresken des frühen 13. Jh. erhalten, die die Verkündigung und die Heimsuchungsszene zeigen. Auch im Innern sind Wandmalereien zu finden, deren kläglicher Zustand aber nicht mehr auf Anhieb erkennen läßt, was dargestellt ist. Ferner scharen sich in nächster Nähe die Kapellen *St-Blaise, Ste-Anne, St-Jean-Baptiste* und *St-Amadour*, die alle weitgehend im vorigen Jahrhundert neu wiederaufgebaut wurden.

Der Ort selber besteht praktisch nur aus einer Hauptstraße, deren Anfang und Ende zwei mittelalterliche Stadttore markieren: im Nordosten die *Porte-du-Figuier* und im Südwesten die *Porte Basse*. Im ehemaligen Rathaus, der *Couronnerie,* einem eindrucksvollen Bau des 15. Jh., ist heute das Syndicat d'Initiative untergebracht. Ein Besuch des hoch über der Stadt gelegenen Schlosses lohnt nicht wegen des Baues selber, er wurde im vorigen Jahrhundert auf den Fundamenten eines Vorgängers aus dem 14. Jh. errichtet, sondern wegen des unvergeßlichen Blickes, den man von dort oben über den Ort, das Tal und die Hochebene von Gramat hat.

Carennac

Von Padirac führt der Weg auf der kleinen D 60 zurück an die Dordogne, der man dann auf der D 30 flußabwärts folgt. Zum Teil ist die Straße so weit von Bäumen überwachsen, daß man meint, durch einen grünen Tunnel zu fahren, dann aber öffnen sich zwischendurch immer wieder herrliche Ausblicke auf den Fluß. Bei Carennac gabelt sich die Dordogne, und ihre Wasser umspülen eine längliche Insel, der Fénelon – er hatte als junger Abbé einige Jahre in Carennac verbracht – den Namen *Calypso* gab. Zu der alten *Klosterkirche* gelangt man nur zu Fuß, denn das schmale Stadttor verweigert glücklicherweise dem Autoverkehr den Durchgang (Abb. 8, 9).

Schon von draußen vor der Mauer gewinnt man in Schrägansicht durch das Tor den Blick auf das Kirchenportal (Farbt. 2). Es ist sehr klein und zeigt weniger Figuren als die großen Portale von Beaulieu oder Moissac. Christus sitzt erhaben in einer Mandorla (Abb. 10), mit der linken Hand hält er das Buch mit den sieben Siegeln, die rechte ist zum Segensgestus erhoben. In den Zwickeln der Mandorla erscheinen die vier Evangelistensymbole (Engel: Matthäus; Adler: Johannes; Löwe: Markus; Rind: Lukas). Diesen Mittelteil flankieren die zwölf Apostel (Abb. 11), denen sich zwei Engel hinzugesellen. Das Ganze ist mit großer

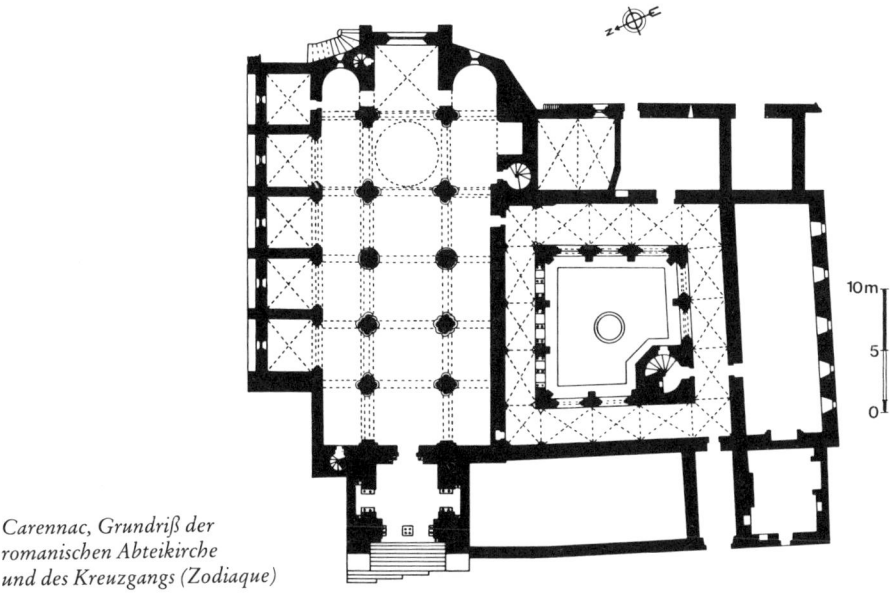

*Carennac, Grundriß der
romanischen Abteikirche
und des Kreuzgangs (Zodiaque)*

Verhaltenheit und Strenge vorgetragen. Die rahmenden Ornamentstreifen und die fast filigranhafte Bearbeitung des Steins lassen Erinnerungen an die Goldschmiedekunst wach werden. Das Portal von Carennac ist das Werk eines Meisters, der seine Schulung im Umkreis der Werkstätten von Toulouse erhielt. Die Datierung bereitet Schwierigkeiten; allgemein wird ganz grob das 12. Jh. angegeben, man kann das Portal aber sicher noch vor die Jahrhundertmitte stellen. Das Beglückende an dem Werk ist die Unvermitteltheit, mit der es aus dem Gewirr der Mauern des kleinen Nestes dem Betrachter entgegenstrahlt.

Die Kirche entstammt gleichfalls dem 12. Jh.; wie jene in Beaulieu ist sie dem Petrus geweiht. Die Vierung ist von einer grazilen Kuppel überwölbt. An den Pfeilern finden sich zwei Dutzend Kapitelle mit Ornamenten, Menschen, Tieren und Fabelwesen, die in ihrer derben Unbeholfenheit nichts mit dem eleganten Portal gemeinsam haben. Im rechten Seitenschiff überrascht eine qualitätvolle Grablegung Christi des 16. Jh., Michelin-sterngekrönt. Fast in Lebensgröße umstehen Joseph von Arimathia, Nikodemus, die Muttergottes, Johannes, Magdalena und heilige Frauen den Leichnam, dem sie sich mit dem Ausdruck verhaltener Trauer zuwenden. Die Grablegung gilt als eines der Hauptwerke der Renaissance-Bildhauerei im Quercy, doch ist ihr Künstler unbekannt. Gleich daneben öffnet sich eine Tür zum Kreuzgang. Wie alles hier ist auch er klein und überschaubar, was ihm eine Intimität verleiht, die fern jeder Repräsentation eine wohltuende Ruhe ausstrahlt. Ein Flügel ist noch romanisch, die drei anderen entstammen dem 15. Jh., also jener Zeit, deren Stil in

Abteikirche Carennac, Grablegung Christi, anonymer Meister des 16. Jh.

Frankreich das *Flamboyant* genannt wird. Durch einen Treppenturm in einer Ecke des Kreuzganges kann man auf eine Terrasse und weiter bis zum Dach der Kirche gelangen. Von dort schweift der Blick über den Ort mit seinen winkligen Gassen und in die Landschaft.

Martel

Um weiter nach Souillac zu gelangen, gibt es zwei Möglichkeiten. Die gut ausgebaute N 703 führt über das Städtchen Martel, das in der gleichnamigen Ebene, *Causse de Martel*, liegt und nach seinem Gründer Karl Martell, dem Sieger von Tours und Poitiers, benannt ist. Das bedeutendste Bauwerk der kleinen Stadt ist das *Hôtel-de-la-Raymondie* aus dem frühen 14. Jh. In seiner Nachbarschaft liegt die *Maison Fabri*, wo 1183 der ›Junge Heinrich‹ starb, der Sohn Eleonores von Aquitanien und Heinrichs II. Plantagenet. Der Prinz hatte sich gegen seinen Vater empört, der ihm erst auf die Nachricht von des Sohnes schwerer Erkrankung sein väterliches Pardon überbringen ließ. Wenige Tage darauf starb Heinrich, ohne seinen Vater noch einmal gesehen zu haben. Bemerkenswert sind außerdem die alten Markthallen des 18. Jh., wie sie in dieser Form nur noch selten anzutreffen sind.

Martel, alte Markthalle

Grotte de Lacave

Der zweite Weg von Carennac nach Souillac folgt dem Flußlauf am linken Ufer zunächst auf der D 43, die nach wenigen Kilometern auf die N 681 stößt. Hier biegt man links ab. Kurz hinter dem Flecken Montvalent wendet man sich nach rechts Richtung Meyronne; in diesem Ort schlägt man dann die D 23 ein. Sie führt direkt zur Höhle von Lacave, die in einem 70 m hohen Steilfelsen liegt. Die Grotte de Lacave wurde erst Anfang unseres Jahrhunderts (1902) durch Zufall entdeckt und von Armand Viré, einem Schüler E.-A. Martels, erforscht. Mit einem elektrischen Zug fährt man zunächst durch einen künstlich angelegten Stollen. Nach einigen hundert Metern erreicht man einen Lift, der den Besucher in eine große Halle zu einem unterirdischen See mit zauberhafter Lichtwirkung bringt. Daran schließt sich zu beiden Seiten ein verzweigtes System verschiedener Gänge und Säle an, in denen man vielgestaltige Sinterbildungen und großartige Versteinerungen bewundern kann. Das weitläufige Netz der unterirdischen Höhlen addiert sich zu einer Gesamtlänge von 3,5 km; die größte Halle hat eine Grundfläche von mehr als 2000 qm.

Château La Treyne

Weiter geht es wieder auf der D 43, die schon nach kurzem die Dordogne überquert. Von der Brücke schaut man auf das kleine Schloß La Treyne (Farbt. 9). Von der Burg des 14. Jh. ist nur noch ein Turm erhalten, der Rest fiel während der Religionskriege dem Feuer zum Opfer. Im 17. Jh. wurde der bestehende Bau errichtet, der nach wiederholtem Besitzerwechsel seit kurzem ein Luxushotel ist. Das schönste an La Treyne ist seine Lage auf einem Felsen über dem Fluß. Es gehört zu den unvergeßlichen Augenblicken, wenn man im Herbst in den frühen Morgenstunden miterleben kann, wie die aufsteigenden Nebel vom Wasser her langsam die Umrisse des Schlosses freigeben.

Souillac

Lärmend wälzt sich auf der Route Nationale 20, der Hauptverbindung zwischen Paris und Toulouse, besonders in der Hauptferienzeit ein nicht endenwollender Strom von Autos südwärts. Diese Verkehrsader mitten durch Souillac nimmt dem Ort jeden Charme. Wendet man sich jedoch von der Asphaltpiste auf der nach Sarlat abzweigenden Straße nach Westen, umfängt einen schon nach wenigen Metern wohltuende Stille, und überrascht hält man vor

Souillac, Ansicht des Klosters aus dem 17. Jh. (aus dem ›Monasticon Gallicanum‹)

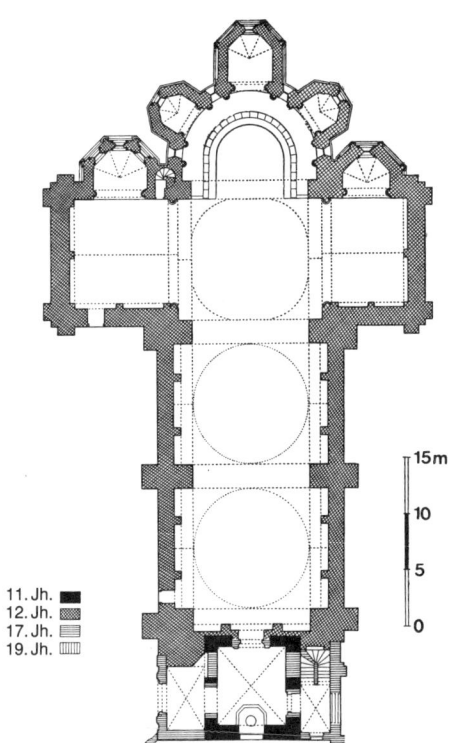

11. Jh. ■
12. Jh. ▨
17. Jh. ▤
19. Jh. ▥

⌐15 m

10

5

⌐0

Souillac, Grundriß der ehem. Abteikirche
(Zodiaque)

der prächtigen Chorpartie einer romanischen *Abteikirche* (Farbt. 1) inne. Die Geschichte des Klosters reicht weit zurück. Schon unter dem Merowingerkönig Dagobert wurde 655 n. Chr. eine kleine Kirche gegründet, die im 10. Jh. nach der Übernahme durch Benediktiner zur Keimzelle eines Klosters wurde. Im 12. Jh. wurde ein Neubau der Klosterkirche begonnen, der erst nach der Jahrhundertmitte fertiggestellt und der Muttergottes geweiht wurde. Sie ist einer der Hauptvertreter des Typs der périgordinischen Kuppelkirche, deren drei mit Laternen bekrönte Kuppeln als Halbkugeln auf dem Dach der Kirche sichtbar werden. Diese Bloßlegung ist das Ergebnis einer späteren Restaurierung, denn ursprünglich waren die Kuppeln unter einem Satteldach versteckt. Der Chor zeigt eine ähnlich klare Gliederung wie jener in Beaulieu, nur ist dieser im Ganzen schlichter. Es fehlt der Chorumgang, die Kapellen öffnen sich also direkt zum Chorhaupt, und anstelle eines Vierungsturmes erscheint nur die kleine Laterne auf der Vierungskuppel. Von den alten Klostergebäuden ist nichts erhalten geblieben. Sie fielen 1573 einem von Protestanten gelegten Brand zum Opfer, der auch Teile der Abteikirche erfaßt und zum Einsturz zweier Chorkapellen geführt hatte. Das Portal mit seinem reichen plastischen Dekor wurde

Souillac, Längsschnitt durch die ehem. Klosterkirche (rekonstruierter Zustand vor der Bloßlegung der Kuppeln)

zertrümmert. Eine provisorische Wiederherstellung erfolgte im 17. Jh. Im Zuge der Revolution wurde das Kloster säkularisiert und später nicht wieder in Betrieb genommen. Die wenigen erhaltenen Abteigebäude wurden zum Teil abgerissen oder einer anderen Bestimmung übergeben. 1801 erfolgte eine Neukonsekrierung der Kirche, die seitdem als Pfarrkirche von Souillac dient. Schon im vorigen Jahrhundert wurden erste Restaurierungs- maßnahmen eingeleitet, die 1848 mit der Wiedererrichtung der abgebrannten Kapellen einen vorläufigen Abschluß fanden. Nach 1950 wurden erneut Wiederherstellungsarbeiten vorge- nommen, die sich mit Unterbrechungen bis 1975 hinzogen.

Ins Innere gelangt man durch einen Vorraum, der das Untergeschoß eines aus dem 11. Jh. stammenden Turmes darstellt. Der langgestreckte, einheitliche Raum ist in drei gleich große Quadrate unterteilt, deren jedes von einer gewaltigen Kuppel überwölbt wird. Der klare und übersichtliche Eindruck wird durch die letzte Restaurierung, die wie fast alle Kirchenrestau- rierungen unserer Tage zu puristisch ausgefallen ist, leicht überspitzt. Wendet man sich nun zurück zum Eingang, gewahrt man die Werke, denen Souillac seine eigentliche Berühmtheit verdankt: den *Jesaja* und die *Bestiensäule*. Darüber und daneben erscheinen noch andere Reliefs, die alle zusammen ursprünglich ein geschlossenes Portalensemble bildeten. Nach den Zerstörungen durch die Protestanten während der Religionskriege wurden bei der erwähnten Restaurierung der Kirche im 17. Jh. die erhaltenen Reste der Skulpturen im Innern in einer willkürlichen Anordnung in die Wand vermauert. Das große Relief über dem Eingang (Abb. 12) erzählt die Legende des Diakons Theophil, die im Mittelalter ein beliebtes Predigt-Thema war. Theophil hatte nach seiner Amtsenthebung als Schatzmeister der Kirche zu Adana in Kilikien (Kleinasien) einen Pakt mit dem Teufel geschlossen, wonach ihm dieser zur Wiedereinsetzung in sein Amt verhelfen sollte. Die linke Bildhälfte zeigt die Unterzeichnung des Vertrages. Dann aber, von Gewissensqualen gepeinigt, flehte der Diakon um die Hilfe der Muttergottes. Sie verlieh ihm die Kraft, dem Teufel den Vertrag wieder zu entreißen, was die rechte Bildhälfte wiedergibt. Bald darauf stirbt Theophil als ein heiliger Mann, dessen Seele von Engeln im Himmelreich aufgenommen wird. Dies erscheint über den beiden Szenen. Sitzende Figuren des hl. Benedikt (links) und des Apostelfürsten Petrus (rechts) flankieren die Szenerie, das Ganze wird unter einem Dreipaßbogen zusammengefaßt.

Der *Bestienpfeiler* (Abb. 13, 14) war ursprünglich der Trumeau des romanischen Portals. Seine drei Schauseiten sind überreich mit Skulpturen geschmückt. Auf der linken, dem heutigen Kircheneingang zugewandten Seite ist die Isaak-Opferung dargestellt. Die problematische Form des schmalen, hohen Pfeilers wurde der Komposition geradezu genial nutzbar gemacht. Sie ist in zwei Hälften gegliedert: in der unteren stehen Abraham und Isaak. Der Vater hat den Knaben eng an sich gezogen und ist eben im Begriff, zum tödlichen Streich auszuholen. Von oben stößt der Engel herab, um Abraham den Widder zu überbringen, der anstelle von Isaak geopfert werden soll. Die extreme Vertikalisierung der Anordnung unterstreicht die Dringlichkeit des Einschreitens durch den Engel. So wie sich ein Raubvogel im Sturzflug auf seine Beute wirft, fällt der Engel nahezu senkrecht aus dem Himmel herab, der oben durch einige Wellenlinien angedeutet ist. Die Opferung Isaaks durch seinen Vater wurde im Mittelalter oft und gerne besonders in der Portalplastik zur Darstellung gebracht. Man sah in ihr einen prophetischen Hinweis auf den Opfertod Christi, ein gutes Beispiel für die Typologie, die Zuordnung alttestamentarischer Begebenheiten zu Ereignissen des Neuen Bundes. Die Frontseite übertrifft die Isaak-Opferung noch an Originalität. Hier stehen vier Paare von sich überkreuzenden Löwen und Greifen übereinander, deren strenge Ordnung durch ein Gewoge von Menschen- und Tierleibern aufgelockert wird. Das Thema ist der Höllensturz der verdammten Kreatur. Derselbe Aufbau findet sich an dem Trumeau von Moissac, wo er aber noch streng und spröde wirkt, während in Souillac alles ins Expressive gesteigert ist. Die rechte Seite des Pfeilers schließlich zeigt im Gegensatz zur Verdammnis die Auserwählten. Drei sich in liebevoller, glückbeseelter Zuwendung umarmende Menschenpaare stehen übereinander. Alle drei Seiten des Trumeaus zeigen dieselbe Verbindung streng ornamentaler Gliederung mit bewegter Verlebendigung der Details, die den Gesamteindruck gebändigter Dramatik vermittelt. Die Form des Bestienpfeilers, die ihren Ursprung in Aquitanien hat, wirkte weit nach Norden. Ein entfernter Verwandter findet sich in der Krypta des Domes zu Freising bei München.

Zwischen Bestiensäule und Eingang ist die Gestalt des Propheten *Jesaja* in die Wand eingelassen (Abb. 15). Im zweiten Viertel des 12. Jh. entstanden, sieht die Kunstgeschichte in ihr den Gipfelpunkt romanischer Skulptur.[5] Ursprünglich dürfte sie im Gewände des zerstörten Portals gestanden haben, möglicherweise in Verbindung mit einer Verkündigungsgruppe. Die heutige unscheinbare Aufstellung im Innern der Kirche, fast versteckt im Schatten der Bestiensäule, nötigt dem Besucher ein längeres Verweilen ab, wenn er die Gestalt in ihrer ganzen künstlerischen Tiefe erfassen will. Hat man das Glück, allein in der Kirche zu sein, kann man getrost auf einem der herumstehenden Stühle vor dem Jesaja Platz nehmen. Auf den ersten Blick frappiert die Gestalt durch ihre lebendige Bewegung. Das Motiv des Schreitens mit sich überkreuzenden Beinen, ein feststehender Typus in den darstellenden Künsten des Mittelalters, ist hier zum Tanzen umgedeutet worden. Das verleiht der Figur etwas Leichtes, Schwebendes und läßt die strenge Gesetzmäßigkeit, der die Gestalt in ihrer Gesamtheit und in allen Details unterworfen ist, gänzlich vergessen. Ist es denn wirklich ein natürlicher Tanzschritt, der hier vorgeführt wird? Wer den Versuch unternimmt, die Bewegung des Jesaja nachzuahmen, scheitert hoffnungslos. Die extreme Kreuzung der Beine, die verwinkelten Arme, die zudem ein Schriftband halten, und der zurückgebogene Oberkörper ergeben einen real nicht nachvollziehbaren Ablauf von Einzelmotiven, die in einem rein ornamentalen Bezug zueinander stehen. So wiederholt sich die Schrägstellung des vorgestellten linken Beines parallel im linken Arm und wird in der Haltung des Kopfes wieder aufgegriffen, während der Position des rechten Beines die Wendung des Rumpfes entspricht. Diese kreuzweise Anordnung parallel zueinander verlaufender Kompositonslinien ist auch für die Bestiensäule charakteristisch, wo in der Darstellung der Löwen und Greifen derselbe kompositorische Gedanke deutlich wird. Mit gutem Grund vermutet man für beide Werke denselben Meister. Dem Geschlängel der niederstürzenden Menschen und Tiere an der Säule entspricht beim Jesaja weiterhin die fließende Bewegtheit seines Bartes und des Gewandes. Welche Naturnähe suggeriert dieses zu dicken Strähnen geordnete Haupt- und Barthaar, dennoch konstatieren wir im selben Atemzug, daß es tatsächlich niemals so wachsen kann. Und das Gewand: schwungvoll gebauschte Faltenwürfe werden jäh durch Knitterung gebremst, brechen sich im Saum, dessen prachtvoll und bis ins kleinste Detail ziselierte Bordüre vergessen läßt, daß der Werkstoff spröder Stein und nicht Stoff ist. Diese eigentümliche Verbindung ornamentaler Schematisierung und bewegter Lebendigkeit, die sich nicht an der Realität orientiert, macht die Intention des Werkes deutlich. Hier soll nicht ein Tänzer oder ein tanzender Prophet gezeigt werden, vielmehr lebt in der Figur die Idee des Tanzens als ekstatischer, vom göttlichen Geist erfüllter Bewegung, die nicht irdischer Gesetzmäßigkeit unterworfen ist. Der Jesaja zählt mit Recht als Höhepunkt der romanischen Plastik, denn in ihm vollendet sich dieses für alle Werke seiner Epoche geltende Prinzip der Durchdringung des Steins hin zum Ausdruck der dahinterstehenden geistigen Dimension. Wer den Jesaja von Souillac aufmerksam betrachtet hat, wird die Bildwerke des Mittelalters künftig mit anderen Augen sehen.

Durch das Limousin nach Süden

St-Léonard-de-Noblat

Wer von Osten her kommend nicht den Weg über das Zentralmassiv entlang dem Oberlauf der Dordogne wählt, sondern die weniger kurvige und leichter zu befahrende Strecke, die das Zentralmassiv nördlich umgeht, kommt durch die Nachbarlandschaft des Périgord, das Limousin. Die Gegend und ihre Hauptstadt Limoges haben ihren Namen nach dem hier einstmals beheimateten Keltenstamm der *Lemoricer*. Die rauhe, dünnbesiedelte Bergwelt und das regenreiche Klima des Limousin bieten dem erholungssuchenden Touristen nur wenig Anreiz zum Verweilen, doch auf dem Weg nach Südwesten laden einige sehenswerte Stätten zur Besichtigung ein.

Limoges und Umgebung

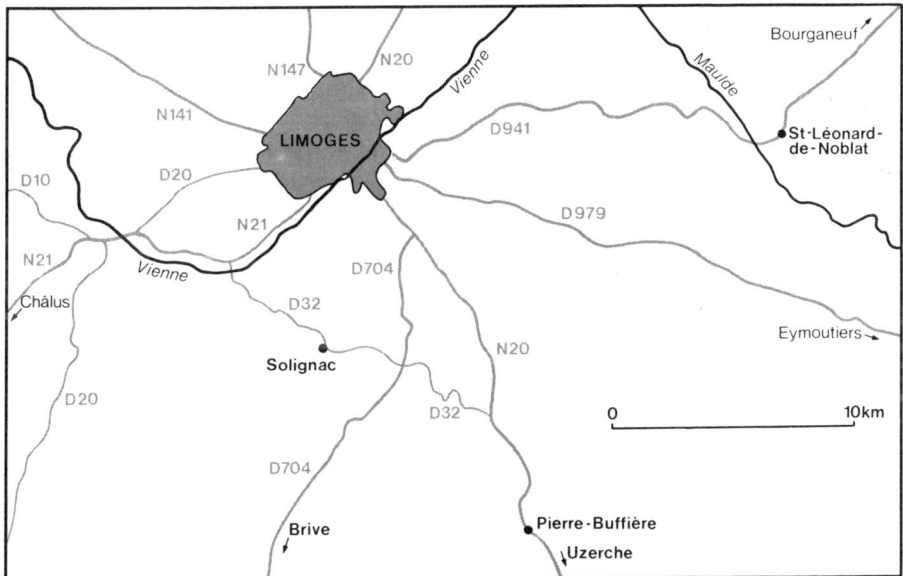

St-Léonard-de-Noblat, Ansicht der ehem. Abteikirche aus dem 19. Jh.

Gut 20 km vor Limoges liegt der alte Wallfahrtsort St-Léonard-de-Noblat. Die Gründung des Ortes geht auf den hl. Leonhard zurück, der hier in der ersten Hälfte des 6. Jh. als
Einsiedler lebte. Als Sohn einer adligen Familie schien er zunächst für hohe Staatsämter
bestimmt zu sein; kein geringerer als König Chlodwig I. war sein Taufpate. Überraschend
entschied sich Leonhard jedoch schon als junger Mann für ein Leben in frommer
Zurückgezogenheit und ließ sich im Limousin nieder, um Verfolgten und Kranken zu
helfen. Schon bald genoß er großes Ansehen in der Gegend, und seinem Namen eilte der Ruf
eines Wunderheilers voraus. Deshalb wurde er auch zu Hilfe gerufen, als der Nachfolger
Chlodwigs, König Theodebert, mit seiner Frau Wisigarde im Limousin weilte. Als bei der
hochschwangeren Wisigarde Wehen einsetzten, die immer heftiger wurden, zu unsagbaren
Schmerzen, aber zu keiner Geburt führten, ließ man schnell Leonhard kommen, der durch
intensives Gebet dem Leiden ein Ende bereitete: Wisigarde wurde von einem gesunden
Knaben entbunden. In Dankbarkeit schenkte ihm daraufhin der König ausgedehnte Wälder,
die den Reichtum der später am Grabe Leonhards entstandenen Abtei begründeten. Auch
Tieren soll der Heilige oftmals geholfen haben. Im süddeutschen Raum ist noch heute eine

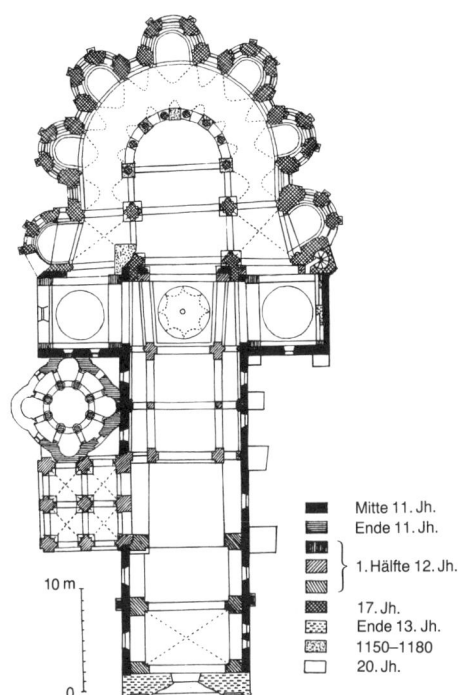

■	Mitte 11. Jh.
▦	Ende 11. Jh.
▥	1. Hälfte 12. Jh.
▨	
▤	17. Jh.
▩	Ende 13. Jh.
▦	1150–1180
□	20. Jh.

10 m

0

St-Léonard-de-Noblat, Grundriß der Kirche
St-Léonard (Zodiaque)

lang gepflegte Tradition wach: der berühmte Leonhardi-Ritt, der am Todestag des Heiligen, dem 6. November – er starb im Jahre 559 –, in vielen Gemeinden veranstaltet wird.

Die alte *Kirche* des Ortes entstammt unterschiedlichen Epochen und bietet entsprechend kein einheitliches Bild. Von der karolingischen Kirche, die von Ludwig dem Frommen erbaut worden sein soll, sowie von einem zu vermutenden merowingischen Vorgängerbau sind keine Reste mehr auszumachen. Dagegen haben sich Teile des dritten, zwischen 1045 und 1070 errichteten Baus erhalten. Die Mauern des Haupt- und des Querschiffes stammen noch weitgehend aus dieser Zeit. Da die Kirche des 11. Jh., deren Schiffe keine Gewölbe besaßen, im 12. Jh. in allen Gebäudeteilen eingewölbt wurde, machte die veränderte Statik weitreichende Umbauten notwendig. Am Außenbau wurden gewaltige Strebepfeiler, im Innern Säulen und Wandpfeiler zur Stützung des Gewölbes eingezogen. Etwa gleichzeitig entstand der Glockenturm an der Nordseite der Kirche (Abb. 17), ein Verwandter der Glockentürme in Brantôme und Le Puy. Dadurch wurde der kleine Rundbau geringfügig in Mitleidenschaft gezogen, der im späten 11. Jh. der Kirche angefügt wurde und jetzt zwischen Turm und Querhaus eingezwängt ist. Nach der Mitte des 12. Jh. mußte der Chor

73

vergrößert werden, um den immer stärker anschwellenden Pilgerstrom zu bewältigen. Nach
cluniazensischem Muster wurde ein Chor mit Umgang und sieben radial angeordneten
Kapellen errichtet. Zahlreiche Umbauten und Restaurierungen der folgenden Jahrhunderte
haben die ohnehin komplizierte Baugeschichte der Kirche zu einem kaum entwirrbaren
Dschungel an Daten und Namen anschwellen lassen. Aber gerade diese Tatsache ist der beste
Beleg dafür, daß die St-Léonard-Kirche durch alle Jahrhunderte ein beliebter Anziehungs-
punkt geblieben ist. Im näheren Umkreis der Kirche finden sich noch zahlreiche alte
Wohnhäuser, die zum Teil dem 14. und sogar dem 13. Jh. entstammen.

Limoges

Endlose Straßenzüge führen durch die üblichen, betonierten Vorstadtviertel, die einen
schon fast daran zweifeln lassen, es könne auch ein Limoges früherer Zeiten geben. Wenn die
N 141 dann aber zu dem kleinen Fluß *Vienne* hinabsteigt, erscheint auf der anderen Seite des
Tals die Altstadt, überragt von der Kathedrale St-Etienne. Den schönsten Blick auf das
Gewirr der Häuser und Dächer hat man von einer der beiden alten Brücken. Etwa 300 m
nördlich der großen Autobrücke der N 141 spannen sich die Bögen der Brücke *St-Etienne*
aus dem 13. Jh. über den Fluß; und knapp 1 km flußabwärts trifft man auf die noch ältere,
dem 12. Jh. entstammende Brücke *St-Martial*. Sie trägt den Namen des Nationalheiligen des
Limousin, der etwa um 250 n. Chr. nach Limoges gekommen sein soll. Eine spätere
Legendenbildung ließ ihn als einen der Begleiter der drei Marien in einem Boot vom Heiligen
Land nach Frankreich gekommen sein, dessen Boden er demnach in der Camargue betreten
haben soll. Von dort sei er in das Limousin gezogen und habe die Bevölkerung christiani-
siert. Es heißt, Martial habe bei einer Vorstellung im Theater der Civitas Lemoricum die
zuchtlosen Reden der Schauspieler unterbrochen und mit lauter Stimme das Wort Gottes
verkündet. Er wurde daraufhin ergriffen und in den Kerker geworfen. Mit Gottes Hilfe
konnte er sich jedoch befreien; er zerstörte im Tempel die Götzenbilder und weihte den Bau
dem Erzmärtyrer Stephanus (St-Etienne).

Limoges ist aus zwei nebeneinandergelegenen Siedlungsbereichen entstanden: im Osten
der *bourg* mit dem Zentrum der Kathedrale und im Westen die *ville* mit der Place de la
République als Mittelpunkt, die beide im Verlauf der Straßen noch heute deutlich zu
erkennen sind. Im bourg, dem älteren Teil, stand die gallo-römische Stadt mit dem Tempel,
auf dessen Fundamenten später die Bischofskirche errichtet wurde. Für die ville war das
St-Martial-Kloster die Keimzelle. Bereits im frühen Mittelalter verschmolzen beide Sied-
lungskerne zu einem einzigen städtischen Gemeinwesen, seitdem war Limoges der Hauptort der Vizegrafschaft Limousin. Die Stadt bezog über Jahrhunderte ihren Wohlstand aus
der Herstellung von Emailkunstwerken und später aus der Porzellanmanufaktur. Ihren *dies
ater* erlebte die Stadt im September 1370, als der ›Schwarze Prinz‹, der Sohn König
Edwards III. von England, an einem Tage 3000 Bürger, darunter Frauen und Kinder,
ermorden ließ. Eine makabre Parallele fand dieses Ereignis in unseren Tagen: 1944 wurden

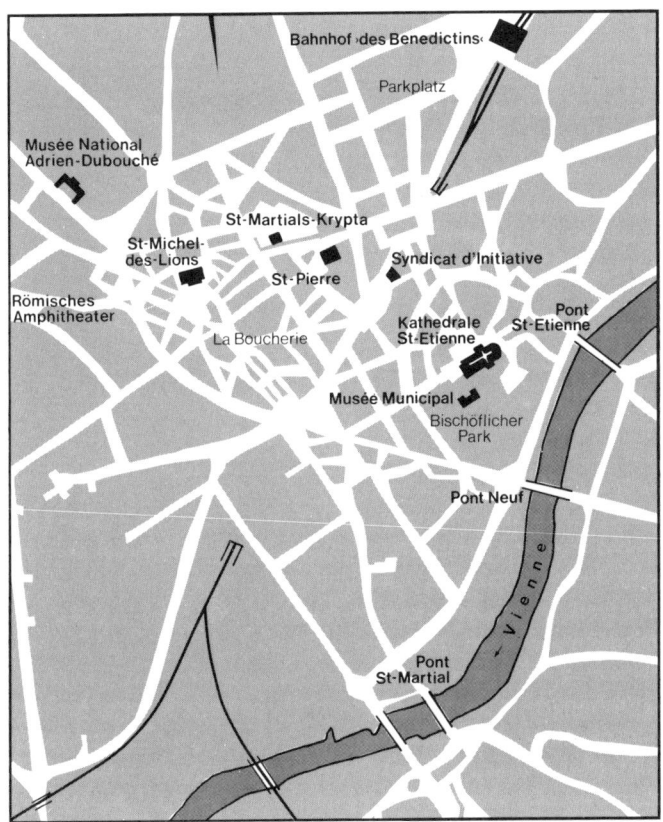

Limoges

in dem Ort Oradour nahe Limoges von NSDAP-Funktionären 650 Männer, Frauen und Kinder erschossen. Heute ist Limoges die Hauptstadt des Departements *Haute-Vienne* und seit 1968 Sitz einer Universität.

Die *Kathedrale St-Etienne* (Abb. 18) ist einer der seltenen gotischen Bauten Südfrankreichs und der einzige des Limousin. Es kann wohl kaum deutlicher werden, daß die Gotik letztlich niemals in Südfrankreich heimisch wurde; auch die komplizierte Geschichte von St-Etienne ist dafür ein Beweis. 1273 wurde der Bau begonnen, der einen romanischen Vorgänger ersetzen sollte, von dem heute nur noch die Krypta und die unteren Teile des Glockenturmes zeugen. Der Chor war zwar bereits zu Beginn des folgenden Jahrhunderts

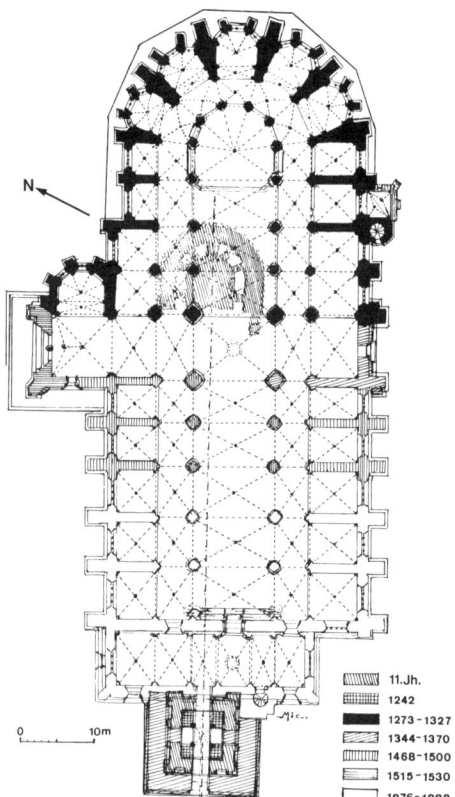

11. Jh.	
1242	
1273 - 1327	
1344 - 1370	
1468 - 1500	
1515 - 1530	
1876 - 1888	

Limoges, Grundriß der
Kathedrale St-Etienne

fertiggestellt, aber erst Ende des 14. Jh. standen die beiden ersten Joche des Langhauses. Im Groben war der Bau 1537 fertig, doch endgültig abgeschlossen erst zwischen 1876 und 1888.

Der Haupteingang befindet sich im nördlichen Querhausarm. Das Portal St-Jean mit geschnitzten Türflügeln, auf denen die Legenden Martials und Stephans dargestellt sind, ist ein schönes Beispiel des Flamboyant (Abb. 19, 20). Es wurde zwischen 1516 und 1530 angelegt. Im Innern überrascht, daß der Raum trotz der überlangen Bauzeit ein weitgehend einheitliches Gesicht hat. Man hielt sich offenbar an die Vorlagen, die der Architekt der ersten Stunde für den Gesamtplan geliefert hatte. Der Name des Baumeisters ist uns überliefert: Es war Jean Deschamps, ein Mann, der an den großen Bauhütten der Ile de France seine Schulung erfahren hatte und die Kunst der reifen Kathedralgotik des 13. Jh. in den Süden des Landes trug. Sein erstes nachweisliches Werk ist die Kathedrale in Clermont-Ferrand, es folgte Limoges, und seinen weiteren Weg nach Süden markieren die Kathedralen von Bayonne und jene von Narbonne, die über die Errichtung eines monumentalen Chores

Limoges, Innenansicht der Kathedrale St-Etienne im 19. Jh.

*Limoges, Querschnitt
durch das Langhaus
der Kathedrale
St-Etienne*

niemals hinauswuchs. So stellt auch der Innenraum ein getreues Abbild nordfranzösischer Kathedralen mit ihrem dreigeschossigen Aufriß dar. Über der hochgestelzten Arkadenzone liegt das Triforium, darüber geht der lichtdurchflutete Obergaden auf. Im Chor stehen die Gräber vieler bedeutender Bischöfe; unter großartig ausgeschmückten Denkmälern fanden hier ihre letzte Ruhe (im Chorumgang von Norden nach Süden): Bernard Brun, Jean de Langeac, der die St-Jean-Pforte hatte anlegen lassen, und Raynaud de la Porte, der es bis zum Erzbischof von Bourges und zur Kardinalswürde gebracht hatte.

Im Süden der Kathedrale schließt sich der bischöfliche Park an. Hier liegt das ehemalige Bischofspalais, in dem heute das *Musée Municipal* untergebracht ist. Der aus grauem Granit errichtete Bau entstand im 18. Jh. Von den verschiedenen Abteilungen des Museums ist die Sammlung der *Limoges-Emails* als die reichste ihrer Art hervorzuheben. Mehr als 300 Ausstellungsstücke vom kleinen Schmuckstück bis zum großen Reliquienschrein bieten einen lückenlosen Überblick über die Entwicklung der Emailkunst. In Europa gab es im frühen und hohen Mittelalter nur wenige Zentren, in denen die Kunst des Emaillierens gepflegt wurde. Die beiden größten waren das Rhein-Maas-Gebiet und das Limousin, ferner sind der nordwestdeutsche Raum, Nordspanien und Sizilien nennenswert.

Email ist zu Pulver zerriebenes Glas, das durch Erhitzen auf einem Metall, meist Kupfer, geschmolzen wird. Um sein Verlaufen zu verhindern, werden entweder schmale Metallstege auf eine Kupferplatte gelötet, zwischen denen das Email zerfließt (Zellenschmelz), oder Vertiefungen im Metallgrund geben dem Glasfluß Halt (Grubenschmelz). Die Farbigkeit und Leuchtkraft des Emails wird durch Beimengen verschiedener Oxyde erzeugt: Man nimmt Kobaltoxyd für Blau, Kupferoxyd für Grün, Eisenoxyd für Rot, Manganoxyd für Schwarz und Violett und Zinnoxyd für Weiß. Eine Eigenart der Limousiner Werkstätten ist die reliefartige Ausführung der Köpfe dargestellter Personen, deren übriger Körper flach ist. Das wertvollste Stück der Sammlung ist ein kleines Eucharistiekästchen, in dem ursprünglich einmal Hostien aufbewahrt wurden (Farbt. 46). Der Ring auf seinem Deckel spricht dafür, daß der Kasten früher über einem Altar aufgehängt war. Zwischen vielfältigen Ornamentformen erscheinen als figürlicher Dekor Darstellungen von Engeln, Christus, der Muttergottes und von Heiligen.

In anderen Räumen des Museums sind weitere Kunstsammlungen untergebracht. Man findet eine ägyptische und eine gallo-römische Abteilung, im Untergeschoß ein Lapidarium mit Kapitellen, Architekturfragmenten und Sarkophagen des Mittelalters und eine Gemäl-

Limoges, Rekonstruktion des römischen Amphitheaters (19. Jh.)

degalerie, in der zwei Portraits von Auguste Renoir hervorzuheben sind. Lohnend ist auch der Blick in die mineralogische Sammlung in einem Raum des Obergeschosses. Hier sind zahlreiche im Limousin vorkommende Gesteinsarten zusammengetragen.

Ein anderes bedeutendes Museum ist das *Musée National Adrien-Dubouché* an der Place Winston Churchill im Westen der Stadt. Es trägt den Namen seines Stifters, der das Museum 1867 gegründet hatte. Mit über 10000 Ausstellungsstücken ist es nach dem Museum in Sèvres bei Paris die reichste Sammlung an Keramik und Porzellan in Frankreich. Beispiele aus aller Welt erlauben einen kompletten Überblick über die verschiedenen Bereiche und Entwicklungen dieser Gattung des Kunsthandwerks. In den links an die Eingangshalle anschließenden Räumen werden die Zentren der Porzellanherstellung in Frankreich vorgestellt: St-Cloud, Chantilly, Sèvres und Limoges. Rechts von der Eingangghalle finden sich Erzeugnisse aus China, Japan und den europäischen Ländern, und im Obergeschoß sind Fayencen ausgestellt. Die Sammlung wird durch eine Anzahl griechischer und römischer Keramiken der Antike vervollständigt.

Wer genügend Zeit hat, sollte das Auto an der Kathedrale stehen lassen und den Weg zum Porzellan-Museum zu Fuß machen. Man kommt dabei durch das Stadtviertel *La Boucherie*, in dem in früheren Zeiten die Schlachter und Metzger ihrem Gewerbe nachgingen, heute sieht man nur noch vereinzelte Läden. Nahebei liegt die Kirche *St-Michel-des-Lions*, ein spätgotischer Bau des ausgehenden 14. Jh. Ihren originellen Namen hat die Kirche von zwei aus Granit gehauenen Löwen, die sich an der Südseite des Glockenturms neben der Eingangstür befinden. Sie sollen angeblich im Mittelalter die Grenze zwischen der Gerichtsbarkeit der Äbte von St-Martial und der der Vizegrafen von Limoges markiert haben. Im Innenraum bilden drei gleich hohe Schiffe eine Halle. Auch in der Gotik brach sich in Aquitanien die Idee der Halle gegenüber der Basilika immer wieder ihre Bahn. Im Chor erzählen schöne Glasmalereien des 15. Jh. Begebenheiten aus dem Leben Johannes des Täufers und der Jungfrau Maria. Auf einem skulpierten Steinblock hinter dem Hauptaltar steht ein Schrein, der die Reliquien von St-Martial, dem Apostel des Limousin, enthält. Ursprünglich waren die Gebeine des Nationalheiligen in einer Gruft der Kirche der St-Martial-Abtei gebettet. Diese Kirche, die auf der heutigen Place de la République stand, wurde in den Revolutionsjahren völlig zerstört und abgetragen. Erst bei Grabungen, die 1960 für die Anlage einer großen unterirdischen Garage unter dem Platz durchgeführt wurden, kam die Krypta mit der Martialsgruft wieder zu Tage und ist seitdem durch eine Treppe zugänglich. Dort unten stehen verschiedene spätantike Sarkophage, deren größter den Namen ›Tève-le-Duc‹ trägt. Der Legende zufolge soll in ihm der Leichnam eines römischen Statthalters Stephanus beigesetzt worden sein, der im Zorn seine Geliebte Valerie umbrachte, weil sie sich zum Christentum hatte bekehren lassen. Bevor man Limoges wieder verläßt, kann man noch eine der 42 Porzellanmanufakturen besuchen. Auskünfte erteilt das Syndicat d'Initiative am Boulevard de Fleurus. Ferner sind die Grundmauern des römischen *Amphitheaters* sehenswert, die erst 1966 neben dem Jardin d'Orsay freigelegt wurden.

23 SARLAT Maison de la Boétie

24 SARLAT Rue de la Salamandre

25 SARLAT Hôtel Plamon

26 SARLAT ›Totenlaterne‹ (12. Jh.)

27 Château PUYMARTIN bei Sarlat

28 Château SALIGNAC bei Sarlat

29 CARSAC Romanische
    Pfarrkirche

30 CENAC Chor der romani-
    schen Prioratskirche

31 DOMME Alte Markthalle und ehem. Haus des Gouverneurs

32 DOMME Porte des Tours

33   DOMME   Blick von
›Belvédère de la Barre‹ in
das Tal der Dordogne

4   Château
LA MALARTRIE
bei La Roque-Gageac

35   Château LES MILANDES

36   Château FAYRAC

37 BEAUMONT Stadttor der mittelalterlichen Bastide

38 Straßenszene in MONPAZIER

39 CADOUIN Kreuztragungs-Relief
im Kreuzgang des ehem. Zisterzienser-Klosters

41 CADOUIN Kreuzgang des ehem. [
Zisterzienser-Klosters

40 CADOUIN Gewölbe des spätgotischen Kreuzgangs

42 Höhle LES COMBARELLES   Ritzzeichnung aus dem Magdalénien: Rentier

43 LES EYZIES   Prähistorisches Museum: Kalkblock mit Stierreliefs aus dem Fund von Fourneau de Diable, Solutréen (ca. 18000 v. Chr.)

44 LES EYZIES Prähistorisches Museum: ›Mädchen von Brassempuy‹ (Elfenbein) aus dem Périgordien (Kopie)

46 Höhle ROUFFIGNAC   Mammut und Steinböcke
◁ 45 Höhle LES COMBARELLES   Ritzzeichnung aus dem Magdalénien: Kopf einer Löwin
47 Abri du CAP-BLANC   Monumentales Pferderelief aus dem Magdalénien

48 Felsdach von LAUGERIE BASSE

49 MONTIGNAC an der Vézère

50 Château BELCAYRE an der Vézère

51 Château de L'HERM bei Rouffignac, spätgotisches Portal ▷

Vorboten des Périgord

Die Abtei Solignac

Man verläßt Limoges auf der N 20 südwärts in Richtung Brive. Schon nach wenigen Kilometern zweigt rechts die N 704 ab, und wieder nach ca. 5 km geht es nach rechts auf der D 32 weiter, die zur Abtei Solignac führt. Das Kloster ist eine Gründung des hl. Eligius (St-Eloi). Er stammte aus dem Limousin, in das er in fortgeschrittenem Alter zurückkehrte. Zuvor aber war ihm eine glänzende Karriere beschieden: Vom einfachen Goldschmied stieg er zum königlichen Münzmeister auf – König Chlothar II., der das große Talent des Eligius erkannt hatte, berief ihn auf diesen Posten. Unter Dagobert I. wurde er schließlich sogar Minister und Bischof von Noyon. Er starb um 660. Seines früheren Berufes wegen wurde er der Patron der Goldschmiede und Metallarbeiter, als welcher er ja gerade im Limousin eine wichtige Rolle innehatte.

Schon früh entwickelte sich Solignac zu einem geistigen Zentrum des fränkischen Reiches. Prominente Geistliche, die später als Heilige verehrt wurden, gingen aus dem Kloster hervor, so der hl. Hadelinus, Gründer des Klosters Celles im Bistum Lüttich, der hl. Remaclus, Abt und Bischof in Stablo-Malmedy, und der hl. Theatus. Einen vorübergehen-

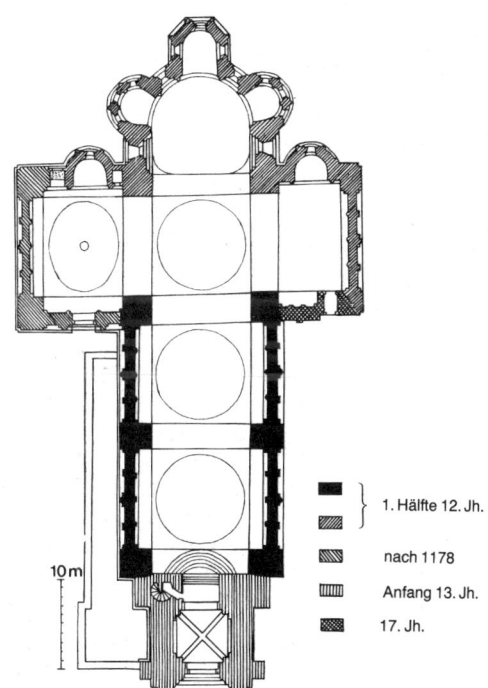

1. Hälfte 12. Jh.

nach 1178

Anfang 13. Jh.

17. Jh.

10 m

Solignac, Grundriß der ehem. Abteikirche (Zodiaque)

Solignac, Innenansicht der Abteikirche (Stich nach einer Zeichnung von Jules de Verneilh)

den Niedergang brachten die mehrfachen Zerstörungen des Klosters durch die Sarazenen und die Normannen im 8. bzw. 9. Jh. Seit dem 10. Jh. aber entwickelte es sich zu erneuter Blüte. Mit den größten Klöstern der Zeit unterhielt Solignac enge Beziehungen, zu Fleury an der Loire und zu St-Denis, der königlichen Abtei bei Paris. Der zunehmende Pilgerstrom brachte seit dem 11. Jh. immer größere Geldmittel, so daß man schließlich nach der Wende zum 12. Jh. mit einem umfangreichen Kirchenneubau beginnen konnte. Die zur selben Zeit errichteten Klostergebäude haben die Zerstörungen der nachfolgenden Jahrhunderte nicht überstanden. 1388 brannten die Engländer das Kloster nieder, knapp 200 Jahre später (1568) wüteten die Protestanten in der Abtei. Einzig die Kirche selbst überstand die wiederholten Verwüstungen weitgehend unbeschädigt. Die Klostergebäude wurden im 18. Jh. zum Teil wiederhergestellt. In ihnen ist seit 1945 ein Seminar des Ordens ›Oblaten der Maria Immaculata‹ untergebracht.

Die schönste Ansicht bietet der Chor. Mächtig ragt er aus dem Halbkreis von fünf Apsiden auf, drei am Chor selbst, zwei an den Armen des Querschiffes. Über den Apsiden verbindet ein durchgehender Arkadenfries den Chor mit den Querhausarmen. Der einschiffige Innenraum vermittelt denselben Eindruck von wuchtiger Schwere, den man bereits außen am Chor gewann. Das Überraschende ist die Art der Wölbung: drei Kuppeln reihen sich hintereinander, zwei im Langhaus, eine über der Vierung. Der Bau ließe sich also in den

Kreis der périgordinischen Kuppelkirchen einreihen. Sein singuläres Auftreten im Limousin kann nur damit erklärt werden, daß die Abtei Solignac neben ihren Beziehungen zu den großen Klöstern im Norden des Landes auch rege Kontakte in das südliche an das Limousin angrenzende Périgord unterhielt. Auf diesem Wege sind möglicherweise Architekten ausgetauscht worden, was der verbreiteten mittelalterlichen Praxis entspricht, Künstler oder Baumeister regelrecht von Ort zu Ort auszuleihen. Der erwähnte Eindruck lastender Schwere des Raumes wird durch die geringe Höhe der Gewölbezone hervorgerufen: die Kuppeln heben sich nur 13,70 m über den Boden. Die Querhausarme wurden unterschiedlich eingewölbt; im linken, nördlichen Arm findet sich eine zu einem Oval gelängte Kuppel, im südlichen eine Tonnenwölbung. Ursprünglich waren vermutlich beide Seiten mit einer Tonne eingezogen, und erst bei späteren baulichen Veränderungen erhielt der linke Trakt eine ovale Kuppel. In der Kirche von Solignac, einer der ehrwürdigsten und berühmtesten Stätten des Limousin, bekommt der Reisende eine Vorahnung von den Kunstschätzen, die ihn im Périgord erwarten.

Uzerche

Die N 20 führt über Pierre Buffière zunächst nach Uzerche (Farbt. 5, Abb. 21). In einer eng gezogenen Schleife der *Vézère* gelegen, die nur knappe 70 km nordöstlich von hier entspringt, hatte die Stadt seit jeher eine günstige Lage, die sie gegen feindliche Angriffe

Uzerche, Ansicht aus dem 19. Jh.

sicherte. Ihre längste Belagerung erlebte sie im 8. Jh. durch die Sarazenen, als die heidnischen Truppen die Einwohner der Stadt acht Jahre lang von der Außenwelt abschlossen. Wenn man den Chroniken Glauben schenken darf, gelang es schließlich durch eine List, die Belagerer abzuschütteln: Als nach acht Jahren sämtliche Nahrungsmittel restlos verbraucht waren, richtete man aus dem letzten Kalb und dem letzten bißchen Mehl, das man noch hatte, ein köstliches Mahl her und übersandte es dem sarazenischen Kommandeur. Die List glückte. Überzeugt von den vermeintlich unerschöpflichen Reserven der Stadt, hoben die feindlichen Truppen die Belagerung auf und rückten ab. Im Stadtwappen erinnern noch heute zwei Stiere an die denkwürdige Errettung. Auch in der Folgezeit wurde Uzerche dank seiner Lage niemals gewaltsam eingenommen. Während der Fahrt durch den Ort zieht eine beachtliche Zahl stattlicher, alter Häuser und Palais des 15. bis 17. Jh. am Auge vorbei. Ein Sprichwort sagt: Wer ein Haus in Uzerche hat, besitzt ein Schloß im Limousin.

Brive

Die nächste Etappe auf dem Weg nach Süden ist Brive. Hier überquert man die *Corrèze*, einen Nebenfluß der Vézère, in die die Corrèze nur wenige Kilometer flußabwärts mündet. Beachtung verdienen das kleine *Musée Ernest-Rupin* in einem Palais aus der Zeit Ludwigs XIII. mit einer Sammlung prähistorischer Funde, antiker Münzen und Kleinkunstwerke des Mittelalters, sowie das *Hôtel de Labenche,* ein Renaissance-Palais, in dem die Société Archéologique ihren Sitz hat. Man kann das Gebäude deshalb auch nicht von innen besichtigen, aber allein der Blick in den der Öffentlichkeit zugänglichen Innenhof (Abb. 22) ist lohnend. Beide Palais liegen unweit der Kirche *St-Martin*, die den Mittelpunkt der Stadt markiert. Alle Straßen der Altstadt ziehen sich konzentrisch um die Kirche.

Von Brive sind es nur noch 35 km auf der N 20 bis Souillac, wo der Reisende, der den Weg durch das Limousin gewählt hat, nun endlich in das Tal der Dordogne gelangt.

Collonges-la-Rouge

Wer vor seinem Eintritt in das Périgord noch einen reizvollen Ort in der Corrèze kennenlernen möchte, dem sei der kleine Umweg nach Collonges-la-Rouge empfohlen, das etwa 20 km südöstlich von Brive seitab der D 38 liegt. Das malerische Städtchen wurde im Mittelalter als eine Art Alterssitz für verdiente Gefolgsleute der Grafen von Turenne ins Leben gerufen. Dem intensiven Farbton des Sandsteins, aus dem seine Häuser errichtet sind, verdankt es seinen Namenszusatz La Rouge. Das historische Ensemble der lückenlos aus dem späten Mittelalter und der Renaissance stammenden Wohnbauten mit ihren verspielt wirkenden Erkern und Türmchen gruppiert sich um die romanische Kirche, deren Prunkstück ihr plastisch dekoriertes Portaltympanon ist. Es stammt aus der Zeit kurz vor der Mitte des 12. Jh. und zeigt das seltene Thema der Himmelfahrt Christi. Diese Ikonographie und auch der Stil der Figuren hängen von dem Nordportal der Kathedrale in Cahors ab (vgl. S. 189 f.).

Das Périgord Noir

»Keine andere Landschaft Frankreichs hat Naturschönheiten und Baudenkmäler in gleicher Dichte aufzuweisen wie die Gegend um Sarlat.«

(Max Sarradet, Konservator für die Denkmäler Aquitaniens)

Sarlat, Hauptstadt des Périgord Noir

Sarlat ist nicht nur die schönste Stadt des gesamten Périgord, sie gilt auch als eine der anziehendsten Städte in ganz Frankreich; in diesem Urteil sind sich alle einig, die dieses Juwel alter Stadtbaukunst kennenlernten. Es sind nicht in erster Linie einzelne großartige Bauwerke und Denkmäler, sondern das Zusammenwirken der zahllosen Häuser und Kirchen aller Epochen, das Sarlat seinen unvergleichlichen Charme verleiht. Man muß sich viel Zeit nehmen, mindestens einen ganzen Tag, wenn man seine Höfe, Gassen und Palais erkunden will.

Blick in die Geschichte

Die Geschichte Sarlats reicht wie bei so vielen anderen Städten im Süden Frankreichs in die gallo-römische Zeit zurück. Der Ort war zunächst nur eine unbedeutende Siedlung, die erst unter den Karolingern einen Aufschwung erlebte. Pippin der Kurze, der Vater Karls des Großen, gründete ein kleines Kloster, das einen regen Zulauf an Pilgern erlebte, denn Pippin hatte der Kirche die Reliquien des hl. Sacerdos geschenkt, eines prominenten Bischofs aus Limoges, der um 720 gestorben war. 937 überantwortete der Graf des Périgord das Kloster den Benediktinern von Cluny, und Mitte des 12. Jh. wurde es durch Papst Eugen III. (1145–53) direkt dem Heiligen Stuhl unterstellt. Etwa zur selben Zeit weilte der hl. Bernhard von Clairvaux kurze Zeit in der Stadt (1147), in der er sich durch das Wunder der heilenden Brote in bleibender Erinnerung hielt. Zu seinem Gedächtnis wurde hinter der Kirche ein Turm, die ›Lanterne des morts‹ (Abb. 26) errichtet. Die Ortschaft, die sich seit Gründung der Abtei um das Kloster gebildet hatte, unterstand lange Zeit der Souveränität des Abtes, der sowohl die Verwaltung als auch die Gerichtsbarkeit in Händen hielt. Seit dem frühen 13. Jh. machten sich in der Bürgerschaft Emanzipationsbestrebungen breit, die schließlich 1223 zur kommunalen Selbstverwaltung führten, und ab 1298 war die Stadt völlig unabhängig von ihrem früheren Herrn. Eine beachtliche Aufwertung erfuhr Sarlat unter Papst Johannes XXII. (1316–34), der es 1317 zum Bischofssitz erhob; diesen Status hatte es bis zur Revolution. Seitdem war die Abteikirche zugleich Kathedrale. Im Hundertjährigen Krieg waren abwechselnd Engländer und Franzosen Herren der Stadt. Im Frieden von Brétigny

1 L'église cathédrale
2 La maison episcopale
3 L'église paroissiale
4 L'église S. Iean
5 L'église S. benoit
6 Le fanal du cimitiere
7 Les cordeliers
8 Les recolletz
9 Les religieuses de S.te claire
10 La maison de Ville
11 La fontaine du chapitre
12 La fontaine S.te marie
13 La porte et faubourg de la rigaudie
14 La porte et faubourg de la boucarie
15 La porte et faubourg de la lendreuie
16 La porte faubourg de la rue
17 La tour de la guerre
18 La tour de boucarie
19 La tour de la paix
20 La tour de lubbe
21 La tour neufue
22 Le collège
23 La tour de bot

SARLATVM CIVITAS
cuius latitudo grad. 44. mm. 55
et longitudo grad. 17.

OCCIDENT

SCALA LEVCARVM

Sarlat, Stadtansicht
aus dem 17. Jh.

1360 offiziell den Engländern überlassen, fiel sie nur zehn Jahre später wieder an die französische Krone. Blutige Wunden schlugen die Wirren der Religionskriege. 1574, nur zwei Jahre nach der furchtbaren Bartholomäus-Nacht, der in ganz Frankreich über 20 000 Hugenotten zum Opfer gefallen waren, eroberte der Protestanten-Führer Vivans Sarlat, plünderte die Stadt und führte drei Monate lang ein Schreckensregiment. Einer erneuten Belagerung durch Protestanten 1587 konnte Sarlat dank seiner verstärkten Befestigungsanlagen Widerstand leisten. Abseits vom großen politischen Geschehen liegend, fiel Sarlat seit dem 17. Jh. in provinzielle Bedeutungslosigkeit zurück. Im 19. Jh. zur Pfarrei abgesunken, war die Stadt so weitgehend verarmt, daß weder neue Häuser errichtet noch die bestehenden durch Renovierung geschützt werden konnten. Dieser Verfall wurde zum unverhofften Glück für die heutigen Einwohner von Sarlat, denn 1962 verabschiedete die Regierung ein großzügiges Denkmalpflege-Gesetz, das die Renovierung historischer Altstadtkerne in besonderem Maße begünstigte. Sarlat wurde seiner großen Zahl an historischen Bauwerken wegen zur vordringlichen Aufgabe für die Denkmalpflege erklärt. Ganze zehn Jahre, von 1964 bis 1974, dauerten die Restaurierungsarbeiten, die nicht bloß einzelne Bauten, sondern den gesamten Altstadtbezirk erfaßten. Das Ergebnis wurde als ›Wiederauferstehung‹ einer Stadt gefeiert. Das europäische Denkmaljahr 1975 rückte Sarlat in das internationale Rampenlicht und machte es durch zahlreiche Funk- und Fernsehsendungen auch in

Deutschland bekannt. Ein sprunghafter Anstieg des Fremdenverkehrs war die unmittelbare Folge, so daß man heute in der Hochsaison (Juli/August) ohne rechtzeitige Voranmeldung nirgends mehr Quartier findet.

Das Stadtbild: Baugestalt und Soziologie

Man sollte bei der Besichtigung von Sarlat die Denkmäler nicht nur als ästhetische Augenweide genießen, sondern auch der Betrachtung über die geschichtlichen und soziologischen Hintergründe Raum lassen, die hier eben gerade deshalb wertvolle Erkenntnisse vermitteln, weil das Nebeneinander so vieler erhaltener Gebäude früherer Zeiten das geschlosssene Gesamtbild einer alten Stadt bietet, wie man es nur noch selten antrifft. Bis ins 18. Jh. war die Stadt von Festungswällen und Gräben umgeben, die zunehmend bedeutungslos geworden waren. Die Gräben wurden zugeschüttet und auf ihnen ein großer Boulevard angelegt, der jetzt den Altstadtbezirk in einem großen Rund umschließt. Reste der alten Stadtmauer sind nur noch vereinzelt auszumachen. Eine furchtbare Bresche schlug das 19. Jh. in das gewachsene Stadtbild. Von Norden nach Süden wurde eine schnurgerade Straße gezogen, die seitdem die Altstadt in eine östliche und eine westliche Hälfte unterteilt. Unter ihrem offiziellen Namen *Rue de la République* erscheint sie bestenfalls im Schriftverkehr; im Volksmund heißt sie schlicht *La Travèrse*. Der wichtigere Teil der Stadt liegt östlich von der Travèrse. Im Stadtplan fallen auf den ersten Blick die beiden nicht weit voneinander entfernten Schwerpunkte auf: die Kirche und das Rathaus. Ursprünglich, im frühen Mittelalter, hatte sich das Bauen um die Kirche konzentriert. Mit der Emanzipation des Bürgertums im 13. Jh. entstand jedoch im Zuge der kommunalen Selbstverwaltung ein zweiter Schwerpunkt, ein weltliches Zentrum gegenüber dem geistlichen Zentrum. Diese Bipolarität einer Stadt des hohen Mittelalters ist in Europa vielfach zu beobachten; als prominentes Beispiel sei auf Florenz hingewiesen. Bezeichnenderweise ist der Platz vor der ehemaligen Kathedrale klein. Für die kultischen Belange der Religion ist ein großer Innenraum wichtiger als ein Platz vor der Kirche. Das Rathaus dagegen ist in seinen Ausmaßen bescheiden, aber es liegt an einem Platz von beträchtlichen Abmessungen, der genügend Raum für Versammlungen der Einwohnerschaft und für den wöchentlichen Markt bietet.

Die Fronten der Häuser geben beredte Auskunft über ihre Bauherren und ehemaligen Bewohner. Prachtvoll ausgeschmückte Fassaden weisen auf Vertreter der Oberschicht hin: hohe Beamte, wohlhabende Kaufleute etc. Der Mittelstand errichtete sich gediegene Wohnhäuser ohne großen Pomp, die einfachen Leute lebten seitab der großen Straßen in den Hinterhöfen, deren malerisches Ambiente heute, vor allem nach der Restaurierung, nur noch wenig von der Not erkennen läßt, die hier oftmals herrschte. Da die ökonomische Struktur der Stadt und des umliegenden Landes über Jahrhunderte keine tiefgreifende Wandlung erfuhr – noch heute ist Sarlat Mittelpunkt eines rein agrarisch strukturierten Gebietes –, brachten Bauten des Barock etwa gegenüber jenen des Mittelalters und der Renaissance zwar einen neuen Stil, aber keine Umwälzung im soziologischen Hintergrund.

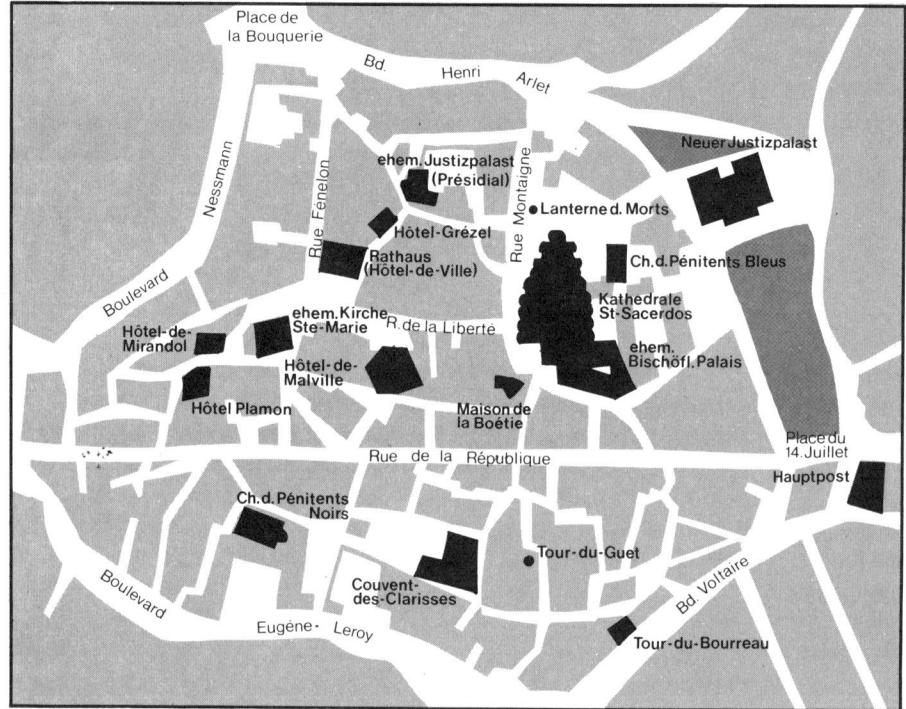

Sarlat

So stehen Häuser verschiedener Epochen und Stile wie selbstverständlich nebeneinander, ohne sich zu stören, und verbinden sich zu einem organisch gewachsenen Ganzen, dessen suggestiver Wirkung sich kaum einer entziehen kann. Unmöglich läßt sich all dies auf einmal erfassen. Es empfiehlt sich, zwischendurch immer wieder Pausen einzulegen, auch die Auslagen der Geschäfte zu betrachten oder in einem der Spezialitätenläden einen Nußschnaps, vielleicht auch einen Wein zu probieren. Sarlat lädt weniger zu einer Besichtigung als vielmehr zum Bummeln ein. Zum Kennenlernen der Stadt werden zwei Rundgänge vorgeschlagen.

Erster Rundgang: Vom geistlichen zum weltlichen Zentrum

Wir beginnen den Rundgang auf der Place-du-Peyrou vor der Kathedrale. Den Blickfang dieses kleinen Platzes bildet die *Maison de la Boétie* (Abb. 23), in der der Politiker und Schriftsteller gleichen Namens 1530 das Licht der Welt erblickte. Sie wurde Anfang des 16. Jh. von dessen Vater erbaut, der im Untergeschoß ein Geschäft betrieb. Die prachtvoll ausgeschmückten Rahmenteile der Fenster, Gesimse und des Giebels geben Zeugnis vom

Wohlstand der Familie. Etienne de la Boétie war als Abgeordneter des Landesparlamentes in Bordeaux ein glänzender Vertreter seiner Vaterstadt. Bekannt wurde er durch seine Schrift ›Le Contre un‹ (Gegen einen), in der er einen leidenschaftlichen Appell gegen die Tyrannei richtete.[6] Montaigne wurde dadurch auf den jungen La Boétie aufmerksam, woraus sich die später berühmt gewordene Freundschaft zwischen den beiden entwickelte. Direkt gegenüber dem Eingang zur Kathedrale steht ein alter Fachwerkbau, links daneben ein schmucker Barockbau, die alte Herberge des Ortes. Angrenzend an die Kathedrale erhebt sich der ehemalige Bischofspalast. Die unteren Stockwerke gehören noch dem späten Mittelalter an, die Loggia im Obergeschoß dagegen weist in die Renaissance des 16. Jh. Man fühlt sich an Florenz erinnert, und in der Tat ließ diese Loggia der Florentiner Kardinal Nicolo Goddi anlegen, der ein enger Vertrauter der Katharina von Medici war. Auf einer seiner Fahrten von Florenz nach Paris weilte er für längere Zeit in Sarlat.

Die *Kathedrale* selbst bietet ein Sammelsurium aller Epochen. Der karolingische Bau, von dem wir heute keine Kenntnis mehr besitzen, wurde im 12. Jh. von einer romanischen Anlage abgelöst. Die im 14. Jh. zur Kathedrale erhobene Klosterkirche wurde im 16. Jh. unter Bischof Armand de Genteuil erweitert und ›modernisiert‹, lediglich der mächtige Glockenturm aus der romanischen Epoche wurde unverändert übernommen. Durch ein klassizistisches Portal gelangt man in das Untergeschoß des Turmes, das wie ein kleiner Vorraum zur eigentlichen Kirche anmutet. Das Innere der Kirche selbst zeigt eine dreischiffige Basilika mit gotischen Spitzbogengewölben. Ihr wertvollstes Ausstattungsstück ist die Orgel des 17. Jh. Auch sie wurde im Zuge der großangelegten Renovierung von Sarlat restauriert und zieht seitdem bei gelegentlichen Konzerten durch ihren bekannt gewordenen warmen, vollen Klang viele Besucher an. Ein kleines Tor im südlichen Seitenschiff führt in den ehemaligen Kreuzgang, von dem sich nur der Kapitelsaal erhalten hat. Geht man an ihm entlang, öffnet sich der Blick nach links auf die St-Benedikt-Kapelle, auch Kapelle der Blauen Büßer (*Pénitents Bleus*) genannt. Durch einen Torbogen gelangt man in den Brunnenhof (*Cour des Fontaines*). Sollte der kleine Seiteneingang der Kirche zugesperrt sein, kann man auch von der Rue de l'Evèque her in den Brunnenhof kommen. An diesen großen Innenhof schließt sich der Hof der Kanoniker (*Cour des Chanoines*) mit schönen Fassaden des 18. Jh. an. Er läßt an der Rückseite der Blauen-Büßer-Kapelle einen schmalen Durchschlupf zum sog. Büßergarten mit dem Alten Friedhof. Über eine Treppe geht es nun hinauf zu jenem merkwürdigen Turm, der der Legende zufolge als Denkmal für Bernhard von Clairvaux errichtet worden sein soll. Tatsächlich ist seine wahre Bestimmung bis heute ungeklärt. Der althergebrachte Name *Lanterne des Morts* (Totenlaterne, Abb. 26) hat Anlaß zu der Vermutung gegeben, es könne sich um ein Gefängnis gehandelt haben, in dem zum Tode verurteilte Verbrecher ihrer Hinrichtung entgegensahen. Da der Turm auf dem Friedhof steht, spricht jedoch mehr für die Annahme, daß er früher als Toten-Kapelle gedient hat. Man hat von hier einen schönen Blick auf die Chorpartie der Kathedrale.

Man verläßt den Friedhof, überquert die Rue de Montaigne und gelangt durch die Rue d'Albusse an die Rückseite des alten Gerichtsgebäudes von Sarlat aus der Mitte des 16. Jh. Es lohnt der kleine Umweg durch die Rue Landry, die den Blick auf die originelle Vorderseite des ehemaligen Justiz-Palais freigibt. Die Rue d'Albusse setzt sich nördlich in der Rue de la Salamandre (Abb. 24) fort, die nach einem über dem spätgotischen Eingang zum *Hôtel Grézel* (Nr. 1) befindlichen Relief eines Salamanders ihren Namen hat. Sie mündet nach wenigen Schritten auf die *Place de la Liberté* (früher Place Royale). Das Rathaus des 17. Jh. hatte das erste Gemeindehaus des 13. Jh. ersetzt. Die Nordseite des Platzes genießt mittlerweile Berühmtheit. Eingerahmt von der Rückseite der spätgotischen, in der Revolution säkularisierten Pfarrkirche *Ste-Marie,* dem *Hôtel Chassaing* mit seinem markanten Treppenturm (16. Jh.) und den Fassaden zweier klassizistischer Häuser entsteht hier eine gewachsene Kulisse, die seit dem Zweiten Weltkrieg tatsächlich als solche für Theateraufführungen dient: Seit 1946 nämlich findet hier alljährlich im Hochsommer ein TheaterFestival statt, dessen Bühne zwischen den genannten Bauten angelegt wird, so daß die Häuser in die Inszenierungen miteinbezogen sind. Die gesamte Place de la Liberté wird dann mit einer großen Zuschauertribüne verstellt, deren höchste Ränge bis zur Höhe der umliegenden Häusergiebel reichen. Das Festival, das anfangs kaum über die Grenzen des Departements hinaus bekannt war, genießt inzwischen internationalen Ruf und wird mit den besten Pariser Schauspiel-Ensembles beschickt. Wer in den Monaten Juli oder August im Périgord weilt, sollte sich dieses unvergeßliche Spektakel auf keinen Fall entgehen lassen. An Samstagen findet auf der Place de la Liberté der Wochenmarkt statt (Farbt. 12). Der Platz ist dann von buntem, quirligem Leben erfüllt.

Wir wenden uns nun wieder nach Süden in Richtung auf die Kathedrale, deren Turm von der Place de la Liberté aus im Durchblick der Häuserzeilen zu erkennen ist. Die Rue de la Liberté führt dorthin vorbei am *Hôtel de Malville,* das wie fast alle vornehmen Privathäuser den Namen der Familie trägt, die es erbaut hat. Es ist das größte Stadtpalais in Sarlat; seine komplexe Gestalt entstand in mehreren Bauabschnitten seit der Mitte des 16. Jh. Zwei Flügel bilden die Hauptteile (im rechten ist das Syndicat d'Initiative untergebracht), zwischen denen ein Mitteltrakt mit dem Treppenturm steht, davor eine Terrasse. Vorbei an weiteren Fassaden des 15. bis 19. Jh. gelangt man schließlich wieder auf den kleinen Platz vor der Kirche.

Zweiter Rundgang: Versteckte Kostbarkeiten

Wiederum ist die Place-du-Peyrou vor der Kathedrale der Ausgangspunkt. Diesmal geht man durch einen Torbogen im linken Trakt des Geburtshauses von La Boétie. Gleich dahinter schließt sich eine Reihe von ineinander übergehenden kleinen Hinterhöfen an. Hier fällt kein besonderes Bauwerk ins Auge und dennoch verlangsamt sich der Schritt, man beginnt zu schlendern, ja vielleicht sogar zu träumen, denn es sind da so viele intime Winkel, die vom Schicksal der Jahrhunderte erzählen. Dem Gewirr der Höfe und Gäßchen folgend gelangt man schließlich wieder zum Hôtel de Malville, das unter seinem Treppenturm wie das Hôtel de la Boétie einen Durchgang öffnet. Man findet sich an der Rückseite des Malvilleschen Palais in der kleinen Rue A. Cahuet wieder, die nach kurzem die Rue Victor Hugo kreuzt und sich in der Rue des Consuls fortsetzt. Jetzt ist man wieder bei der Kirche Ste-Marie, allerdings an ihrer Vorderseite. Hatte man vorher von der Place de la Liberté nach

Sarlat, Nordecke des Marktplatzes, Schauplatz des Theater-Festivals im Sommer. Links die Kirche Ste-Marie, im Hintergrund das Hôtel Chassaing

Norden schauend gemeint, das Hôtel de Gisson sei die Begrenzung des großen Platzes, stellt man nun überrascht fest, daß es eine Verbindung zwischen zwei Plätzen herstellt: dem Platz vor dem Rathaus und einem kleinen, der zuvor im Sichtschatten der Marienkirche lag. Er heißt offiziell Gänse-Platz (Place des oies) nach dem jede Woche am Samstag hier stattfindenden Gänsemarkt. Gleich zwei Häuser lenken den Blick auf sich. Links sieht man das *Hôtel Plamon* (Abb. 25), in dem sich die für das Stadtbild von Sarlat so entscheidenden Epochen der Gotik und der Renaissance harmonisch vereinen. Das Haus wurde im 14. Jh. von einer wohlhabenden Familie erbaut, die in den Adelsstand erhoben worden war. Im ersten Obergeschoß öffnet sich eine prächtige Galerie von drei großen gotischen Fenstern. Als das Haus zu klein geworden war, pflanzte man ihm im 15. Jh. ein weiteres Stockwerk auf, wie es ähnlich schon am bischöflichen Palais zu beobachten war. Die beiden großen Fenster weisen die Aufstockung in die Renaissance. Eines wird hier besonders deutlich: wo eine Epoche sich der anderen gleichwertig hinzufügt, entsteht trotz aller Unterschiedlichkeit der Stile eine ausgewogene Verbindung. Nur dort, wo missionarischer Eifer oder überheblicher Fortschrittsglaube das Jetzt-und-Heute über alles Vorangegangene stellt, wird das Gleichgewicht gestört. Die Harmonie eines Hôtel Plamon hat etwas Wohltuendes, Versöhnliches. Gleich gegenüber nimmt ein weiteres Haus gefangen, das *Hôtel de Mirandol*. Ein zweifach ausgebuchteter Treppenaufgang in der Ecke zweier rechtwinklig aufeinander stoßender Flügel wirkt besonders originell, weil er erst im ersten Stockwerk unvermittelt aus dem Verband des Mauerwerks heraustritt.

Hinter dem Hôtel de Mirandol befindet sich eine der alten Wasser-Schöpfstellen der Stadt, die *Fontaine Ste-Marie*. Die Rue des Consuls mündet schließlich nach einer engen Kurve auf die Travèrse. Obwohl die Travèrse ein unangenehmer Einschnitt in die alte Substanz ist, bietet sie doch nach den vielen historischen Exkursen eine angenehme Ablenkung ganz anderer Art. Über 130 Geschäfte reihen sich zu beiden Seiten der Straße, von denen viele Spezialitäten des Landes anbieten.

Der Stadtteil auf der anderen Seite der Travèrse ist ein reines Wohnviertel und deshalb nicht von jenem geschäftigen Treiben erfüllt, das man in den Höfen und Gassen zwischen Kathedrale und Rathaus antrifft. Hierher verirren sich nur selten Touristen, obwohl auch dieser Bereich sehenswert ist. Er wurde aus der großen Stadtkern-Renovierung der 60er und 70er Jahre zunächst ausgeklammert, so daß man sich hier eine Vorstellung davon machen kann, wie Sarlat vor der großen Erneuerung ausgesehen hat. Eine Restaurierung dieses Distrikts ist inzwischen geplant. Das Haus Nr. 9 in der Rue de la Boétie ist das *Hôtel Saint-Clair* aus dem 15. Jh. Nach links zweigt die Rue Rousset ab, an deren Anfang rechterhand die *Tour-du-Guet* liegt, ein mittelalterlicher Wachturm, der später in den Bau eines Wohnhauses miteinbezogen wurde. Die Straße endet an Resten der alten Stadtmauer und der *Tour-du-Bourreau* (Henkersturm). Von dort wendet man sich wieder zurück und folgt nun dem Verlauf der Rue-du-Siège mit zahlreichen Fassaden des 14. bis 17. Jh. An der Kreuzung Rue-du-Siège/Rue de la Boétie liegt das alte Hospiz *Sainte-Claire*. Die Rue-du-Siège setzt sich geradlinig in der Rue Jean-Jacques Rousseau fort. Gleich links liegt die Kapelle der Weißen Büßer (*Chapelle des Pénitents Blancs*) aus dem frühen 17. Jh., in der heute ein kleines Museum christlicher Kunst eingerichtet ist. Die Rue J.-J. Rousseau führt zurück auf die Travèrse. Ein wenig weiter hinauf biegt nach links die Rue des Armes ab, in der noch einmal eine stattliche Zahl von sehenswerten Häusern des späten Mittelalters und der Renaissance steht.

Ausflug in den Norden von Sarlat

Im Norden von Sarlat liegt auf einer Anhöhe die romanische Wallfahrtskirche *Nôtre-Dame de Temniac*, ein im besten Sinne périgordinischer Bau des 12. Jh., also einschiffig und mit zwei Kuppeln überwölbt. Man hat von hier oben einen wunderbaren Blick in die hügelige Landschaft. 15 km weiter nordöstlich steht an der D 60 das alte Schloß der Familie *Salignac* (Abb. 28), die so viele Bischöfe von Sarlat hervorgebracht hat. Die komplexe Anlage hat verschiedene Bauteile vom 13. bis zum 17. Jh.

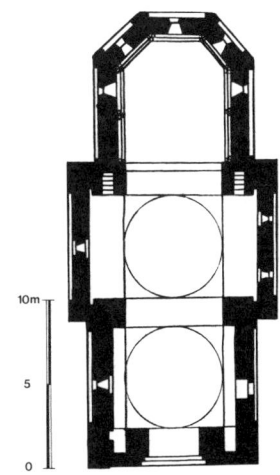

Temniac bei Sarlat, Grundriß der
Wallfahrtskirche Nôtre-Dame

Ein anderer Weg führt in den Nordwesten. Gleich hinter Sarlat zweigt von der D 704 die D 47 in Richtung Les Eyzies ab. Nach wenigen Kilometern liegt versteckt im Wald, von der Straße aus nicht sichtbar und nur über einen Waldweg zugänglich, das spätmittelalterliche *Château Puymartin* (Abb. 27). Die Fahrt führt weiter vorbei am kleinen *Château-du-Roc* aus der Zeit Ludwigs XV., das eindrucksvoll auf einem einsam gelegenen Felssporn in Szene gesetzt ist. Es gehört zu den wenigen Beispielen einer reinen Barockarchitektur im Périgord.

Das Dordogne-Tal von Fénelon bis Trémolat

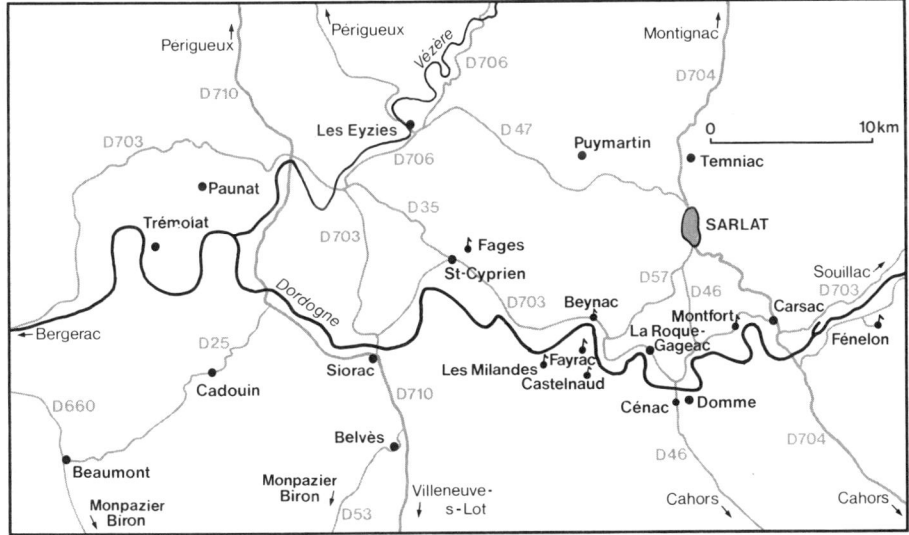

Die Straße umzieht das Schloß in einem weiten Bogen, und nach 2 km liegt rechts eine kleine Autowerkstatt, hinter der eine schmale Straße abbiegt, die sich nach wenigen 100 m gabelt. Folgt man der Abzweigung nach rechts ca. 1,5 km, gelangt man zu einer originellen Sehenswürdigkeit, die nur wenig bekannt ist und kaum besucht wird, obwohl sie als bedeutender Vertreter einer besonderen Bauform in Fachkreisen hoch geschätzt wird. Gemeint sind *Les Cabanes*, eine Ansammlung merkwürdiger Steinhütten (Farbt. 19). Über einer kaum kniehohen Mauer geht eine Überdachung in Form einer ›falschen‹ Kuppel auf. Die falsche Kuppel wird aus horizontal übereinandergelegten Steinplatten gebildet, wobei eine Reihe immer über die darunterliegende kragt, bis der Kreis der nach oben ständig enger werdenden Platten den Raum abschließt. Solche primitiven Kuppelbauten kommen in ganz Südeuropa vor. Besonders verbreitet sind sie in Apulien, in der Provence und im Dordogne-Gebiet, aber auch auf Sizilien und Sardinien, auf den Balearen und in Katalonien sind sie zu finden. Im Italienischen nennt man sie ›Trulli‹, in der Provence ›Bories‹ und im Spanischen ganz ähnlich wie im Périgord ›Cabaños‹. In der Datierung dieser Steinhütten gehen die Meinungen weit auseinander. Eine Zeit lang wurden sie als Zeugen keltischer Bauweise angesehen, andere gingen sogar so weit, sie in das Neolithikum zu stellen. Mittlerweile vermutet man, daß die Cabanes im Mittelalter errichtet wurden. Eines jedoch kann als sicher gelten: In ihnen spiegelt sich eine uralte Tradition wider, die eine archaische Bauweise, möglicherweise tatsächlich der keltischen Zeit, bis in unsere Tage hinübergerettet hat.[7] Heute sind die Cabanes natürlich nicht mehr von Menschen bewohnt, werden aber nach wie vor von Bauern als Stallungen für Kleinvieh oder, sofern sie in einsamen Gegenden liegen, als Unterstand für Schafe zum Schutz vor Regen genutzt.

Ein Aspekt macht in diesem Zusammenhang nachdenklich. Der mittelalterliche Kirchentyp des Périgord, die Kuppelkirche, wird allgemein auf byzantinische Vorbilder bzw. auf das große Beispiel San Marco in Venedig zurückgeführt. Unbehagen an dieser einseitigen Theorie hatte schon der große Kunsthistoriker Dehio geäußert. Möglicherweise dürfte die Kuppelbauweise des 12. Jh. zugleich auf die althergebrachte, volkstümliche Tradition einer lokalen Bauart zurückzuführen sein. Wer also den Weg zu Les Cabanes findet, steht dort nicht bloß vor einer originellen und landschaftlich reizvoll gelegenen Gruppierung alter Steinhütten, sondern vielleicht gar an der Wiege einer Bauform, die im 12. Jh. in der Kirche St-Front in Périgueux, dem größten mit Kuppeln überwölbten Bauwerk Frankreichs, ihren Höhepunkt und ihre Vollendung fand.

Burgen, Kirchen und Bastiden

Die südliche Hälfte des Périgord, also das Dordogne-Tal, hat wegen seiner dunklen Eichenwälder den Namen *Périgord Noir*. An den Ufern der Dordogne reiht sich zwischen Souillac und der Vézère-Mündung bei Limeuil eine so unerhörte Fülle an bedeutenden Kirchen, Schlössern und kleinen Städten, daß es in jedem Fall ratsam ist, für einige Tage in Sarlat oder der näheren Umgebung Quartier zu beziehen, um von hier aus mehrere Ausflüge

Erzbischof Fénelon von Cambrai (Stich nach einem Gemälde von Joseph Vivien)

zu unternehmen. Im folgenden werden die Sehenswürdigkeiten entsprechend ihrer geographischen Lage von Ost nach West beschrieben.

Château Fénelon

Westlich von Souillac verläßt die Dordogne das Quercy und tritt in das Périgord ein; auf derselben Linie verläuft auch die Grenze zwischen den Departements Lot und Dordogne. Auf dem linken Ufer überragt das Château Fénelon das weite Tal, durch die Ortschaften St-Julien-de-Lampon und Ste-Mondane gelangt man dorthin. Das Schloß war von Anbeginn im Besitz der Familie Fénelon, deren berühmtester Sproß, der bereits erwähnte Erzbischof von Cambrai, François de Salignac de La Mothe-Fénelon, hier am 6. August 1651 geboren wurde und seine Kindheitsjahre verbrachte. Bis ins 18. Jh. verblieb das Schloß bei den Fénelons, danach ging es durch mehrere Hände, ist aber nach wie vor in Privatbesitz. Nicht nur die schöne landschaftliche Lage, sondern auch seine wunderbare Erhaltung zeichnet Fénelon in besonderem Maße aus. Das Schloß hat noch heute seine vollständigen Befestigungsmauern, die die Anlage in einem doppelten Kreis umziehen. Durch ein kleines Tor

Château Fénelon

gelangt man in den Gang zwischen den beiden Mauerringen und nach kurzem durch ein weiteres Tor in den Hof, in dessen Mitte das Schloß liegt. Ein Turm stammt noch aus dem 14. Jh., alle anderen Bauteile wurden im 15. Jh. errichtet. Letzte Baumaßnahmen gehen auf François de Salignac zurück, den Großvater des berühmten Erzbischofs. Die drei Flügel des Schlosses umstellen einen kleinen Innenhof. In ihnen befinden sich die Wohntrakte, während die Wirtschaftsgebäude rings um die Burg liegen. Bis vor kurzem waren sämtliche Räumlichkeiten des Schlosses zu besichtigen, doch neuerdings nutzt der augenblickliche Besitzer das Schloß weitgehend privat, so daß der Besucher nur noch außen herumgeführt wird. Als Trost wird eine Sammlung von Oldtimern gezeigt, die sicher sehenswert ist, aber in diesem Rahmen seltsam deplaziert wirkt. Dennoch lohnt der Besuch schon allein wegen der herrlichen Ausblicke in die Landschaft, die man von der Terrasse aus erlebt. In der Ferne, am jenseitigen Ufer, erkennt man auf einer Anhöhe das Renaissance-Schlößchen *Roufillac*.

Von Baumkronen überdacht führt die kleine D 50 am linken Ufer westwärts. Das Dorf *Veyrignac* birgt am Ortsausgang ein kleines Schloß oder besser Manoir (Herrenhaus) des 17. Jh. Der schmucke Bau – er wurde 1944 von Deutschen niedergebrannt, aber inzwischen wieder neu hergerichtet – liegt malerisch inmitten von Nußbaumhainen. Am gegenüberliegenden Ufer folgen dicht aufeinander zwei Ortschaften, von denen jede eine kleine mittelalterliche Kirche besitzt. Jene von *Aillac* ist im 14. Jh. errichtet worden, die von *Carsac* (Abb. 29) dagegen ist romanischen Ursprungs. Im 16. Jh. jedoch wurden gotische Spitzbogengewölbe eingezogen. Beide Kirchen sind hübsche Beispiele rustikaler, ländlicher Bauweise.

Château Montfort

Eine weitgezogene Schleife der Dordogne, der *Cingle de Montfort*, wird beherrscht von dem gleichnamigen Schloß. Stolz erhebt es sich auf einem zerklüfteten Felsen 90 m über dem Fluß und ist deshalb schon von ferne zu sehen (Farbt. 8). Die Geschichte von Montfort ist bewegt. Die Burg des 12. Jh. wurde von dem berüchtigten Simon von Montfort, Feldherr im Kreuzzug gegen die Albigenser, 1214 dem rechtmäßigen Besitzer, dem Herrn von Cazenac, entrissen und zum Teil zerstört. Insgesamt drei Mal erobert und niedergebrannt – im Hundertjährigen Krieg, unter Ludwig XI. und nochmals unter Heinrich IV. –, wurde sie jedesmal wieder neu aufgebaut. Im Zuge einer tiefgreifenden Renovierung wurde im vorigen Jahrhundert der linke Flügel, der nur noch Ruine war, rekonstruiert. Der mächtige Turm stammt noch aus dem 15. Jh., alle anderen Teile aus dem 16. Jh.; von den mittelalterlichen Vorgängerbauten sind nicht einmal mehr die Grundmauern erhalten. So vermittelt Montfort heute mehr den Eindruck eines Lustschlosses als den einer Verteidigungsburg. Das Moment wehrhafter Abgrenzung deutet nur noch die Umfassungsmauer an, hinter der aber gleich ein anmutiger Park vergessen läßt, wie oft dieser Boden Schauplatz blutiger Auseinandersetzungen war. Vom Park führt eine kleine, barocke Freitreppe in den Schloßhof. Bis vor wenigen Jahren waren zumindest die Räume des Untergeschosses zur Besichtigung freigegeben, die mit Stücken aus der Zeit Ludwigs XIII. und Ludwigs XIV. stilvoll möbliert sind. Nach einem Besitzerwechsel in jüngster Zeit jedoch – der neue Herr von Montfort ist ein Ölscheich – ist das Schloß für den öffentlichen Besuch geschlossen.

Cénac

Am Fuße des Felsmassivs, auf dem die Bastide Domme errichtet wurde, liegt der kleine Ort Cénac. 1090 wurde hier von einem Abt von Moissac, Aquilanus, ein Priorat gegründet, das schon bald mit einer überraschend großzügigen Kirche ausgestattet wurde. Der Bau dürfte bereits im ersten Viertel des 12. Jh. fertiggestellt gewesen sein. Nach mehrfachen Beschädigungen durch die Kriegswirren, die das Land immer wieder heimsuchten, wurde die Kirche

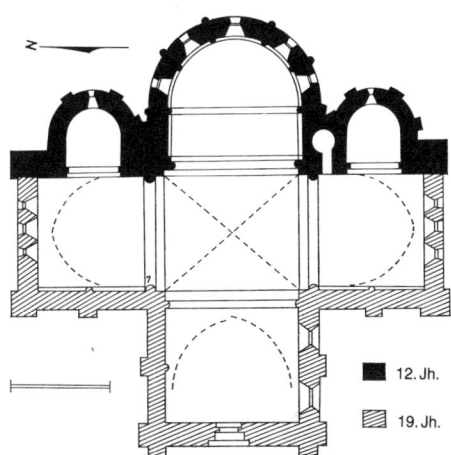

■ 12. Jh.

▨ 19. Jh.

Cénac, Grundriß der ehem. Prioratskirche (Zodiaque)

schließlich im 16. Jh. von dem Hugenottenführer Vivans nach seinem Abzug aus Domme in Schutt und Asche niedergelegt. Einzig der Chor überstand die Vernichtung (Abb. 30). Das Querhaus und das Hauptschiff sind im vorigen Jahrhundert wieder neu errichtet worden. Sowohl außen als auch im Innern des romanischen Chores haben sich fast dreißig skulptierte Kapitelle erhalten, die ein buntgewürfeltes Programm neu- und alttestamentarischer sowie allegorischer Szenen zeigen.

Die Bastide Domme

Von Cénac führt eine gut ausgebaute Straße bergaufwärts nach Domme. Der nach allen Seiten steil abfallende Fels war bestens geeignet für Verteidigungszwecke. Philipp der Kühne gründete hier deshalb 1283 eine jener Bastiden, die während des 13. und 14. Jh. überall in

113

Aquitanien aus dem Boden schossen. Was uns heute den Atem verschlägt, die grandiose Lage und der einzigartige Blick von der Anhöhe, wurde damals ausschließlich unter dem Aspekt der Befestigung betrachtet. Üblicherweise wurden Bastiden, ganz egal ob es sich nun um eine englische oder wie in diesem Fall um eine französische handelte, phantasielos nach einem festen Schema angelegt: Ein Rechteck wurde mit einer Mauer umzogen, im Mittelpunkt lag der Platz mit der Kirche an einer Ecke, und das Stadtgebiet wurde in parallel laufende Straßenzüge gegliedert. In Domme war das nicht möglich. Man mußte sich den Unebenheiten des hochgelegenen Felsplateaus anpassen, was dem Ort die verwinkelte Atmosphäre verlieh, die ihn heute so anziehend macht. Im Hundertjährigen Krieg oft umkämpft, konnten die Engländer die Stadt 1417 einnehmen und fast 20 Jahre lang halten. Das königliche Schloß wurde zerstört und niemals wieder aufgebaut. Weitere Schäden brachte das Regiment Vivans, der Domme 1588 durch eine List in seine Gewalt gebracht hatte und vier Jahre lang gegen die Katholiken hielt. Erst 1592 gab er die Stadt gegen eine Zahlung von 40 000 Livres an die Katholiken zurück, nicht ohne vorher die alte Pfarrkirche abzubrennen.

Nach Norden, zur Dordogne, fällt der Fels steil ab. Nach Süden dagegen ist das Gefälle seichter, so daß zu dieser Seite hin die Errichtung einer Stadtmauer notwendig war. Von ihr stehen noch weite Teile und die drei Stadttore. Von Cénac her gelangt man durch die *Porte del Bos* in den Stadtbezirk. In Domme sollte man sich wie in Sarlat nur zu Fuß fortbewegen. Eine gute Parkmöglichkeit bietet sich auf der Place de la Rode, die man schon nach wenigen 100 m auf einer gewundenen Straße erreicht. Von dort ist es nicht weit zur *Porte de la Combe* und zu dem bekanntesten der drei Stadttore, der *Porte des Tours* (Abb. 32), so benannt nach den beiden halbrunden Türmen, die die Einfahrt flankieren. In ihren Untergeschossen wurden zwischen 1307 und 1318 die Ritter des aufgelösten Templerordens gefangen gehalten. Auch danach blieben die Türme für lange Zeit als Gefängnis in Gebrauch. Die Grande Rue führt hinauf auf den Platz, in dessen Mitte die alte Markthalle steht (Abb. 31). Man kann von hier aus hinübergehen zum Aussichtspunkt *Belvédère de la Barre* mit seinem unvergleichlichen Panorama über das Dordogne-Tal (Abb. 33). Dem Genießer sei ein anderer Weg empfohlen. Direkt unter der Markthalle befindet sich der Eingang zu einer Tropfsteinhöhle, der *Grotte-du-Jubilé*. Ein Gang von gut 500 m Länge führt vorbei an skurril ausgeleuchteten Stalaktiten und Stalagmiten und entläßt den Besucher auf einen kleinen Pfad, Promenade des Falaises, schräg unterhalb des Aussichtspunktes de la Barre. Dieser Gegensatz von nächtlichem Dunkel der Höhle und dem Licht des wiedergewonnenen Tages steigert den Blick in die Landschaft ins Grandiose. In diesem Augenblick pflichtet man rückhaltlos Henry Miller bei, der sich zu dem Ausspruch hinreißen ließ, »selbst ein flüchtiger Ausblick auf den schwarzen, geheimnisvollen Fluß bei Domme von der wunderschönen, steilen Anhöhe am Stadtrand aus ist etwas, für das man sein ganzes Leben lang dankbar sein muß«[8].

Schlendert man anschließend noch durch den Ort, fallen verschiedene Gebäude auf. Schräg gegenüber der Markthalle stand die mittelalterliche Kirche, die dem Wüten Vivans zum Opfer gefallen war und erst im 17. Jh. wieder aufgebaut wurde. Gleich daneben liegt das ehemalige Gouverneurs-Haus aus dem 16. Jh. Reste eines gotischen Kreuzganges finden sich in der Rue de l'Abbaye.

La Roque-Gageac

Jedes Jahr findet in Frankreich ein nationaler Wettbewerb statt, in dem es darum geht, das ›schönste Dorf Frankreichs‹ zu küren. Anfang der sechziger Jahre wurde La Roque-Gageac mit diesem begehrten Titel ausgezeichnet. Nur ein Jahr später, im Sommer 1963, brach die Katastrophe über den reizvollen Ort herein. Ein gigantischer Felsüberhang hatte sich jäh gelöst und einen Teil des Dorfes unter sich begraben. Mehr als ein halbes Dutzend Häuser wurde bis auf die Grundmauern zerstört, andere zum Teil schwer beschädigt. Die Straße blieb zwei Jahre lang gesperrt. Inzwischen ist die Wunde wieder verheilt, und anstelle der vernichteten Häuser hat man neue im alten Stil errichtet. Nur noch der helle Felsabriß, wo sich der große Brocken gelöst hatte, erinnert an das Verhängnis, dem glücklicherweise keine Menschen zum Opfer fielen, da es sich in den Vormittagsstunden zutrug, als die Bewohner des Ortes draußen der Feldarbeit nachgingen. Durch die gelungene Wiederherstellung hat der Ort kaum von seinem Charme eingebüßt. Eingezwängt zwischen Flußufer und dem gleich dahinter aufragenden Felsen staffeln sich die Häuser auf schmalen Terrassen hintereinander. Ein einzeln stehender Turm kündet vom Palais der Bischöfe von Sarlat, das hier einstmals stand. Rechts davon sieht man das anziehendste Gebäude des Ortes, ein Manoir der Renaissance, das früher im Besitz der Adelsfamilie de Tarde war. Aus diesem Geschlecht sind bekannte Persönlichkeiten hervorgegangen, so unter anderen Jean de Tarde (1561–1636), ein Kleriker und Humanist, der als einer der gelehrtesten Männer seiner Zeit galt, und Gabriel de Tarde (1843–1904), ein berühmter Soziologe, der in seinen wissenschaftlichen Arbeiten vor allem der Frage nachging, welche Rolle die Kräfte der Wiederholung und Nachahmung in der Gesellschaft spielen. Die bescheidene Kirche liegt oberhalb des Ortes. Von ihrem Vorplatz bietet sich ein weiter Blick über das Dorf hinweg ins Tal der Dordogne. In der Ferne – nach Westen – wird die Ruine eines der eindrucksvollsten Schlösser des Périgord sichtbar, des Château Castelnaud. Auf dem Wege dorthin passiert man am Ortsausgang von La Roque-Gageac das kleine Schloß *La Malartrie* (Abb. 34). Es ist der sinnfällige Ausdruck einer geistigen Bewegung des 19. Jh., des Historismus mit seiner Rückbesinnung auf die Schönheiten und Werte des Mittelalters und der Renaissance, denn es wurde streng im Stil des 15./16. Jh. gehalten. Von hier aus zurückschauend hat man den schönsten Blick auf La Roque-Gageac. La Malartrie selbst kann nicht besichtigt werden, da es bewohnt ist.

Die Burg von Castelnaud

Der schönste Teil des gesamten Dordogne-Tals ist der Abschnitt zwischen La Roque-Gageac und Les Milandes. Wohin auch immer der Blick fällt, die Landschaft bietet jedesmal ein sich wandelndes Gesicht. Auf sanfte, bewaldete Anhöhen folgen schroffe Felsformationen, die dann jäh abfallen zu Äckern und Feldern oder zum Fluß, der immer wieder in das Zentrum des Blickfeldes rückt. Auf den Anhöhen stehen Burgen, deren Anzahl und Schönheit in Staunen versetzen. Man überquert die Dordogne und fährt hinauf nach Castelnaud, dessen Burg schon von weitem zu sehen war; doch erst der Blick von der Straße, die auf einem benachbarten Hügel aufwärts führt, vermittelt seinen ganzen Reiz (Umschlagvorderseite, Farbt. 11). Über den treppenartig ansteigenden Häusern des Dorfes, das sich in eine vom Tal her nicht einzusehende Mulde schmiegt, erhebt sich majestätisch die Burg, nach rechts hin öffnet sich die Weite des Flußtals.

Ihre ältesten Teile gehen auf das 12. Jh. zurück, erst eine Erweiterung im 13./14. Jh. schuf die Anlage in ihren heutigen Ausmaßen. Mit der Errichtung des großen, runden Turmes durch die Engländer, die die Burg von Castelnaud während des Hundertjährigen Krieges lange Zeit in ihrem Besitz hatten, waren die Bauarbeiten endgültig abgeschlossen. Bei der Rückeroberung durch die Franzosen brannte die Burg ab und blieb fortan als Ruine stehen. Die 1969 begonnene Restaurierung ist zwar immer noch nicht abgeschlossen, aber doch mittlerweile so weit gediehen, daß man seit dem Sommer 1985 die Innenräume der Burg wieder besuchen kann. Demnächst soll in den jetzt noch recht kahlen Sälen ein Museum zur Geschichte des Hundertjährigen Krieges eingerichtet werden. Von der Terrasse neben dem Burgeingang bietet sich ein unvergleichliches Panorama auf vier weitere Schlösser in der Umgebung. Nach rechts hin gewahrt man das eben durchfahrene La Roque-Gageac mit dem Château La Malartrie. Unterhalb Castelnaud, gleich hinter der Brücke, mündet ein kleiner Nebenfluß in die Dordogne, der *Céou*, dessen reizvolles Tal man gleichfalls weit überschauen kann. Gegenüber liegt inmitten gepflegter Gartenanlagen des 18. Jh. das private Château *Marqueyssac*, ein barockes Manoir, dessen Wohntrakt von zwei Rundtürmen eingerahmt wird. Nach links hinüber ragen aus dem Laubwald die Türme des Château *Fayrac* auf, und noch weiter nach Nordwesten von einem Steilfelsen hoch über dem Fluß grüßt die Burg von *Beynac* herüber. Übrigens wurde das ganze Tal, so weit das Auge reicht, vor wenigen Jahren unter Denkmalschutz gestellt. Außer dringend erforderlichen Wirtschaftsgebäuden für Bauern der Umgebung darf nun nichts mehr gebaut werden; eine mutige Entscheidung der Denkmalbehörde, die man nur begrüßen kann. Wenn man von der Burg wieder in den Ort zurückgelangt, sollte man sich noch die Zeit nehmen, in den alten Gassen und Winkeln herumzustöbern. Jede neue Ecke bietet irgendeine kleine Überraschung: einen alten Torbogen, eine von Wein überrankte Terrasse, ein verwinkeltes Haus und dazwischen immer wieder den Blick in das Tal und auf den Fluß.

Château Fayrac

Nur gut 1 km weiter flußabwärts von Castelnaud liegt am linken Ufer auf einer kleinen Anhöhe das Schloß Fayrac, dessen Spitzen und Türme schon von den Zinnen von Castelnaud aus zu sehen waren (Abb. 36). Eine gut ausgebaute Straße führt direkt dorthin. Wer aber Zeit hat, sollte den Wagen in Castelnaud stehen lassen und zu Fuß nach Fayrac gehen, was kaum länger als eine Viertelstunde dauert und besonders reizvoll ist. Gleich hinter der Pfarrkirche des Dorfes beginnt ein schmaler Waldpfad, der – auf halber Höhe zwischen Flußniederung und Berggrat verlaufend – Castelnaud und Fayrac miteinander verbindet. Zwischen den Bäumen glitzert immer wieder das Wasser der Dordogne auf, und es öffnet sich der Blick ins Tal. Man glaubt sich in eine Märchenwelt versetzt, wenn dann die Umrisse des völlig einsam stehenden Schlosses Fayrac sich zunächst schemenhaft hinter dem Laubwald abzeichnen und im Näherkommen schnell Kontur gewinnen. Der Wald lichtet sich, und man steht vor dem Tor einer gewaltigen Anlage aus dem 15./16. Jh. Durch den Eingang hat man den Blick in den großen Vorhof; weiter gelangt man jedoch leider nicht, denn auch Fayrac befindet sich in Privatbesitz und kann nicht besichtigt werden, was in diesem Fall besonders bedauerlich ist. Von der Straße aus hat man die schönste Ansicht auf das Schloß, dessen drei Flügel einen hochgelegenen Innenhof umstellen, der zu der offenen Seite durch eine Mauer geschützt ist. Die beiden trutzigen Türme des linken Traktes stehen noch ganz in der Tradition mittelalterlicher Verteidigungsanlagen, die großzügige Durch-fensterung in den beiden anderen Flügeln weist dagegen in die Renaissance. In Fayrac verbinden sich die Komponenten der Wehrhaftigkeit und der Idee des Lustschlosses harmonisch miteinander. Wendet man sich um, ragt am jenseitigen Flußufer nur wenige 100 m entfernt das Château Beynac hoch über der Dordogne auf.

Château Les Milandes

Von Fayrac führt der Weg aber zunächst weiter nach Les Milandes (Abb. 35). Gegen Ende des 15. Jh. erbaut, stellt dieses Schloß ähnlich wie Fayrac ein Beispiel des Übergangs vom ausgehenden Mittelalter zur Renaissance dar. Der Bauherr war ein gewisser François de Caumont, in dessen Familie die Burg bis zur Revolution blieb. Danach wechselten die Besitzer mehrfach. Die letzte Schloßherrin war die afro-amerikanische Sängerin und Tänzerin Josephine Baker, durch die Les Milandes weltberühmt wurde. Sie lebte hier mit ihren Adoptivkindern verschiedener Rassen und Hautfarben und widmete sich hingebungs-voll dem von ihr ins Leben gerufenen Projekt, ein internationales Kinder-Zentrum zu errichten. Dabei geriet sie ständig in finanzielle Schwierigkeiten, aus denen sie oftmals durch großzügige Unterstützung aus Künstlerkreisen oder durch Spendenaktionen befreit wurde. Ende der sechziger Jahre jedoch stand Josephine Baker endgültig vor dem Konkurs; daraufhin entschloß sie sich im Interesse ihrer Kinder und ihres Beitrages zur Verständigung der Völker, ihren früheren Beruf wieder aufzunehmen, in dem sie in den dreißiger Jahren die Welt begeistert hatte. Allen Skeptikern zum Trotz gelang der bereits über Sechzigjährigen ein glänzendes Comeback, und die Zukunft schien gesichert. Aber die körperliche Anstrengung der Tournee war für Josephine Baker zu groß, sie starb überraschend nach nur wenigen Vorstellungen. Die Gläubiger brachten das Schloß Les Milandes daraufhin zur Zwangsversteigerung, und für nur wenige hunderttausend Francs fand sich rasch ein neuer Besitzer. Seitdem ist Les Milandes zur Besichtigung freigegeben. Josephine Baker hatte das in der Revolution geplünderte Schloß mit einer großen Zahl an Stilmöbeln ausgestattet, so daß sich heute der Besuch in zweifacher Hinsicht lohnt. Einmal erlebt man das Schloß dank der Einrichtung in einer anheimelnd wohnlichen Atmosphäre, zum anderen ist Les Milandes das ganz persönliche Denkmal Josephine Bakers. Ein Genuß ist zudem der Spaziergang in dem gepflegten Park, den im Frühjahr zahllose Magnolienbäume in ein Blütenmeer verwandeln.

Um von Les Milandes auf das andere Ufer der Dordogne zu gelangen, muß man die Straße vorbei an Fayrac zurück nach Castelnaud nehmen, denn hier ist auf viele Kilometer die einzige Brücke über den Fluß geschlagen.

Château Beynac

Auf dem knapp 2 km langen Weg von Castelnaud nach Beynac hat man die dortige Burg jederzeit im Blick. Der Ort Beynac liegt ähnlich wie La Roque-Gageac auf einem schmalen Uferstreifen der Dordogne, angelehnt an einen Steilfelsen, der dahinter aufgeht. Auf seiner Spitze erhebt sich einem Adlerhorst gleich die Burg (Farbt. 3). Im Ort zweigt eine kleine Straße nach rechts ab, auf der man in einem weit gezogenen Bogen das Schloß von seiner Rückseite her erreicht.

Der Fels muß schon lange besiedelt gewesen sein, aber erst seit dem 13. Jh. ist seine Geschichte überliefert. Eine Burg des frühen Mittelalters wurde von Richard Löwenherz eingenommen und einem seiner Heerführer überantwortet. Simon von Montfort eroberte die Burg 1214 und zerstörte sie restlos. Die Barone von Beynac errichteten daraufhin einen Neubau, der noch heute in weiten Teilen steht. Beynac war seit dem 13. Jh. neben Bourdeilles, Biron und Mareuil eine der vier Baronien des Périgord. Im Hundertjährigen Krieg war die Burg ein wichtiges Bollwerk gegen die Engländer, die sich vis à vis in Castelnaud verschanzt hatten, und die Dordogne bildete zeitweilig die Grenze zwischen dem englisch besetzten und dem französischen Aquitanien. In der Revolution geplündert und danach nicht wieder bewohnt, präsentiert sich das Innere heute bar jeder Ausstattung. Eine teilweise Möblierung ist zwar geplant, aber im Augenblick hat noch die Renovierungsarbeit an der Bausubstanz den Vorrang. Ein vorläufiges Ende der schon seit Jahren andauernden Arbeiten ist in naher Zukunft nicht abzusehen. Dennoch sollte man sich die Besichtigung von Beynac nicht entgehen lassen. Da keine nennenswerten Umbauten die Burg des 13. Jh. veränderten, gewinnt man einen vorzüglichen Eindruck von der Anlage einer reinen Wehrburg des hohen Mittelalters. Nach Süden hin bietet die steile Felswand einen optimalen Schutz, nach Norden jedoch war die Errichtung eines Verteidigungswalls erforderlich, der in einem Halbkreis aus zwei Mauern das Schloß umzieht. Von der Terrasse, die sich von der Burg bis an den Steilhang erstreckt, hat man, wie in Castelnaud, eine herrliche Aussicht. An der weiten Schleife der Dordogne reihen sich die Schlösser Castelnaud, Marqueyssac, Fayrac und La Malartrie. Nach rechts wird die Terrasse von einer gotischen Kapelle begrenzt, rückwärtig steht der eigentliche Burgkomplex mit den Wohntrakten. Im Inneren beeindruckt vor allem der Ständesaal. In einer angrenzenden Kapelle wurden im Zuge der Restaurierung Fresken aus dem 15. Jh. entdeckt und freigelegt. Man erkennt eine rührend naive Darstellung des Abendmahls. Im Verlauf der Besichtigung wird man bis hinauf auf die Zinnen geführt, von wo der Blick noch weiterreicht als zuvor von der Terrasse aus.

Château de Fages

Von Beynac nach Westen weitet sich das Tal der Dordogne, und die Hügel werden flacher. Nach wenigen Kilometern erreicht man *St-Cyprien,* ein verträumtes Städtchen mit einer romanischen Kirche, die jedoch so unglücklich verändert worden ist, daß sie kaum noch etwas von ihrem ursprünglichen Aussehen bewahrt hat. Zu ihr gehörte ein untergegangenes Augustiner-Chorherrenstift.

Hinter St-Cyprien führt die D 48 hügelan, und nach 2 km geht es auf einer kleinen Straße rechts ab zum Château de Fages, das auf einer baumlosen Anhöhe hoch über dem Dordogne-Tal steht. Im 15. Jh. erbaut, während der Religionskriege niedergebrannt, wurde es im 16. Jh. durch die Familie Hautefort wiederhergestellt. Seitdem überstand es bis in unser Jahrhundert alle Kriegs- und Revolutionswirren unbeschadet. Dann aber fiel es in den dreißiger Jahren einem skrupellosen Antiquitätenhändler in die Hände, der zunächst alles Mobiliar und schließlich sogar die Wandvertäfelungen, bemalten Deckenbalken und Fußbodenkacheln verkaufte. Nach dieser ›Ausschlachtung‹ blieb das Schloß leer stehen und war den Unbilden der Witterung ausgesetzt. Nach und nach verfiel die einstmals stolze Burg, bis vor wenigen Jahren ein junger Architekt die klägliche Ruine für geringes Geld erwarb und sich daran machte, mit eigener Hände Arbeit und unter Mithilfe seiner Frau und von Freunden das Schloß wiederherzustellen. Mittlerweile sind die Arbeiten schon so weit gediehen, daß eine Besichtigung möglich ist, aus deren Einnahmen die weiteren Arbeiten finanziert werden. Château de Fages ist ein vorbildliches Beispiel für eine private Initiative zur Erhaltung eines bedeutenden Bauwerks.

In der näheren Umgebung von St-Cyprien liegen zwei weitere kleine, malerische Städtchen, *Siorac* und *Belvès,* die man auf dem Wege nach Monpazier berührt.

Die Bastide Monpazier

Monpazier ist in jeder Hinsicht das Musterbeispiel unter den Bastiden. Sie wurde nicht nur konsequent nach dem Idealplan des Rechtecks angelegt, weshalb sie als erste ›Idealstadt‹ der Nachantike gilt[9], sondern sie hat als einzige noch weitgehend ihr ursprüngliches Gesicht gewahrt. Die Stadt wurde 1285 durch Jean de Grailly, einen Feldherrn Eduards I. von England, nach Absprache mit den Herren von Biron gegründet, deren Schloß nur wenige Kilometer entfernt liegt. Im Hundertjährigen Krieg war die Stadt oftmals Schauplatz heftiger Kämpfe und wechselte mehrfach zwischen Franzosen und Engländern. Von Biron aus wurde seit 1557 die Reformation mit Flamme und Schwert nach Monpazier getragen, der sich die Einwohner jedoch heftig widersetzten. Vivans gelang es 1574 schließlich, die Stadt einzunehmen und vorübergehend zu besetzen. Auch danach sollte Monpazier nicht zur Ruhe kommen. Ende des 16. Jh. war die Stadt einer der Hauptschauplätze des großen Bauernaufstandes im Périgord, der sich über mehrere Jahrzehnte hinzog. Schließlich wurde 1637 einer der Hauptanführer, der Weber Buffarot, vom Herzog von Epernon gefangen genommen und grausam auf dem Platz von Monpazier durch Rädern hingerichtet.

Die Stadt wurde über einem Rechteck von 400 mal 220 m angelegt. Mehrere rechtwinklig zueinander verlaufende Straßenzüge teilen sie in der Länge und Quere. Der große Platz im

Zentrum ist von Häusern umrahmt, die sich allesamt im Untergeschoß zum Platz hin in Arkaden öffnen, so daß man durch einen ringsum führenden Laubengang wandeln kann. Selbst Wohnhäuser, die später anstelle von denen des 13. Jh. errichtet wurden, behielten diese Form bei. So ergibt sich ein lebendiges Nebeneinander von Bauten des Mittelalters, der Renaissance und des Barock, die alle durch das gleichartige Untergeschoß verbunden sind. Die Kirche an der Nordostecke des Platzes stammt noch aus der Zeit der Stadtgründung. Sie wurde dem hl. Dominikus geweiht und erfuhr nach mehrmaligen Kriegsbeschädigungen etliche Wiederherstellungen, so daß die ursprüngliche Anlage heute nicht mehr so klar zu erkennen ist.

Château Biron

Man verläßt Monpazier in südlicher Richtung, um zum knapp 7 km von hier entfernten Schloß Biron zu kommen. Erhaben auf einem Felssporn liegend beherrscht das Schloß den Blick in weitem Umkreis. Jahrhundertelang residierte hier die Familie Biron-Gontaut, von deren bewegter Geschichte die Architektur des Bauwerks beredtes Zeugnis ablegt. Dem Gründungsbau des 12. Jh. folgten verschiedene Erneuerungen. 1212 fiel Biron in die Hände von Simon von Montfort; Ludwig VIII. gab es erst 20 Jahre später den rechtmäßigen Besitzern zurück. 1345 eroberten die Engländer die Burg und hielten sie sechs Jahre lang. Nach Beendigung des Hundertjährigen Krieges wurde die Anlage erneuert und beträchtlich erweitert. Unter Heinrich IV. stiegen die Barone von Biron-Gontaut zur Herzogswürde und zu Beratern des Königs auf, eine Vorrangstellung, die sie vorübergehend durch den Verrat Karls von Gontaut an Heinrich IV. einbüßten. Karl starb 1602 in Paris auf dem Schafott, und erst 1723 wurde die Familie rehabilitiert. Nach der Revolution blieb das

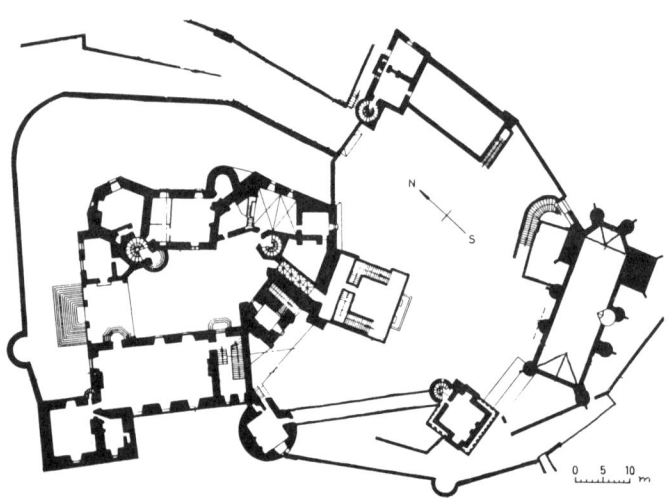

Grundriß des Château Biron

Château Biron

Schloß unbewohnt und war langsam dem Verfall preisgegeben, bis vor einigen Jahren Restaurierungsarbeiten begannen.

Über eine lange Rampe erreicht man den Innenhof. Hinter einem gedrungenen Turm, der den Eingang schützt, steht die Schloßkapelle, die im frühen 16. Jh. errichtet wurde. Sie ist in zwei Geschosse unterteilt, dessen unteres mit einem Zugang von der tiefer gelegenen Ortschaft den Dorfbewohnern als Pfarrkirche diente, während das obere für die Schloßherren bestimmt war. Unter den verschiedenen Skulpturen in der Kapelle fällt das Grabmal des Pons de Gontaut auf (gest. 1524). Das ehemals wertvollste Ausstattungsstück, eine périgordinische Pietà, gelangte nach Amerika, wo sie heute im Metropolitain Museum in New York zu bewundern ist. Das Schloß selbst wird aus zwei großen, parallel zueinander liegenden Flügeln gebildet, die nach Norden hin durch eine Loggia mit einem geschlossenen Gang darüber verbunden werden. Durch die Loggia hindurch schweift der Blick weit ins Land. Biron ist wieder eines der Beispiele für die geglückte Verschmelzung zeitlich differenter Bauteile.

Die Bastide Beaumont

Auch Beaumont ist eine alte englische Bastide, die bereits 1272, also 13 Jahre vor der Bastide Monpazier gegründet wurde; doch ist sie lange nicht so gut erhalten wie jene. Von der mittelalterlichen Stadtbefestigung steht heute einzig noch die Porte Luzier (Abb. 37). Die Kirche stammt aus der Gründungszeit und wurde um die Wende vom 13. auf das 14. Jh. erbaut. Als letzte Zufluchtsmöglichkeit für die Bevölkerung einer Bastide hat auch sie, wie so viele andere Kirchen des Périgord, ein wehrhaftes Äußeres. Das Innere wurde im 19. Jh. wegen drohender Einsturzgefahr grundlegend restauriert.

In der weiteren Umgebung von Monpazier und Beaumont gibt es noch etliche andere Bastiden, die aber mit Ausnahme einiger sehenswerter Häuser und alter Winkel nur noch wenig von der ursprünglichen Konzeption erkennen lassen. Etwa 20 km östlich von

Monpazier trifft man auf die ehemalige Bastide *Villefranche-du-Périgord* mit einer der seltenen alten Markthallen, gleichweit nach Westen stößt man auf *Villeréal, Monflanquin* und *Castillonès.* 3 km nördlich von Beaumont liegt auf einem steil aufragenden Felsvorsprung das *Château de Bannes* aus dem 15./16. Jh., das für die Bischöfe von Sarlat erbaut wurde. Es erhebt sich über dem Tal des Flüßchens *Couze,* das nur wenig weiter nördlich in die Dordogne mündet.

Die Zisterzienser-Abtei Cadouin

Von den ursprünglich vier Zisterzienser-Klöstern des Périgord hat sich jenes von Cadouin als einziges erhalten. Die Abtei wurde 1115 als freie Kongregation gegründet, die sich ein Jahr später dem Zisterzienser-Orden anschloß. Man muß umgehend den Bau einer Kirche in Angriff genommen haben, denn schon aus dem Jahr 1154 ist die Weihe überliefert. Bald nach ihrer Gründung erlebte die Abtei einen regen Zulauf von Pilgern, denn der Abt von Le Puy, der große Adhémar von Monteil, hatte vom ersten Kreuzzug das Leichentuch Christi aus Antiochien nach Frankreich mitgebracht und 1117 an Cadouin geschenkt. Diese wertvolle Reliquie sicherte der jungen Abtei hohes Ansehen und ein gutes Einkommen. Hochgestellte Persönlichkeiten und sogar Könige pilgerten nach Cadouin; so fanden sich unter anderem Richard Löwenherz, Ludwig IX. und Karl V. ein. Die Reliquie wurde vor den Engländern, die die Abtei im Hundertjährigen Krieg brandschatzten, zunächst nach Toulouse, später in das Kloster Aubazines an der Corrèze gerettet, doch entbrannte nach Kriegsende ein heftiger Streit zwischen Cadouin und Aubazines um ihre Rückgabe. Erst durch Intervention des Papstes und König Ludwigs XI. gaben die Mönche von Aubazines das Leichentuch Christi an Cadouin zurück. Zur selben Zeit, um 1455, wurden die zerstörten Abteigebäude neu errichtet. Einzig die Kirche und der Kapitelsaal des 12. Jh. hatten die Zerstörungen der Engländer heil überstanden. Der nachfolgende Wiederaufschwung war aber nur von kurzer Dauer, denn schon bald brachten die Religionskriege neuerliche Erschütterungen, von

Kirche der Zisterzienser-Abtei Cadouin

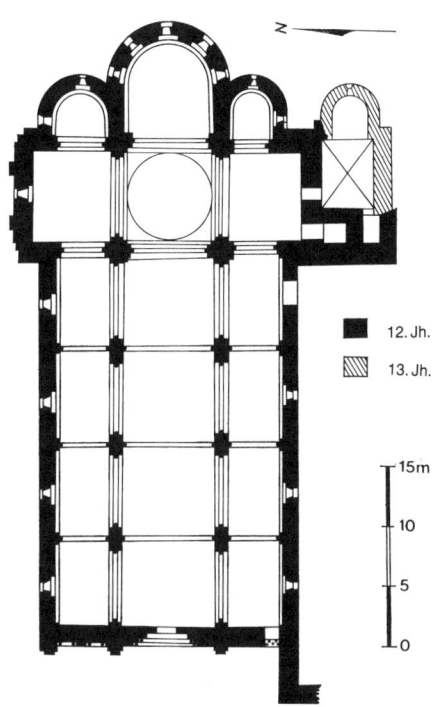

| ■ | 12. Jh. |
| ▨ | 13. Jh. |

Cadouin, Grundriß der ehem. Abteikirche
(Zodiaque)

denen sich die Abtei nicht mehr erholte. Als 1789 nur noch vier Mönche in Cadouin lebten, bedeutete die Auflösung des Klosters durch die Revolution nicht mehr als einen ›Gnaden-stoß‹, wie es Régis Issartel brutal aber realistisch ausdrückte[10]. Die Klostergebäude wurden vom Pöbel geplündert und das Archiv sowie die reiche Bibliothek auf dem Platz vor der Kirche verbrannt. 1792 kaufte der Bürgermeister von Cadouin, Pierre Bureau, ein kunstlie-bender Mann, die Klosteranlage, um sie vor weiteren Heimsuchungen zu schützen. Seit der Wiederweihe im 19. Jh. dient die Kirche als Pfarrkirche des Ortes. 1934 wurde das vermeintliche Leichentuch Christi von Experten untersucht und als nicht authentisch abgelehnt. Die Identifizierung bestimmter arabischer Schriftzeichen bewies, daß das Tuch ins 11. Jh. zu datieren ist.

Die *Kirche* weicht vom Schema der périgordinischen Romanik ab. Die kulissenhafte Fassade und das dreischiffige Innere mit einem sich nur geringfügig über die Seitenschiffe erhebenden Mittelschiff ohne Obergadenfenster verweisen in die nördliche Nachbarland-schaft des Poitou. Möglicherweise war ein Architekt aus jener Landschaft mit dem Bau beauftragt worden. An der Fassade spiegelt sich die Gliederung in drei Schiffe wider. Zwei kräftige Strebepfeiler unterteilen die große Fläche in drei Abschnitte, von denen jeder ein großes rundbogiges Fenster hat. In der obersten Zone faßt eine Blendarkatur übergreifend

123

Cadouin, Kreuzgang des ehem. Zisterzienser-Klosters (Zeichnung von Léo Drouyn, 19. Jh.)

die drei Abschnitte zusammen. Innen herrscht dieselbe Nüchternheit wie am Außenbau – ein für zisterziensische Bauweise bezeichnendes Merkmal –, lediglich einige Kapitelle sind plastisch ausgestaltet. Das Langhaus ist in vier Joche unterteilt. Halbrunde Vorlagen an den Pfeilern führen ungebrochen ins zugespitzte Tonnengewölbe, wo sie sich als Gurtbögen fortsetzen. Da die Gliederung im Hauptschiff und in den Seitenschiffen dieselbe ist, wirkt der Raum geschlossen und einheitlich. Über die mit einer Kuppel überwölbte Vierung erhebt sich außen ein gedrungener Glockenturm in einer merkwürdigen, zweifach gestuften Pyramidalform; die Regel der Zisterzienser verbot einen großen Glockenturm. Von der Ausstattung verdient die Madonna am vorletzten rechten (südlichen) Pfeiler vor der Vierung Beachtung. Sie ist ein besonders schönes Beispiel für den internationalen ›Weichen Stil‹ um 1400.

Südlich an die Kirche grenzt der spätgotische *Kreuzgang*, den man nur im Rahmen einer offiziellen Führung besichtigen kann (Farbt. 27, Abb. 40, 41). Der Flügel, in den man vom Platz vor der Kirche her eintritt, wurde 1908 rekonstruiert, die drei anderen sind Originalbestand. Der Nordflügel, genannt Galerie Abbatiale, und der Ostflügel (Galerie

Royale) sind reich mit Skulpturen ausgeschmückt. Zahlreiche Reliefs, Kapitelle und Konsolen zeigen Szenen des Neuen Testaments, Legenden, Personifikationen der Laster und Tugenden und zum Teil auch profane Darstellungen. Der Bilderreichtum und das Eindringen weltlicher Themen werfen ein Schlaglicht auf die Situation des Klosters im 15./ 16. Jh., das sich bereits weit von dem zisterziensischen Ideal der Armut und Entsagung entfernt hatte. Zu den schönsten Darstellungen gehört die Kreuztragung (Abb. 39), eine derb-bäuerliche Wiedergabe des Themas. Vor der schon ins Karikaturistische gehenden ›Prozession der Mönche‹ kann man sich ein Lachen kaum noch verkneifen.

Im Tal der Vézère

Wer die Vézère von ihrer Mündung bei *Limeuil* mit dem landschaftlich reizvollen Zusammenfluß mit der Dordogne aufwärts fährt, gelangt über Le Bugue schon nach wenigen Kilometern nach Les Eyzies, dessen Name mit dem Begriff der Vor- und Frühgeschichte und mit der prähistorischen Kunst engstens verbunden ist. Selbst wenn man nur wenig Zeit mitbringt, sollte man auf keinen Fall den Besuch von mindestens zwei typischen Höhlen mit vorgeschichtlichen Kunstwerken versäumen. Die berühmteste Höhle der Gegend ist *Font-de-Gaume*, gefolgt von *Les Combarelles*, *Rouffignac* und anderen, die noch ausführlich beschrieben werden. Doch zuvor sei ein Einblick in Gestalt und Wesen dieser jahrtausendealten Kunst versucht.

Die prähistorische Kunst

Geschichte ihrer Entdeckung und Erforschung

Die prähistorische Forschung ist erst knappe 100 Jahre alt, also eine recht junge Disziplin, die sich anfangs mühevoll ihre Stellung unter den Geisteswissenschaften suchen mußte, da sie zunächst von vielen Seiten belächelt und als Scharlatanerie abgetan wurde. Ihr Weg beginnt in Spanien, wo 1869 nahe dem kleinen Küstenort Santillana del Mar ein Jäger durch Zufall eine Höhle entdeckte. Der Besitzer des Grund und Bodens, auf dem die Höhle gefunden worden war, Graf M. de Sautuola, unternahm angeregt von den prähistorischen Kleinkunstwerken, die er auf der Weltausstellung 1878 in Paris gesehen hatte, Grabungen in der Höhle. Die kleine Tochter des Grafen begleitete ihren Vater gelegentlich bei seinen Arbeiten unter der Erde. Ihr war es beschieden, im Jahre 1879 die ersten eiszeitlichen Malereien zu entdecken, die ein Mensch der Neuzeit zu Gesicht bekommen sollte. Mit dem zu Geschichte gewordenen Ausruf »mira, Papa, toros pintados« (schau, Papa, gemalte Stiere) machte sie ihren Vater auf eine große Anzahl von Tierdarstellungen aufmerksam, die sich in einer niedrigen Grotte nur ca. 30 m vom Höhleneingang entfernt befinden. Heute zieht diese Pinakothek der Steinzeit Jahr für Jahr Tausende von Besuchern an: es ist die berühmte Höhle von Altamira.

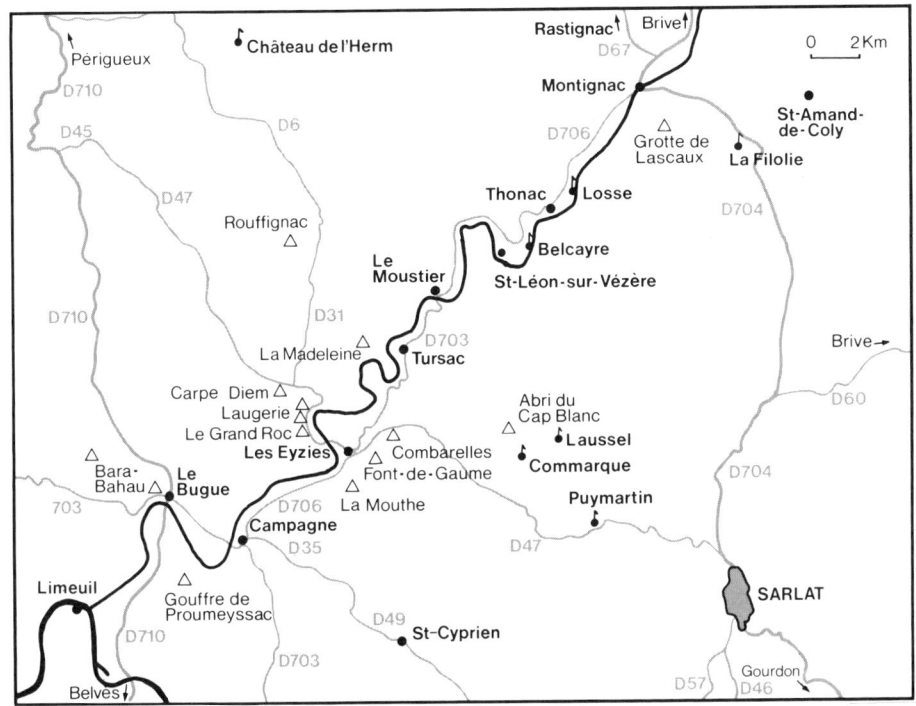

Das Vézère-Tal von Montignac bis Limeuil

Die Nachricht von der Entdeckung der Felsbilder wirkte wie ein Fanal. Zahlreiche Forscher und Laien fanden sich alsbald in Altamira ein, um die Kunstwerke zu untersuchen. Schon damals plädierten einige für ein eiszeitliches Alter der Bilder, aber sie standen zunächst auf verlorenem Posten, denn auf dem Internationalen Kongreß für Anthropologie und prähistorische Archäologie 1880 in Lissabon wurde die Echtheit der Bilder nicht nur bezweifelt, sondern sogar verworfen. Die Gruppe derer, die die Ansicht vertraten, die Malereien seien erst nach der Entdeckung der Höhle von einem Fälscher, der die Fachwelt zum Narren halten wollte, dort angebracht worden, hatte die Oberhand gewonnen. Lilo Berger-Kircher meinte dazu: »Das zu Ende gehende Jahrhundert in seinem zutiefst verwurzelten Fortschrittsglauben war noch nicht reif geworden für eine Entdeckung, die derart vollendete Werke in das Dunkel frühester Menschheitsgeschichte verwies«.[11]

Die Skepsis war insofern verständlich, als bis dahin die Kultur Vorderasiens und Ägyptens als die Wiege des Kunstschaffens der Menschheit galt. Die Entdeckung der Eiszeitkunst bedeutete deshalb einen tiefen Einbruch in das Geschichtsbild des 19. Jh. und verlangte von Grund auf ein Umdenken. Die Folgezeit arbeitete für die Verfechter der Echtheit der eiszeitlichen Bilder: 1883 fand der Prähistoriker F. Daleau in der Höhle Pair-non-Pair im Departement Gironde die ersten Felsgravuren, die unter bis dahin ungestörten Fundschichten zu Tage traten. Hier konnte es sich demnach nicht um Fälschungen handeln. Dennoch wurde der sensationelle Fund in der Wissenschaft hartnäckig totgeschwiegen. Auch die Entdeckung der Höhlen von La Mouthe im Departement Dordogne 1895 und von Marsoulas im Departement Haute-Garonne nur zwei Jahre später brachte die Diskussion nur schleppend wieder in Gang. Der Durchbruch gelang erst mit dem Beginn unseres Jahrhunderts. Abbé Henri Breuil und Denis Peyrony, Vertreter einer jungen Forschergeneration, fanden im September 1901 innerhalb weniger Tage die nahe beieinander gelegenen Höhlen Les Combarelles und Font-de-Gaume unweit der Stadt Les Eyzies. Erstere ist mit Hunderten von Ritzzeichnungen, letztere mit zahlreichen Malereien ausgestattet. Beide Höhlen gehören zu den bedeutendsten ihrer Art. Breuil, damals Dozent für Vor- und Frühgeschichte an der Universität Fribourg in der Schweiz, erinnerte sich der verfemten Bilder von Altamira. Er lud den schärfsten Gegner der eiszeitlichen Datierung der Bilder, Professor E. Cartailhac von der Universität Toulouse, zu einer gemeinsamen Reise nach Altamira ein. 1902 brachen die beiden nach Spanien auf. Den Argumenten Breuils konnte sich auch Cartailhac nun nicht länger widersetzen. Besonders eine Beobachtung Breuils, die dieser in Font-de-Gaume gemacht hatte, nahm Cartailhac und anderen Kritikern den Wind aus den Segeln. Zahlreiche Malereien waren nämlich mit einer feinen Kalksinterschicht überzogen, die unmöglich von Menschenhand stammte, sondern nur durch jahrtausendelanges Wachstum entstanden sein konnte. Es spricht für die Größe Cartailhacs, daß er in einer viel gelesenen Schrift ›Mea culpa d'un Sceptique‹ (Schuldbekenntnis eines Skeptikers) seine früheren Zweifel widerrief. Endlich herrschte Einigkeit darüber, daß die Felsbilder von Altamira, Font-de-Gaume und anderen Höhlen in das geschichtliche Dunkel der Eiszeit zu stellen sind.

In der Folgezeit wurden fast jährlich neue bedeutende Höhlen mit eiszeitlichen Malereien oder Ritzungen gefunden, die nach und nach ein geschlosseneres Bild der prähistorischen Kunst entstehen ließen, für die man bald den Begriff des ›franko-kantabrischen Kunstkreises‹ prägte. In Nordspanien entdeckte man 1903 El Castillo, Covalanas und Hornos de la Pena, 1911 La Pasiega, 1914 Pena de Candamo, 1916 Santimamine, und im südwestlichen Frankreich 1906 Niaux, 1908 Le Portel, 1909 Cap Blanc, 1912 Tuc d'Audoubert, 1914 Trois Frères, 1922 Pech Merle und schließlich 1940 Gabillou und Lascaux, letztere die bedeutendste von allen. In den fünfziger Jahren häuften sich die Entdeckungen noch einmal: 1953 Cougnac bei Gourdon, 1956 Rouffignac bei Les Eyzies und 1958 Villars, 40 km nördlich von Périgueux. Wenn auch heute die Entdeckung der Eiszeitkunst weitgehend als abgeschlossen angesehen wird, kann es als sicher gelten, daß noch eine unbekannte Zahl von Höhlen ihrer Erforschung unter dem Erdboden harrt. Da es keine wissenschaftliche Methode zum Aufspüren solcher Höhlen gibt, werden es immer wieder Zufälle sein, die den Weg zu neuen Reichtümern öffnen. Meistens waren es spielende Kinder, streunende Hunde oder verlaufene Schafe, die zu den Schätzen der Vorgeschichte führten. Der Weg der Entdeckung der Eiszeitkunst und ihrer Erforschung liest sich spannend wie ein Kriminalroman. Er konnte hier nur skizziert werden; in aller Ausführlichkeit hat ihn eindringlich einer der größten Prähistoriker unserer Tage, Herbert Kühn, nachgezeichnet.[12]

Gestalt und Deutung

Im Großen lassen sich drei Kunstgattungen trennen: die Malerei, die Ritzung und das Relief bzw. die Vollplastik. Die Zeugnisse der Malerei nehmen dabei den weitesten Raum in Anspruch. Meistens wurden Tiere, nur in vereinzelten Fällen Menschen dargestellt. Dabei tritt uns das Bild einer zum Teil ausgestorbenen Fauna vor Augen, andere Arten leben heute nur noch in entlegenen Regionen. Am häufigsten erscheinen Mammuts mit gewaltigen Stoßzähnen, Bisons, Wildpferde, Hirsche, Rentiere und Steinböcke, seltener sind Darstellungen von Raubkatzen, Bären, Nashörnern, Antilopen, Fischen und Vögeln. Es fällt auf, daß nie ein szenischer Zusammenhang zwischen den einzelnen Darstellungen besteht. Die Tiere stehen einzeln, isoliert nebeneinander. Auch dort, wo sie als Reihe hintereinander erscheinen wie in Font-de-Gaume oder Cap-Blanc, ist offenbar nicht die Idee der Herde oder des Rudels intendiert. Überraschend und faszinierend ist aber immer die naturnahe Lebendigkeit, mit der jedes Tier gezeichnet ist. Dabei wurden oftmals Unebenheiten im Fels der Gestalt nutzbar gemacht, indem natürliche Wölbungen des Gesteins zur Betonung körperhafter Wölbungen wie Kopf, Schenkel oder Hüfte geschickt in die Darstellung einbezogen wurden. Die Lebendigkeit der meisten Bilder wird durch die Frische der verwendeten Farben, die oft auch noch nach Jahrtausenden an Leuchtkraft kaum verloren haben, unterstrichen. Die Menschendarstellungen der Höhlenkunst sind dagegen immer nur in Ritzung und schemenhaft angegeben.

Der Sinn der Bilder ist zur Zeit ihrer Entdeckung unklar gewesen. Erst seit den zwanziger, dreißiger Jahren unseres Jahrhunderts herrscht Einigkeit in ihrer Deutung. Früher unterstellte man ihnen rein dekorativen Charakter, eine Fehleinschätzung, die damit zusammenhing, daß man zunächst die Höhlen als den natürlichen Wohnraum der jungpaläolithischen Jäger ansah. Die allerorts durchgeführten Grabungen haben jedoch nirgends Gegenstände des täglichen Lebens erbracht wie Werkzeug, Eßgerät oder Feuerstellen, dagegen fand man solche Dinge in großer Zahl unter den Felsüberhängen, den sogenannten *Abris*, vor den Höhleneingängen. Damit wurde klargestellt, daß die Menschen *nicht in*, sondern *vor* den Höhlen hausten, die auch als Wohnstätten durch ihre Feuchtigkeit und ihr undurchdringliches Dunkel denkbar ungeeignet waren. Unter den Abris war man auch gegen die Unbilden der Witterung geschützt und hatte zudem das Tageslicht als natürlichen Licht- und Wärmespender. Den Höhlenbildern muß demnach ein tieferer Sinn zugrunde liegen, der nur im kultisch-religiösen Bereich gesucht werden kann. Für den eng mit der Natur verwachsenen Eiszeitmenschen war das Tier Nahrungsquelle und damit Lebensspender, um das sein ganzes Denken kreiste. Die bescheidenen Mittel, die ihm für die Jagd zur Verfügung standen, machten den Beutegang jedesmal zum gefährlichen Unterfangen. Oft reichten die Waffen nicht aus, und man nutzte die topographischen Gegebenheiten, sich die Nahrung zu sichern. Über den berühmten Felsen von Solutré in Burgund, der nach Westen sacht ansteigt, um dann jäh in einem Steilhang abzufallen, trieb man eingekreiste Herden von

Wildpferden, die sich in der unvermuteten Schlucht zu Tode stürzten. Die Bildwerke sind eine Art magischer Beschwörung, dem Jäger zum Erfolg zu verhelfen. In der gemalten Darstellung des Tieres wurde die erhoffte Beute an die Wand geheftet, eine totemistische Bildvorstellung, die man heute noch bei bestimmten Primitivvölkern des afrikanischen Kontinents findet. Diese Vermutung wird durch zahlreiche Beispiele erhärtet, wo sich auf den Tierleibern die Umrisse von Menschenhänden zeigen; die besterhaltenen Bilder dieser Art sieht man in Pech-Merle. Die Hände wurden offenbar auf den Fels gelegt und mit Farbe bepustet oder ummalt, wodurch die Umrisse der Hand auf dem Tierkörper haften blieben. Diese Beschwörungsgeste des Handauflegens konnten Ethnologen noch in unseren Tagen bei australischen Ureinwohnern beobachten. Daneben gibt es weitere Indizien, die auf einen Jagdzauber hinweisen: Etliche Tiere sind mit Strichen versehen, von denen einige als Pfeile oder Wurfspieße identifiziert werden konnten. Berühmt ist auch die Darstellung eines Mammuts in Font-de-Gaume, der in eine stilisierte Fallgrube geraten ist.

Eine zweite Bildergruppe, die nicht in der Malerei, sondern bislang nur in der Reliefkunst und in der Plastik nachgewiesen wurde, diente augenscheinlich einem Fruchtbarkeitskult. Das berühmteste Beispiel dieser Gattung ist das Relief der ›Venus von Laussel‹, die ihren Namen nach dem Fundort Laussel (Dordogne) erhielt (Farbt. 15). Es zeigt eine nackte Frauengestalt mit überproportionierten Geschlechtsmerkmalen, deren zur Seite gewandter Kopf ohne jeden Gesichtszug geblieben ist. Das Bisonhorn, das sie in der rechten Hand hält, wurde als weiterer Hinweis auf den symbolischen Charakter der Fruchtbarkeit interpretiert.

Da die Felsbilder kultischen Inhalts sind und die Höhlen entsprechend als Kulträume anzusehen sind, liegt es nahe, in den Malern eine Priester- oder Zaubererkaste zu sehen, die vor einer Jagd ihren guten Ausgang beschwörte. Vor den Bildern wurden möglicherweise kultische Tänze aufgeführt. In der Höhle von Tuc d'Audoubert wurden Fußspuren entdeckt, wie sie in dieser Form nur von Tanzenden in den Boden gestampft worden sein können. Auch Musik konnte dazu erklingen; in zahlreichen Höhlen wurden Schwirrhölzer gefunden, die an Schnüren in der Luft gewirbelt einen summenden Ton erzeugen. Daneben fand man Pfeifen und eine kleine Anzahl von Flöten aus Röhrenknochen, die auch heute noch, wenn man auf ihnen bläst, ihren rätselhaften Ton erklingen lassen. All dies spricht dafür, daß die Felsbilder als Teil eines differenzierten Kultes zu verstehen sind.

Technik, Material und Erhaltung

Die Felszeichnungen wurden mit hartem Stein oder auch zugespitzten Knochen in den relativ weichen Kalkstein geritzt, während die Herstellung der Malereien schon größere technische Kenntnisse erforderte. Der Grundstoff waren Erdfarben: roter Ocker, Rötel, schwarze Erde, ferner Brandreste und Eisenoxyd-Materialien. Die chemische Untersuchung zeigte, daß die zu Pulver zerstoßenen Farben mit tierischen Substanzen wie Fett, Blutserum und Eiweiß als Bindemittel versetzt wurden. Als Pinsel dienten mit Tierhaaren durchzogene Röhrenknochen verschiedener Größe und Stärke. Die Höhlen waren mittels kleiner Lampen aus Fett beleuchtet, die man heute in etwa zwei Dutzend Exemplaren nachweisen kann.

Die Tatsache, daß so viele Kunstwerke in den eiszeitlichen Höhlen bis in unsere Tage ihr ursprüngliches Aussehen weitgehend bewahren konnten, grenzt an ein Wunder. Die Gefahren der Zerstörung waren vielfältig: Erdbeben, jahreszeitlich bedingte Temperaturschwankungen und Veränderungen der Luftfeuchtigkeit sowie chemische Prozesse bedrohten die Felsbilder. In zahlreichen Höhlen herrschten jedoch glücklicherweise Bedingungen, die für ihre Erhaltung günstig waren. Besonders dort, wo recht kleine Zugänge einen regeren Austausch der Luft verhinderten, konnten sich Temperatur und Feuchtigkeitsspiegel weitgehend konstant halten. Die beste Konservierung erfand die Natur selbst: Langsam eindringendes Wasser löste den Kalk des Felsens und überzog im Laufe der Jahrtausende viele Bilder mit feinem Sinter, der so dünn ist, daß sie immer noch gut zu erkennen sind. Dort aber, wo die Malereien erst aufgetragen wurden, nachdem sich die Sinterschicht bereits gebildet hatte, waren sie durch Korrosion stark gefährdet. In Lascaux ist dies der Fall. Nach der Entdeckung der Höhle waren die Bilder durch den großen Besucherstrom einem veränderten Milieu ausgesetzt. Der menschliche Atem erhöhte die Luftfeuchtigkeit und führte schließlich zu einem Befall von Pilzen und Destruktionsfäule, gegen die es bis heute kein geeignetes Mittel gibt. Lascaux wurde deshalb Mitte der sechziger Jahre geschlossen und ist heute nur noch einem kleinen Kreis von Forschern zugänglich. In Font-de-Gaume, Rouffignac und anderen Höhlen ist dagegen die Sinterschicht über den Bildern nach wie vor eine so ausreichende Konservierung, daß sie weiterhin der Öffentlichkeit zugänglich sind. Jedoch wird auch in diesen Höhlen ein ständiger Kampf gegen von außen eindringende Algen, Moose und Flechten geführt. Am Rande sei noch die Zerstörung durch Menschenhand erwähnt. Leider haben noch in unseren Tagen viele Touristen in Unverständnis Bilder mit dümmlichen Monogrammen überkritzelt, weshalb man in zahlreichen Höhlen das Bodenniveau künstlich absenkte.

Ursprung und Entwicklung

Spuren menschlicher Kultur lassen sich bis in den Beginn des Eiszeitalters zurückverfolgen, d.h. in die Zeit vor ca. 600000 bis 800000 Jahren. Aus dieser Frühzeit sind lediglich bescheidene Steinwerkzeuge und gegen Ende des Altpaläolithikums bearbeitete Knochen bekannt. Mit Beginn des Jungpaläolithikums tritt ein neuer Menschentypus auf, der den Neandertaler ablöst und dem Homo sapiens in allen wesentlichen Merkmalen bereits entspricht: der *Cro-Magnon*-Mensch. Er lebt nicht mehr in kleinen Gruppen umherziehender Wildbeuter, sondern formiert sich in der Großfamilie oder im Zusammenschluß mehrerer Sippen und siedelt unter den bereits beschriebenen Abris. Er ist auch der Schöpfer der Eiszeitkunst, deren früheste Anfänge in die Zeit um 40000 v. Chr. datiert wurden. Die ältesten bekannten Kunstäußerungen sind die ›Makkaroni‹, parallel zueinander verlaufende Ritzspuren (Gargas, Pech-Merle), die keinen erkennbaren Bildinhalt vermitteln. Man führt sie zurück auf Kratzspuren von Bären an den Höhlenwänden, die dann von Menschenhand künstlich nachgeahmt wurden. Daraus sind irgendwann im Aurignacien bildliche Darstellungen erwachsen, die in ihren Anfängen noch steif und hölzern wirken (Bara-Bahau). Da in vielen Höhlen Bilder in mehreren voneinander zeitlich unabhängigen Schichten übereinander anzutreffen sind, läßt sich ein Weg der künstlerischen Entwicklung nachzeichnen. Noch im späteren Aurignacien, gegen die Zeit um 20000 v. Chr., wird die Malweise lockerer, die Konturen weicher und die Farbpalette reichhaltiger. Die Tiergestalten sind zumeist schwarz umrandet, der Corpus farbig ausgemalt. In den Pyrenäen-Höhlen herrschen Rottöne, in denen des Vézère- und des Dordogne-Tals bräunlich-gelbe und schwarze Farben vor.

Die an das Aurignacien anschließende Phase des Solutréen hat vorwiegend Ritzungen und Reliefs hervorgebracht. Sie gilt als eine Art Übergangsepoche zum Magdalénien, das etwa in die Zeit zwischen 18000 und 10000 v. Chr. datiert wird. Das Magdalénien bringt die volle Entfaltung und Blüte der franko-kantabrischen Kunst. Die Tierdarstellungen werden nun häufig durch Streifen oder Punkte belebt (Pech-Merle), sowohl die Binnenzeichnung als auch die äußeren Umrisse der Kompositionen geraten weicher und sicherer. Die Tiere erscheinen nicht mehr nur im Stand, sondern auch in Bewegung, laufend, galoppierend, sich wendend oder tödlich getroffen niedersinkend. Die vollendete Beherrschung der Polychromie hat entscheidenden Anteil an der naturnahen Wiedergabe der dargestellten Figuren. Erst gegen Ende des Magdalénien weicht die naturhafte Darstellungsweise einer immer stärkeren Stilisierung, wie sie sich besonders in den gravierten Ritzbildern ausprägt. Die Linien werden geschwungener, lösen sich zunehmend von der im frühen und mittleren Magdalénien so charakteristischen exakten Naturbeobachtung, und nähern sich mehr und mehr der völligen Abstraktion im Mesolithikum und Neolithikum.

Diese Entwicklung hat in der früheren Vorgeschichtsschreibung zu Irrtümern geführt. Breuil und Peyrony standen noch zu sehr in der Tradition des 19. Jh., um sie zu erkennen: sie sahen den künstlerischen Fortschritt als Evolutionsprozeß von der skizzierten Zeichnung zum vollendeten gemalten Bild. Erst die neuere Forschung, allen voran H. Kühn, dem wir weitgehend den heutigen Stand der Kenntnis verdanken, hat deutlich gemacht, daß die Entwicklung der Kunst immer wieder vom Naturalismus zur Abstraktion führt. Kühn vergleicht den Weg der Magdalénienkunst mit ihren bestechend naturgetreuen Bildern zu abstrakt verschlüsselten Zeichnungen der Folgezeit mit dem der Kunst unserer Tage; auf den Impressionismus folgte über eine Phase der Stilisierung der Expressionismus und schließlich die abstrakte Malerei.[13]

Epochenübersicht

Die Archäologie benennt Fundstücke und Epochen nach dem Ort ihrer Entdeckung. Die Tatsache, daß fast alle prähistorischen Epochen Namen südwestfranzösischer Orte tragen, ist ein Zeichen für die eminente Bedeutung dieses Gebietes. Nebenstehendes Schema veranschaulicht die Entwicklung des Menschen in den verschiedenen altsteinzeitlichen Perioden.

DIE ZEITALTER DES PALÄOLITHIKUMS (ALTSTEINZEIT)			
Perioden	Klima	Menschheits-Entw.	Jahre

	Perioden	Klima	Menschheits-Entw.	Jahre
Jung-Paläolithikum	MAGDALÉNIEN SOLUTRÉEN AURIGNACIEN PÉRIGORDIEN	Würm-Eiszeit	HOMO SAPIENS (Cro-Magnon, Chancelade, Grimaldi) 	10 000 v. Chr. 18 000 40 000
Mittel-Pal.	MOUSTÉRIEN LEVALLOISIEN TAYACIEN	Warmzeit (Interglazial)	NEANDERTALER (Moustier, Ferrassie) 	150 000
Alt-Paläolithikum	ACHEULÉEN	Riss-Eiszeit	Mensch von Fontechévade (Charente)	
		Warmzeit		
	CLACTONIEN	Mindel-Eiszeit	Mensch von Swanscombe (England)	
	ABBEVILLIEN	Warmzeit	 Mensch von Java, sog. Pithecanthropus	800 000
		Günz-Eiszeit		ca. 1 000 000

133

Les Eyzies, Hauptstadt der Vor- und Frühgeschichte

Die größte Anzahl prähistorischer Höhlen und Fundstätten findet sich in einem relativ kleinen Umkreis im Tal der Vézère, insbesondere bei Les Eyzies. Höhlen in den Tälern des Lot und der Dordogne liegen einzeln und zum Teil weit verstreut. Wer sich einen Überblick über die prähistorische Kunst und Kultur verschaffen will, beginnt deshalb seine Studien am besten in Les Eyzies. Voller Stolz nennt sich das Städtchen ›Hauptstadt der Prähistorie‹, ein Titel, der zwar hochtrabend anmutet, aber der Situation vollauf gerecht wird. Der kleine Ort zieht sich schmal am Ufer der Vézère entlang, in seinem Rücken wächst ein gewaltiger Abri auf. Auf dessen halber Höhe, etwa 30 m über dem Ort, befindet sich eine schmale, von der Natur gebildete Terrasse. Hier hatten bereits im 12. Jh. die Herren von Tayac, Vasallen der Barone von Beynac, eine Burg errichtet, die im 16. Jh. durch weitgreifende bauliche Veränderungen ihr trutziges Aussehen mit dem freundlichen Gesicht eines Renaissance-Schlößchens tauschte. In der Revolution wurde die Burg fast völlig zerstört und blieb lange als Ruine stehen. Erst 1913 wurde das Gemäuer auf Betreiben Peyronys vom Staat aufgekauft, restauriert und als Museum eingerichtet. Ein Museum war zu diesem Zeitpunkt dringend notwendig, denn immer mehr Souvenirjäger und Hobby-Archäologen hatten bereits unzählige Fundstücke in alle Welt verstreut, und die aus offiziellen Grabungen geborgenen Stücke lagen ungeordnet in Kästen durcheinander. 1918 konnten die ersten Ausstellungsräume der Öffentlichkeit übergeben werden. Erneute restauratorische Maßnahmen zu Anfang der siebziger Jahre brachten erweiterte Räumlichkeiten und eine Neuordnung der Bestände, die heute als umfangreichste Sammlung prähistorischer Funde auf der Welt gelten.

Vor der Besichtigung der Höhlen unternimmt man am besten einen Rundgang durch dieses *Museum*, denn es bietet die geeignete Einführung in das Thema. Der Besucher gelangt über eine bequeme Treppe vom Ort auf die Terrasse. Vor dem Museum steht eine überlebensgroße, stilisierte Statue eines Neandertalers, die von dem Bildhauer Dardé geschaffen wurde. Im ersten Ausstellungsraum informieren drei große Schautafeln über die Abfolge der eiszeitlichen Epochen und die Entwicklung der Werkzeugherstellung. Ihnen gegenüber stehen drei Bronzebüsten der Museumsgründer. Rechts schließt sich ein Raum an mit Beispielen prähistorischer Kunst: geschnitzte Elfenbeine (Abb. 44), kleine Flachreliefs und bearbeitete Knochen. In einer Vitrine sieht man die Kopie der berühmten ›Venus von Laussel‹ (Farbt. 15); das Original befindet sich in Bordeaux im Musée d'Aquitaine. Die klare Ordnung der Exponate und die knappe, gut verständliche Information auf den Schrifttafeln geben Auskunft über die zeitliche Entwicklung und Einstufung der Kunstgegenstände. Im ehemaligen Wachraum des Schlosses sind in Vitrinen zahllose Handwerkszeuge vom Altpaläolithikum bis zur Bronze- und Eisenzeit ausgestellt. Dazwischen finden sich einige Nachbildungen von Tonmodellierungen aus dem Magdalénien. Eindrucksvoller Mittelpunkt des Raumes ist ein gewaltiger Kalkblock (im Kamin) aus dem Fund von Fourneau de Diable mit Darstellungen von Stieren (Abb. 43), der in einer Schicht des Solutréen freigelegt wurde. Man begibt sich nun durch den Hof hinüber in den anderen Flügel des Schlosses. Hier ist unter anderem das Original eines Grabes aus dem Magdalénien mit einem Skelett in Hockerstellung untergebracht. Es handelt sich um die Überreste einer Frau, die mit zahlreichen Feuersteinen, kleinen Tierknochen und einer Halskette aus Hirschzähnen bestattet worden war. Diese Grabbeigaben sind im selben Raum in Vitrinen ausgestellt.

Die Räume im Obergeschoß sind derzeit nicht zugänglich; in ihnen sollen Fundstücke aus verschiedenen neueren Grabungen gezeigt werden. Ferner befindet sich hier eine Bibliothek mit über 5000 Bänden zur Vor- und Frühgeschichte, die aber nur Wissenschaftlern zu Forschungszwecken offensteht. Durch den Museumsbesuch bestens gerüstet kann man sich nun den Höhlen zuwenden.

Die Höhlen und Fundstätten

Font-de-Gaume

Nur wenige 100 Meter außerhalb Les Eyzies' führt ein schmaler Pfad von der D47 abzweigend bergan, an dessen Ende sich unter einem Abri der Eingang zur Höhle Font-de-Gaume öffnet. Die Existenz der Grotte war schon länger bekannt, bevor Peyrony und

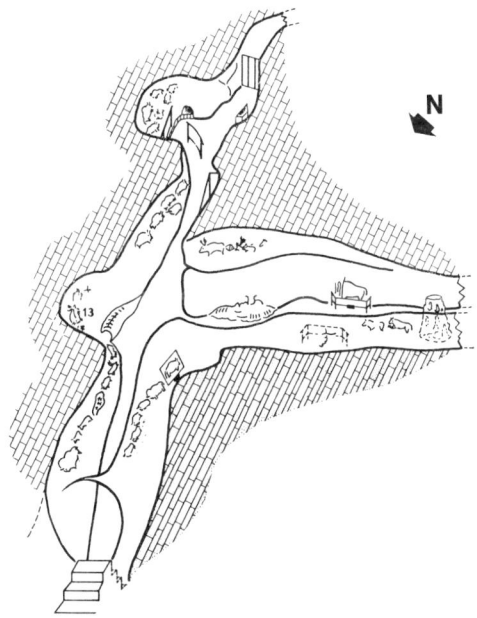

Höhle Font-de-Gaume, perspektivischer Plan
(Zeichnung von P. Vidal)

Font-de-Gaume, Bisons (Zeichnung von P. Vidal)

Breuil sie 1901 untersuchten; die Malereien jedoch wurden erst von diesen beiden entdeckt. Durch einen schmalen Gang, genannt der *Rubicon*, gelangt man in den schlauchförmigen Hauptsaal der Höhle. Mit ihren drei Abzweigungen hat sie eine Gesamtlänge von 120 m. Das Bodenniveau wurde künstlich abgesenkt, um die Bilder vor dem Zugriff der Besucher zu sichern. Man zählte fast 200 Tierdarstellungen, darunter 80 Bisons, 40 Wildpferde und 23 Mammuts. Hervorzuheben sind der Bisonfries im Hauptsaal nahe dem Eingang, ein weiterer Fries derselben Art in der linken Seitenhöhle, ein Wolf am Durchgang zu diesem Teil der Höhle und ein Nashorn im Innersten, das den Besuchern jedoch meistens leider vorenthalten wird. Bei einer Restaurierung in den Jahren 1967/68 wurden weitere Tierdarstellungen entdeckt, darunter auch zahlreiche Ritzungen. Nur wenige Bilder sind monochrom (schwarz), die meisten polychrom gemalt, mit einer Farbenpalette, die vom zarten Gelb über Ocker und Braun bis hin zu satten Rottönen reicht. An etlichen Beispielen ist die geschickte Einbeziehung der natürlichen Felswölbungen in die Komposition zu beachten; vor allem senkrecht sich am Gestein herunterziehende Sinterbildungen wurden dabei in die vorderen oder hinteren Extremitäten der Tiergestalten als plastische Komponente eingearbeitet. Die überwiegende Zahl der Bilder wird in das frühe Magdalénien datiert, also grob gesagt in die Zeit um 15000 v. Chr. Die Tiere sind mit packender Wirklichkeitsnähe erfaßt. Font-de-Gaume zählt zu den bedeutendsten prähistorischen Fundstätten. Der Rang ihrer Bilder ist gleich hinter Lascaux und Altamira, den beiden schönsten Höhlen überhaupt, einzustufen.

Les Combarelles

Nur wenige Tage vor der Entdeckung der Felsbilder in Font-de-Gaume hatten Breuil und Peyrony die nahe gelegene Höhle Les Combarelles untersucht und waren dabei auf eine unübersehbare Menge von Felsritzungen gestoßen. Die Höhle besteht aus einem verzweigten System von zwei großen Gängen, die zusammen über 500 m lang sind. Sie gabeln sich gleich hinter dem Eingang. Der linke setzt sich nach ein paar 100 m in einem kleinen unterirdischen Bach fort, der auch heute noch nach heftigen Regenfällen die Gänge der Höhle überfluten kann. Man hat mehr als 300 Ritzzeichnungen festgestellt, deren Identifizierung oftmals erhebliche Schwierigkeiten bereitete, da nur wenige Tiere isoliert stehen; die meisten sind durch wiederholtes Darüberzeichnen ineinander verschachtelt. Keine andere

Höhle kann sich mit der großen Zahl der Darstellungen und vor allem mit der unerhörten Bandbreite der vertretenen Tiergattungen messen. Neben den verbreiteten Arten Wildpferd, Mammut, Bison, Steinbock und Rentier erscheinen Raubkatzen, Löwen, Bären und sogar ein Fuchs (Abb. 42, 45). Der linke Gang ist der reichere von beiden, aber auch im rechten finden sich Darstellungen von Mammuts, Pferden und Bisons, sogar ein Nashorn konnte entdeckt werden. Die sicher erfaßte Anatomie und die lockere Strichführung weisen die Kunstwerke in denselben zeitlichen Rahmen wie die Malereien von Font-de-Gaume, also ins Magdalénien. Man muß sich Zeit nehmen für die Besichtigung dieser Höhle, da das Auge lange braucht, bis es sich an das schummrige Licht einiger spärlicher Glühbirnen gewöhnt hat und die oftmals kaum zu entwirrenden Linien zur Kontur einzelner Tierleiber fügen kann. Aber es ist dann jedesmal wie eine beglückende Neuentdeckung, wenn es gelingt, einen Löwen, ein Mammut oder irgendein anderes Tier in seiner vollen Gestalt zu erfassen. Dieses kleine Erfolgserlebnis kann zu einem der schönsten Eindrücke einer Reise werden und wesentlich dazu beitragen, daß einem das rätselhaft Hintergründige der Eiszeitkunst näherkommt.

Abri du Cap-Blanc

Kurz hinter Les Combarelles zweigt die D 48 ab, die im Tal der *Beune,* eines winzigen Nebenflusses der Vézère, aufwärts führt. Auf einem Pfad durch den Wald gelangt man auf eine kleine Lichtung, die einen herrlichen Blick auf die Ruine des *Château Commarque* freigibt. Die aus dem 13. Jh. stammende Burg fiel 1406 durch Verrat in die Hand der Engländer, wurde aber alsbald vom Seneschall des Périgord zurückerobert und den Besitzern wieder überantwortet. Die Lichtung wird rückwärts durch einen Felsüberhang begrenzt, unter

Höhle Les Combarelles bei Les Eyzies, Felszeichnungen aus dem Magdalénien (nach Henri Breuil)

dem 1909 der Archäologe Lalanne nach dem Abraum meterhoher Aufschüttungen einen sensationellen Fund machte. Er legte einen Fries von mehreren Pferden frei, die auf einer Länge von 15 m als Relief aus dem gewachsenen Felsen geschlagen sind (Abb. 47). Sie sind etwa halb lebensgroß und heben sich bis zu 30 cm vom Grunde ab; das größte Pferd ist über zwei Meter lang. Bei ihrer Entdeckung sollen noch Farbspuren einer ehemaligen Bemalung bemerkt worden sein. Neben den Pferden erscheinen auch noch zwei Hirschköpfe und einige Bisons, die aber offenbar unfertig blieben. Die Kunstwerke von Cap-Blanc gehören zu den frühesten Monumentalreliefs der Menschheitsgeschichte, ihr Rang ist nicht hoch genug zu schätzen. Sie zeigen dieselbe naturnahe Ausformung, die für die Malereien in Font-de-Gaume und für die Ritzzeichnungen in Les Combarelles so charakteristisch ist, und werden deshalb gleichfalls ins Magdalénien datiert. Um diese Kostbarkeiten vor Witterungs-einflüssen und Menschenhand zu schützen, wurden sie hinter einer Mauerverschalung geborgen, die zwar das Landschaftsbild stört, aber wohl unumgänglich war. Bei den Ausschachtungsarbeiten dafür wurde eine noch unter dem Magdalénien befindliche Schicht entdeckt, die das Grab einer jungen Frau barg. Das Original des Skeletts und des Bestattungszusammenhanges geriet durch Verkauf an ein Museum in den Vereinigten Staaten. Unter dem Abri, gleichfalls hinter der Ummauerung, ist heute eine Nachbildung dieses Grabes in einem Glaskasten aufgestellt.

Grotte von La Grèze

Derselbe Führer, der für Cap-Blanc zuständig ist, zeigt auf Verlangen auch die ein paar 100 m weiter gelegene Grotte von La Grèze. Es handelt sich um eine unter einem Felsvorsprung geschützt liegende, fast kreisrunde Vertiefung mit nicht ganz zehn Metern Durchmesser, die 1904 von Ampoulange freigelegt und erforscht wurde. Verschiedene kleine Fundstücke ließen sich ins Périgordien, Solutréen und Magdalénien datieren. An den Felswänden sind Reste einiger Ritzzeichnungen zu erkennen. Sehr gut erhalten hat sich die Darstellung eines Bisons. Interessant ist hier die perspektivische Verschiebung: Das Tier ist im Profil wiedergegeben, der Kopf jedoch wendet sich dem Betrachter zu, so daß beide Hörner sichtbar werden.

Von hier lohnt noch der Abstecher zum Schlößchen *Laussel,* einer typischen kleinen Renaissance-Burg des Périgord. Es kann innen nicht besichtigt werden, da es sich in Privatbesitz befindet und bewohnt ist. Etwa 300 m hinter dem Schloß zweigt ein kleiner Weg ab, der durch den Wald hinunter ins Beune-Tal führt. Auf ihm gelangt man zu der Fundstätte von Laussel, wo die berühmte ›Venus von Laussel‹ 1909 durch Lalanne geborgen wurde. Heute sind dort keine Zeugnisse der prähistorischen Zeit mehr zu sehen.

Rouffignac

Wenige Kilometer nördlich von Les Eyzies kommt man zur weitläufigsten aller bekannten prähistorischen Höhlen: Rouffignac, auch genannt Cro de Granville, mit einem verzweigten System zahlreicher Gänge und Stollen, die sich zu einer Gesamtlänge von rund 10 km addieren! Diese Höhle war schon lange bekannt und diente in früheren Zeiten oft als

Zufluchtsort. Als 1956 Prähistoriker eine große Zahl eiszeitlicher Kunstwerke an den Felswänden entdeckten, entbrannte deshalb noch einmal eine heftige Kontroverse um deren Echtheit. Die Vermutung lag nahe, daß irgend jemand schon bekannte Felsmalereien nachgeahmt haben könnte, um die Wissenschaft zu irritieren. Aber die Bilder wurden als echt erkannt, nicht zuletzt dank der zu dieser Zeit bereits entwickelten C14–Methode, mit deren Hilfe Altersbestimmungen organischer Stoffe möglich ist. Die Weitläufigkeit der Höhlengänge macht den Besuch zu Fuß unmöglich. Es wurde eine kleine, elektrisch betriebene Eisenbahn installiert, in der der Tourist nun bequem die Zeugen der Vorzeit an sich vorbei defilieren lassen kann. Dabei wird eine Strecke von ca. 2 km zurückgelegt; die Felsdekorationen beginnen erst 600 m vom Eingang entfernt. Es handelt sich um Ritzungen und Malereien aus dem mittleren und jüngeren Magdalénien, die die aus anderen Höhlen bereits bekannte Fauna zeigen: Pferde, Bisons, Raubtiere, Steinböcke und Mammuts (Abb. 46). Insgesamt sind mehr als 200 Tiere dargestellt. Dabei fällt auf, daß das Mammut besonders häufig vorkommt, etwa auf der Hälfte aller Bilder. In einem Prospekt wird Rouffignac deshalb als ›Die Höhle der hundert Mammuts‹ angepriesen.

Nur etwa 10 km nördlich von der Höhle Rouffignac liegt einsam in einem Wald, dem *Forêt de Barade,* die Ruine des *Château de l'Herm.* Der kleine Umweg dorthin ist eine reizvolle Abwechslung im Rahmen der Besichtigung prähistorischer Stätten. Ein achteckiger Treppenturm mit einem spätgotischen Portal (Abb. 51) und zerstörte Teile der Wohntrakte mit einigen Kaminen zeugen von der Pracht der Burg des 15. Jh., mit der sich manche blutrünstige Geschichte verbindet. Jean Maubourguet hat sie alle in seinem Buch ›La tragique histoire du Château de l'Herm‹ zusammengetragen. Darin herrschen Mord und Totschlag selbst unter engsten Verwandten vor. Eugène le Roy wählte die Kulisse des Schlosses als Rahmen für seinen berühmten Roman ›Jacquou le Croquant‹. Manchem deutschen Leser wird das Château de l'Herm gut bekannt sein, weil der Roman Le Roys an Originalschauplätzen verfilmt und in mehreren Sendefolgen auch vom deutschen Fernsehen ausgestrahlt wurde.

Bara-Bahau

2 km westlich von Le Bugue wurde 1951 durch Norbert Casteret und seine Tochter die Caverne de Bara-Bahau entdeckt. Sie ist knapp 120 m lang und birgt rund 20 großformatige Ritzungen mit Tierdarstellungen, die nicht wie in Les Combarelles und andern Höhlen mit einem spitzen Gegenstand, sondern offenbar mit einem Finger oder einem stumpfen Werkzeug, möglicherweise einem abgebrochenen Ast in den Untergrund gezogen wurden, der hier aus weichem Mergelboden besteht. Die Zeichnungen wirken ungelenk und sind weit entfernt von den kunstvoll gestalteten Werken des Magdalénien. Wenn auch in ihrer Datierung keine Einigkeit besteht, gelten sie doch übereinstimmend als die frühesten bekannten Kunstwerke der Menschheit. Es handelt sich um tastende Versuche, die möglicherweise vor mehr als 20000 bis 30000 Jahren entstanden. Das Wissen um diesen Rang macht den Besuch von Bara-Bahau zu einem tiefen Erlebnis: Man steht hier an der Wiege menschlichen Kunstschaffens.

Tayac

Der Felsen von Tayac ist ein besonders schönes Beispiel eines Abri. Man erreicht ihn, wenn man in Les Eyzies im Ortsteil Tayac die Bahngleise überquert und die Vézère wenige 100 m flußabwärts verfolgt. Wer genügend Zeit hat, sollte nicht versäumen, zuvor noch einen Blick auf die alte *Kirche* von Tayac zu werfen. Im ausgehenden 11. Jh. erbaut, ist sie ein typisches Beispiel für eine Wehrkirche des frühen Mittelalters: Zwei trutzige Türme überragen die leicht am Hang ansteigende Kirche. Das Portal flankieren acht Säulchen, von denen mindestens zwei römische Spolien sind. Im Innern herrscht ein Eindruck von schlichter Strenge, der durch den offenen Dachstuhl noch unterstrichen wird. Der Felsen von Tayac trug gleichfalls ein Bauwerk des Mittelalters, eine Burg, von der aus der Weg entlang der Vézère kontrolliert werden konnte. Im Hundertjährigen Krieg war sie abwechselnd in Händen der Franzosen und der Engländer, auch Räuberbanden konnten sich ihrer vorübergehend bemächtigen. 1410 schließlich wurde sie nach langer Belagerung den Engländern durch die Garnison von Sarlat entrissen und bis auf die Grundmauern zerstört. Heute ist in der zum Teil wiederhergestellten Anlage ein speläologisches Museum untergebracht.

Gorge d'Enfer

Gleich hinter dem Felsen von Tayac gelangt man in ein enges Tal, Gorge d'Enfer genannt, in dem ein halbes Dutzend paläolithischer Siedlungsplätze nachgewiesen wurde. Der bekannteste ist der ›Abri-du-Poisson‹, benannt nach einem Relief aus dem Périgordien, das einen mehr als einen Meter langen Lachs zeigt. Der Fisch wurde 1912 entdeckt und sollte in einer Nacht-und-Nebel-Aktion an die Preußischen Museen in Berlin verkauft werden. Es waren bereits die Arbeiten zum Entfernen des Kunstwerks in die Wege geleitet, als man an offizieller Stelle Wind von der Sache bekam und durch Enteignung – der Abri befand sich auf privatem Boden – den Frevel noch in letzter Sekunde verhindern und so das Verbleiben des originellen Kunstwerks an seinem angestammten Platz sicherstellen konnte. Im Tal selber wurde ein Naturpark eingerichtet, in dem sich Tiere tummeln, denen wir immer wieder als Zeitgenossen des paläolithischen Menschen in den Höhlenbildern begegnen: Bisons, Hirsche, Wildschweine und Pferde.

Laugerie-Basse und Laugerie-Haute

Im Tal der Vézère abwärts gelangt man zu zwei weiteren bedeutenden Siedlungsplätzen des Cro-Magnon-Menschen. Das Dorf Laugerie-Basse (Abb. 48) wurde unter einem Felsüberhang über prähistorischen Ablagerungen errichtet, die schon im vorigen Jahrhundert entdeckt und untersucht wurden. Dabei stieß man 1872 in der Magdalénien-Schicht auf ein vollständiges Menschenskelett ähnlich dem, das heute im prähistorischen Museum in Les Eyzies aufbewahrt wird. Die Fundstücke der Ausgrabungen, die sich mit Unterbrechungen bis 1913 hinzogen, sind jetzt in Laugerie-Basse in einem kleinen, aber sehenswerten Museum ausgestellt.

Das nur 200 m weiter gelegene Nachbardorf Laugerie-Haute schmiegt sich gleichfalls unter einen weit vorkragenden Abri, dessen Öffnung nach Süden seit jeher einen optimalen Schutz gegen rauhe Nordwinde bot und dadurch für die Besiedlung bestens geeignet war. Bereits in der 1860er Jahren begannen hier erste Ausgrabungen, die in Etappen bis 1939 fortgeführt wurden; die meisten Fundstücke gelangten in das Museum von Les Eyzies. Insgesamt neun aufgedeckte archäologische Schichten vom Périgordien bis in das ausgehende Magdalénien belegen eine lückenlose Besiedlung des Platzes über eine Dauer von mehr als 20000 Jahren!

La Mouthe, Felsritzzeichnung eines Bisons

La Mouthe

Eine weitere prähistorische Sehenswürdigkeit ist die Höhle von La Mouthe. Der Weg zu ihr zweigt von der N 706 im Süden von Les Eyzies ab. Schon 1895 wurden hier Ritzungen und Malereien entdeckt, deren Erschließung jedoch große Schwierigkeiten bereitete, denn der Eingang zur Höhle war von gewaltigen Felsbrocken zugeschüttet, durch die nur ein junger, wendiger Mensch in das Innere vordringen konnte. Dadurch war aber auch ein erneuter Beweis für das hohe Alter der Felskunst erbracht. Das Abräumen der Gesteinsmassen zog sich über zehn Jahre hin. Die Höhle ist 120 m lang; erst tief im Innern, gut 100 m vom Eingang entfernt, befinden sich die Tierdarstellungen: Hirsche, Pferde und Bisons. Ein besonders wertvoller Fund war eine unversehrte, aus einem Stein gearbeitete Lampe.

Weitere Fundstätten

In der Umgebung von Les Eyzies gibt es noch zahlreiche weitere Fundstätten, an denen heute jedoch keine Spuren der paläolithischen Besiedlung mehr auszumachen sind. Fast alle Funde gelangten in das prähistorische National-Museum in Les Eyzies. Da die Fundorte jedoch meist in landschaftlich besonders reizvollen Gegenden liegen, sollen die wichtigsten der Vollständigkeit halber genannt werden. Für den Reisenden mit Zeit und Muße bieten sie bleibende Eindrücke. *La Madeleine* heißt ein kleiner Fundort unterhalb eines Felsens, etwa 2 km von Tursac Vézère-abwärts, der der wichtigen Epoche des Magdalénien seinen Namen gab. Hier wurde eine unübersehbare Anzahl an Steinwerkzeugen, Elfenbeinen, Knochen, Waffen und Gegenständen des täglichen Lebens ergraben. Weiter flußaufwärts gelangt man über *Tursac* (sehenswerte romanische Kuppelkirche!) nach *Le Moustier,* nach dem die letzte Phase des mittleren Paläolithikums benannt wurde. Kurz vor Le Moustier zweigt eine kleine Straße nach rechts ab, auf der man zum *Roque St-Christophe* gelangt, einer weiteren prähistorischen Siedlungsstätte.

Tropfsteinhöhlen im Umkreis von Les Eyzies

Über den zahlreichen Höhlen mit Zeugnissen prähistorischer Kunst sei auf keinen Fall vergessen, daß sich in derselben Gegend um Les Eyzies auch einige sehenswerte Tropfsteinhöhlen befinden, die nicht nur für ausgesprochene Naturfreunde, sondern auch für den kunstinteressierten Besucher der prähistorischen Höhlen besonders lohnend sind.

Le Grand Roc

Die schönste aller Tropfsteinhöhlen im Umkreis von Les Eyzies ist zweifellos Le Grand Roc. Die Höhle, die erst 1924 entdeckt wurde, liegt kurz vor dem Abri von Laugerie-Basse dicht an der D 47. Zu ihrem Eingang gelangt man auf einem Pfad, auf dem man rückschauend einen idyllischen Blick in das Tal der Vézère erlebt. Die Höhle ist mit ihren 50 m Tiefe nicht besonders lang, aber der Reichtum an bizarren Sinterbildungen (Excentriques) ist überwältigend. Man findet neben den bekannten Formen der Stalaktiten und Stalagmiten Erscheinungen, die jedem Naturgesetz zu widersprechen scheinen. Verwinkelte Spitzen drehen sich in alle Richtungen, verlaufen schräg oder bogenförmig; dadurch entstehen Gebilde, die sich mit etwas Phantasie als Korallen, als Mensch- oder Tiergestalten usw. deuten lassen. Eine raffinierte Ausleuchtung der Höhle hebt die Wirkung der einzelnen Formen noch hervor.

Carpe Diem

Vorbei an Laugerie-Basse und Laugerie-Haute führt die D 47 weiter zu einer Grotte mit dem originellen lateinischen Namen Carpe Diem (›Genieße den Tag‹, nach einem Zitat von Horaz). Tausende von Stalaktiten hängen von der Decke herab (Farbt. 14). Der gewundene

Gang zieht sich insgesamt 180 m tief in den Felsen. Auch hier wurde durch eine geschickte Beleuchtung eine eindrucksvolle Gesamtwirkung erzielt.

Gouffre de Proumeyssac

Etwas weiter entfernt, ca. 3,5 km südlich von Le Bugue liegt die Höhle von Proumeyssac. Auf dem Wege dorthin kommt man in dem Dorf *Campagne* an dem gleichnamigen Renaissance-Schlößchen vorbei, das malerisch in einem Park liegt. Proumeyssac gehört wie Padirac in die Kategorie der ›Gouffres‹. Die Höhlenöffnung ist nur ein relativ kleines Loch, durch das frühere Besucher in einem Korb hinabgelassen wurden – heute hat man einen bequemeren künstlichen Zugang geschaffen. Die Höhle, die annähernd 40 m tief ist, erweitert sich nach unten zu einem gewaltigen Saal von 60 mal 40 m. Neben einer großen Zahl von Stalagmiten und Stalaktiten begeistert die Vielfalt der Excentriques.

Die Vézère flußaufwärts

St-Léon-sur-Vézère

Von Le Moustier kann man die Fahrt auf beiden Seiten der Vézère flußaufwärts fortsetzen. Nach einer weiten Schleife des Flusses ragt am rechten Ufer aus dem wuchernden Grün der Büsche und Bäume die frühmittelalterliche Kirche von St-Léon-sur-Vézère (Farbt. 26), von ihrer landschaftlichen Lage her eine der schönsten im Périgord. Aber auch ihre Geschichte zeichnet sie gegenüber anderen Sakralbauten der Gegend aus. Bei Grabungen wurden nämlich Anfang der sechziger Jahre gallo-römische Fundamente in der Kirche freigelegt,

St-Léon-sur-Vézère, Choransicht der ehem. Prioratskirche

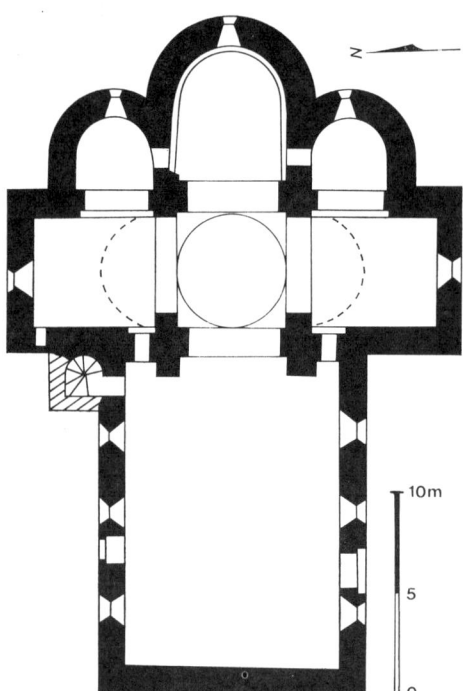

*St-Léon-sur-Vézère, Grundriß der ehem.
Prioratskirche (Zodiaque)*

und man fand Gräber aus der vorchristlichen Zeit, die sehr wahrscheinlich zu einer antiken Villa gehörten, über die später die mittelalterliche Kirche errichtet wurde. Das Hauptschiff fällt noch ins 10. Jh. und damit in jene Epoche, die man in Frankreich als ›l'art pré-roman‹ oder auch ›premier art roman‹ bezeichnet. Dagegen gehört das Querhaus dem 11. Jh., also der eigentlichen Romanik an. 1961 wurde die Kirche durch ein Hochwasser schwer beschädigt und anschließend vorbildlich restauriert. Früher gehörte ein kleines Priorat dazu, das in den Quellen erstmals 1153 erwähnt wird. Es war von Sarlat abhängig, in dem der aus St-Léon hervorgegangene Prior Guillaume de Sendreux 1333 einer der ersten Bischöfe der Stadt wurde. Nach wiederholten Zerstörungen während der Religionskriege wurden die Klostergebäude nicht wieder aufgebaut. Den schönsten Blick auf die Kirche hat man vom gegenüberliegenden Flußufer, auf das man über eine nahe gelegene Brücke gelangt.

In nächster Nähe liegen das *Château Clérans*, ein wirkungsvoll in die Landschaft gestellter Bau des 16. Jh., und der kleine Ort *Sergeac* mit malerischen Häusern des Mittelalters und der Renaissance, unter denen besonders das *Manoir des Templiers* auffällt. Von hier wählt man der schöneren Ausblicke wegen die am linken Ufer entlanggeführte D 65.

           1   SOUILLAC   Chorpartie der romanischen Abteikirche ▷

    2   CARENNAC   Romanisches Portal und Tympanon der ehem. Abteikirche ▷▷

4 Château MONTAL bei St.-Céré
◁ 3 BEYNAC an der Dordogne
5 UZERCHE an der Vézère

6   CAHORS   Kathedrale St-Etienne

8   Château MONTFORT im Dordogne-Tal (›Cingle de Montfort‹) ▷

7   ST-JEAN-DE-COLE   Alte Markthalle

10 Château de BONAGUIL bei Duravel im Quercy
◁ 9 Château LA TREYNE an der Dordogne
11 Burg und Dorf CASTELNAUD an der Dordogne

12 Marktplatz in SARLAT ▷

14   Grotte ›Carpe Diem‹ bei LES EYZIES

◁ 13   MONPAZIER   Blick durch die Arkadengänge am Marktplatz

16 Höhle von LASCAUX   Hirsch im ›großen Saal‹
15 ›Venus von Laussel‹   Prähistorisches Nationalmuseum in LES EYZIES (Kopie)
17 Höhle von PECH-MERLE   bei Cabrerets   Pferdefries mit Handumrissen

18 ›Abri‹ bei LES EYZIES

19 ›Les Cabanes‹ bei SARLAT

20 Waldhyazinthe

21 Affodil

22 Bocks-Riemenzunge

23 Bienen-Ragwurz

24 Affen-Knabenkraut
25 Pyramiden-Hundswurz

27   Kreuzgang der Zisterzienser-Abtei CADOUIN (Dordogne)

26   ST-LEON-SUR-VEZERE (Dordogne)

28   Abtei BRANTOME an der Dronne mit Renaissance-Pavillon   ▷

29 ST-EMILION (Bordelais)   Gotisches Portal der Felskirche

30 ST-EMILION   Gotische Kreuzgang-Ruine des Franziskaner-Klosters

31   Weingut Château Latour im MEDOC (Bordelais)

32   Weinernte im MEDOC

33   Weingut Château Margaux im MEDOC (Bordelais)

34, 35   PERIGUEUX   Bürgerhaus-Portale in der Altstadt

37 Kiefernwald-Landschaft im MEDOC
◁ 36 BORDEAUX   Allee de Tourny und Grand Théâtre
38 GIRONDE-Landschaft

39 PORT-DE-GOULEE (Gironde)   Verladen von Jungaustern zum Transport in das Becken von Arcachon

40 GUJAN-MESTRAS am Becken von Arcachon   Heimkehrende Austernfischer

41 ›Badefreuden in Arcachon‹ (Stich aus dem 19. Jh.)

42 Baskische Küste

43 ST-JEAN-DE-LUZ Esplanade am Hafen

44 ST-JEAN-DE-LUZ ›Haus der Infantin‹

45 COTE D'ARGENT ▷

Auf dem Weg nach Montignac

Schon kurz hinter Sergeac erhebt sich am gegenüberliegenden Ufer auf einem schiffsbugähnlichen Felsvorsprung das kleine *Château Belcayre* aus dem 15./16. Jh. über den Fluß (Abb. 50). Nur knapp 2 km flußaufwärts folgt das *Château de Losse*, das ähnlich wie Belcayre auf einem Felsen direkt über dem Wasser liegt. Obwohl gegen Ende des 16. Jh. errichtet, trägt das Renaissance-Schlößchen doch noch recht mittelalterlich anmutende Züge, die sich vor allem in dem Schutzgraben und in dem Wehrgang unterhalb des Dachansatzes widerspiegeln. Der Grund dafür dürfte in der Biographie seines Erbauers Jean II. de Losse zu suchen sein, der als überzeugter Katholik zeitlebens ein erbitterter Gegner des Hugenottenführers Vivans war und oftmals seine Burg als Zuflucht vor dem Feind dringend nötig hatte.

Wer auf der anderen Flußseite der D 706 gefolgt ist, kommt durch den hübschen Ort *Thonac,* in dem eine Straße abzweigt, die zu einer Anhöhe mit dem Namen *Le Thot* führt. Dort befindet sich ein großer Wildpark mit allen möglichen Tieren, die dem Menschen des Paläolithikums als Beute dienten (Bisons, Hirsche, Wildschweine etc.), und ein prähistorisches Zentrum, in dem man sich mit Hilfe moderner Informationsmittel (Filme, Fotos, Diapositiv-Vorträge) eine gute Übersicht über die prähistorische Kunst in Frankreich verschaffen kann.

Das Städtchen *Montignac* liegt beiderseits der Vézère (Abb. 49). Von einer mittelalterlichen Burg steht nur noch ein Turm, der Rest wurde bereits im Hundertjährigen Krieg zerstört und in der Revolution schließlich völlig abgetragen. In nächster Nähe südöstlich der Stadt liegt die berühmte Höhle von Lascaux.

Lascaux

Die Höhle von Lascaux wurde als ›Sixtinische Kapelle‹ der prähistorischen Kunst bezeichnet. In der Tat steht sie auf höchster Stufe, in ihr hat sich die Kunst der Steinzeit vollendet. Die Entdeckung von Lascaux ist wiederum einem Zufall zu danken: Spielende Kinder, die ihren entlaufenen Hund suchten, gerieten am 12. September 1940 durch einen schmalen Felsspalt in die Grotte. Breuil, den man hinzuzog, erkannte gleich den unschätzbaren Wert der sensationellen Entdeckung. Die Höhle ist nicht sehr groß; die Haupthalle und angrenzende Stollen sind zusammen weniger als 150 m lang. Wie in einem Kaleidoskop erscheinen in mannigfacher Farbgebung die Tierarten der Eiszeit: Pferde, Bisons, Steinböcke, Hirsche (Farbt. 16), Rentiere, Raubkatzen und Nashörner. Aber auch ein rätselhaftes Einhorn ist zu sehen, das als Fabelwesen oder auch als verkleideter Zauberer gedeutet wurde. Ferner fand sich eine der ganz seltenen szenischen Darstellungen: Ein Stier ist von einem Speer tödlich getroffen, Eingeweide quellen aus seinem Bauch, vor ihm liegt schräg eine stilisierte Menschengestalt. Man wollte in dieser Szene einen von dem Tier verwundeten Jäger oder auch einen beschwörenden Zauberer sehen, doch letztlich wird der Sinn verborgen bleiben. Die unterschiedlichen Stilstufen weisen darauf hin, daß die Höhle von

◁ 46 Detail des Eucharistie-Kästchens, Limoges-Email, 13. Jh., LIMOGES, Stadtmuseum (stark vergrößerter Ausschnitt)

Lascaux in allen Phasen der Eiszeit belebt war. Monochrome, strichartige Malereien wurden in die Frühzeit des Aurignacien datiert, die locker gemalten, polychromen Bilder dagegen ins Magdalénien gestellt.

Das Schicksal von Lascaux ist bekannt. Elektrische Beleuchtung und der feuchte Atem unzähliger Besucher – 1962 waren es rund 200 000 Menschen – bewirkten miteinander ein so radikal verändertes Milieu, daß die Malereien, die nicht wie in vielen anderen Höhlen eine Kalksinterschicht als natürlichen Schutzfilm hatten, von Algen und Fäulnispilzen befallen wurden. 1963 wurde die Höhle deshalb geschlossen. Da es bis heute kein probates Mittel gegen den Zersetzungsprozeß gibt, bleibt die Höhle voraussichtlich für immer der Öffentlichkeit unzugänglich. Aber seit kurzem existiert ein befriedigender Ersatz. Nach langen Jahren der Vorbereitung wurde nämlich im Sommer 1983 die »Lascaux II« genannte Kopie fertiggestellt, die sich binnen kurzem zu einem wahren Publikumsmagneten entwickelt hat. Der Eingang dieser künstlichen Grotte liegt nur wenige Schritte von der echten Höhle entfernt. Die Annäherung an das Original ist so vollständig gelungen, daß man den Besuch von Lascaux II auf keinen Fall versäumen sollte.

St-Amand-de-Coly

Auf halber Strecke zwischen Montignac und dem etwa 6 km östlich gelegenen St-Amand-de-Coly stößt man etwas abseits der Straße auf das *Château de la Grande Filolie,* eine Art Gutshof aus der Renaissance, halb bäuerlich, halb aristokratisch mit weit verzweigten Gebäudeteilen angelegt.

Die romanische Abteikirche in *St-Amand-de-Coly* hat Max Sarradet als »einen der originellsten Kirchenbauten ganz Frankreichs« bezeichnet[14]. Die Gründung dieses ehemaligen Augustiner-Chorherrenstiftes geht auf die legendäre Mönchszelle des hl. Amandus im 6. Jh. zurück. Über die Frühzeit ist nichts bekannt, auch die Baudaten der Kirche sind nur anhand von Indizien vage zu rekonstruieren. In der nördlichen Querhaus-Kapelle befindet sich eine Inschrift für den hier beigesetzten Abt Wilhelm, dessen Todesjahr den Quellen nach zwischen 1125 und 1150 lag. Zumindest der Chor und das Querhaus müssen demnach zu dieser Zeit bereits fertig gewesen sein, und entsprechend kann man die Vollendung des

Renaissance-Gutshof ›La Grande Filolie‹ bei St-Amand-de-Coly

gesamten Bauwerks noch vor der Jahrhundertmitte vermuten. Die Blütezeit des Klosters muß glänzend, aber von kurzer Dauer gewesen sein. Mehrere Urkunden belegen beträchtlichen Landbesitz im späten 12. Jh., der dem Kloster Wohlstand und Ansehen sicherte. Im Hundertjährigen Krieg wurde St-Amand-de-Coly weit schwerer betroffen als andere Klöster in dieser Zeit. Der Grund dafür liegt in der besonderen Architektur der Kirche. Als Paradebeispiel einer Wehrkirche war sie vom Militär sehr geschätzt, das sie für seine Zwecke entfremdete. Nach dem Ende des großen Krieges bevölkerte nur noch eine Handvoll Kanoniker das in weiten Teilen zerstörte Kloster. Nach und nach mußte der ehemals umfangreiche Grundbesitz veräußert werden, und als schließlich in den Religionskriegen die Hugenotten eine Garnison nach St-Amand-de-Coly verlegten, war sein Untergang endgültig besiegelt. Im frühen 18. Jh. lebten gerade noch drei Brüder in dem notdürftig restaurierten Kloster. Nach 1886 wurde die Kirche von Grund auf wiederhergestellt, die Konventsgebäude dagegen nicht mehr.

Der erwähnte Abt Wilhelm wurde als einer der Erbauer der Kirche vermutet. Seine wegen der zahlreichen Kürzel schwer zu entziffernde Grabinschrift in Leoninischen Versen[15] lautet mit den notwendigen Ergänzungen (in Klammern):

DISCAT Q(U)I NESCIT VIR NOBIL(IS) HI(C) REQ(U)IESCIT
Q(U)I RACHEL Q(U)E LIA Q(U)I MARTA F(U)IT ATQ(UE) MARIA
PSAL(M)OS CANTATE FR(ATRES) CHR(ISTU)M Q(UE) ROGATE
SALVET UT ABATEM W(ILHELMUM) P(ER) PIETATEM.

St-Amand-de-Coly, Grabinschrift für Abt Wilhelm

Frei übersetzt besagt das etwa folgendes: »Ihr, die ihr es noch nicht wißt, nehmt zur Kenntnis, daß hier ein bedeutender Mann ruht, dessen Leben mit dem der Heiligen Rachel, Lia, Marta und Maria verglichen werden kann. Brüder, singt Psalmen und betet zu Christus, daß er den Abt Wilhelm um seiner Frömmigkeit willen erlöse.« Welche Rolle dieser Abt beim Bau der Kirche spielte, ist heute nicht mehr zu klären; jedenfalls ist dieses schriftliche

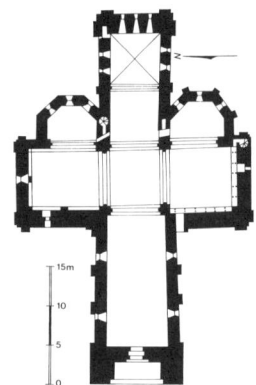

St-Amand-de-Coly, Ansicht und Grundriß der Kirche

Zeugnis ein ergreifendes Dokument aus der Erbauungszeit. Es wird hier deshalb zitiert, weil ihm eine auffallende Sachlichkeit und Nüchternheit innewohnt, die sich mit der Sprache der Architektur eigentümlich deckt. Die Kirche ist gänzlich schmucklos. Wie ein monolithener Block wächst sie aus dem Felsen mit einer Steilheit auf, die im Verhältnis zu ihrer Länge und Breite frappiert. Der Turm, zugleich Eingangshalle und Wehranlage, öffnet sich in einem gewaltigen, zugespitzten Bogen mit dem einzigen großen Fenster der gesamten Kirche. Alle anderen Fensteröffnungen sind klein und zum Teil nur Schlitze. Auch der Grundriß ist streng rational: ein lateinisches Kreuz ohne Seitenschiffe, der Chor ist platt geschlossen. An die Querhausarme schließt sich auf jeder Seite eine polygonale Kapelle an. Drinnen wird es dann deutlich, daß diese Kirche im wahrsten Sinne des Wortes dem Felsen entwächst. Das ansteigende Gelände wurde nicht eingeebnet, der Boden führt zum Chor schräg bergan. Man steht betroffen inmitten dieses strengen Gotteshauses, dem Zeugen einer heroischen Zeit. Aber wenn man das Grabmal des Abtes Wilhelm aufsucht, beginnt man zu spüren, welche tiefe Zuversicht die Inschrift und das ganze Bauwerk ausstrahlt.

Château de Rastignac

Wer vom Vézère-Tal schon jetzt weiter nach Westen fährt mit dem nächsten Ziel Périgueux, sollte den kleinen Abstecher zum Château de Rastignac machen, das dicht an der N 89 liegt, der Hauptverbindung zwischen Brive und Périgueux. Rastignac ist ein kleiner eleganter Bau des 18. Jh., der deshalb Aufmerksamkeit verdient, weil man in ihm das Vorbild für das Weiße Haus in Washington, den Amtssitz des amerikanischen Präsidenten, sehen wollte. Es gibt zwar keine Belege für diese Vermutung, aber die Ähnlichkeit zwischen beiden Bauwerken ist in der Tat überraschend. Nachdem es 1944 niedergebrannt war, wurde Rastignac bis heute nur zum Teil wiederhergestellt.

Wer sich dagegen einen längeren Aufenthalt im Périgord Noir leistet, sollte seine Kenntnis des Landes durch Ausflüge in das benachbarte Quercy erweitern.

Streifzüge im Quercy

Die Landschaft

Die alte Grafschaft und gleichnamige Landschaft Quercy entspricht ziemlich genau dem heutigen Departement Lot. Typisch für diese Gegend ist der Wechsel zwischen weiten Hochebenen und tief eingeschnittenen Flußtälern. Wenn man der ersten in diesem Führer beschriebenen Route am Oberlauf der Dordogne gefolgt ist, hat man bereits das nördliche Quercy mit der *Causse de Gramat* und der *Causse de Martel* kennengelernt. Letztere ist fruchtbar und wird vor allem für den Obstanbau (Pflaumen, Erdbeeren und Weintrauben) genutzt; die Causse de Gramat zeigt dagegen nach Süden die für das Quercy typischen Verkarstungen mit zum Teil fast öden Landstrichen, die nur gelegentlich von fruchtbaren Flußtälern durchschnitten werden. Beide genannten Ebenen bilden das Haut-Quercy, an das sich südlich des Lot-Tals das Bas-Quercy mit der *Causse de Limogne* anschließt. Die Metropole des Quercy ist die alte Bischofsstadt Cahors, die im Tal des Lot liegt.

Das Tal des Lot von St-Cirq-Lapopie bis Fumel

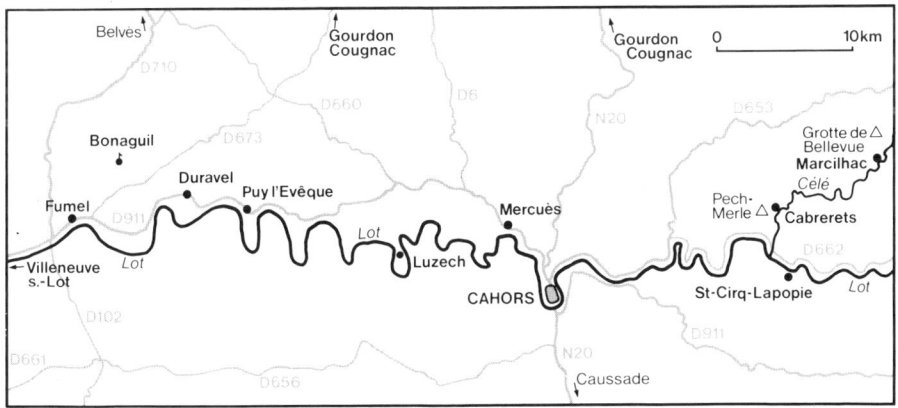

Gourdon und die Höhle von Cougnac

Cougnac

Knappe 3 km nördlich von Gourdon gelegen, gehört Cougnac zu den spätentdeckten Höhlen; sie wurde erst 1952 erschlossen. Ihr Besuch lohnt nicht nur wegen der zahlreichen Sinterbildungen an Stalaktiten und Stalagmiten (Abb. 61), sondern besonders und in erster Linie wegen der Felsmalereien (Abb. 60), die überwiegend dem älteren Magdalénien, also der Zeit um 18000 v. Chr. zugerechnet werden. Ein etwa 100 m langer Gang führt vom Eingang auf einen 25 m langen Querarm. In der Verlängerung des Hauptganges darüber hinaus befinden sich die Felsbilder, die zahlreiche Hirsche, Steinböcke und Mammuts zeigen. Die seltene Darstellung eines von Pfeilen getroffenen Menschen verdient besondere Beachtung; sollte hier der Tod eines Feindes beschworen worden sein? Der Boden gab etliches aus der Werkstatt der Künstler preis: Man fand Feuersteine, Lampen, Knochensplitter und Farbreste.

Gourdon

Diese kleine malerische Stadt, deren Häuser einen Hügel erklimmen, liegt auf der Grenze zwischen dem Périgord und dem Quercy. Eine Burg des 14. Jh., die einst vom Gipfel des Hügels den Ort beherrschte, wurde in der Revolution zerstört. Jetzt findet man dort eine große Terrasse, von der sich ein weiter Blick in die Landschaft bietet. Wenn samstags der

Gourdon

Wochenmarkt stattfindet und aus der ganzen Umgebung die Bauern kommen, um ihre Produkte zum Verkauf anzubieten, ist der Ort mit buntem Leben erfüllt. An den anderen Tagen der Woche geht es eher ruhig zu. Man schlendert durch die Gassen, die alle – ausgehend von einem Ringboulevard, der die Stadt umzieht – den Hügel hinaufführen.Die Kirche *St-Pierre* aus dem 14. Jh. wendet ihre schlichte Fassade einem Platz zu, an dem auch das Rathaus des 13. Jh. steht, das im 17. Jh. verändert und restauriert wurde.

Südlich außerhalb der Stadt, am Ufer eines Baches, des *Bléou*, findet sich eine kleine gotische Kirche, die der *Nôtre-Dame-des-Neiges* geweiht ist. Diese ungewöhnliche Bezeichnung (St. Maria zum Schnee) geht auf eine Legende aus dem 4. Jh. zurück, die sich in Rom im Zusammenhang mit der Kirche S. Maria Maggiore gebildet hat. Die Jungfrau soll dem Patrizier Johannes im Traum erschienen sein und ihn mit dem Bau einer Kirche an jener Stelle Roms beauftragt haben, an der am nächsten Morgen Schnee liegen würde. Noch heute begeht man am 5. August das Fest ›Mariae Schnee‹, das in der kleinen Kirche bei Gourdon besonders gefeiert wird.

Cahors, die Hauptstadt des Quercy

Wenn man von Norden her in die Stadt kommt, läßt nichts die außergewöhnliche Lage von Cahors ahnen. Es sei deshalb empfohlen, zunächst einen Blick über die topographische Situation der Stadt zu werfen. Dazu durchquert man die Stadt in ihrer ganzen Länge, um kurz hinter der Brücke über den Lot nach links von der N 20 in die D 6 abzubiegen, die in einem Bogen auf den *Mont St-Cyr* hinaufführt. Der kleine Umweg macht sich bezahlt, denn man wird mit einem der großartigsten Ausblicke belohnt, die Frankreich zu bieten hat (Abb. 53). In einer Schleife des Lot liegt wunderbar wie durch einen natürlichen Graben geschützt die Stadt, die im Mittelalter zu den bedeutendsten des Königreiches zählte.

Blick in die Geschichte

Cahors geht auf die Siedlung *Divona Cadurcorum* zurück, die die Römer hier im Kernland des Keltenstammes der Cadurcen gegründet hatten. Für die Stadtgründung war nicht nur die für Verteidigungszwecke geeignete Lage ausschlaggebend, sondern auch das Vorhandensein einer Quelle, die von den Kelten seit jeher als heilig verehrt wurde. Die Römer pflegten in solchen Fällen die alten Kulte durch Überbauung der vorhandenen keltischen Heiligtümer mit eigenen Tempeln römischer Gottheiten zu verdrängen. In Cahors hat sich jedoch kaum etwas von den römischen Monumenten erhalten. Nach dem Abebben der germanischen Völkerstürme erlebte die Stadt einen achtbaren Aufschwung. Ein prominenter Bischof des 7. Jh., Desiderius (Didier), stieg zum Amt des königlichen Schatzmeisters unter Chlothar II. auf und wurde nach seinem Tode wie schon sein Vorgänger Rustikus als Heiliger verehrt. Zur Zeit der Arabereinfälle wurde die Stadt wie so viele andere in Südfrankreich zerstört; bis in das späte 9. Jh. blieben die Sarazenen eine ständige Bedrohung.

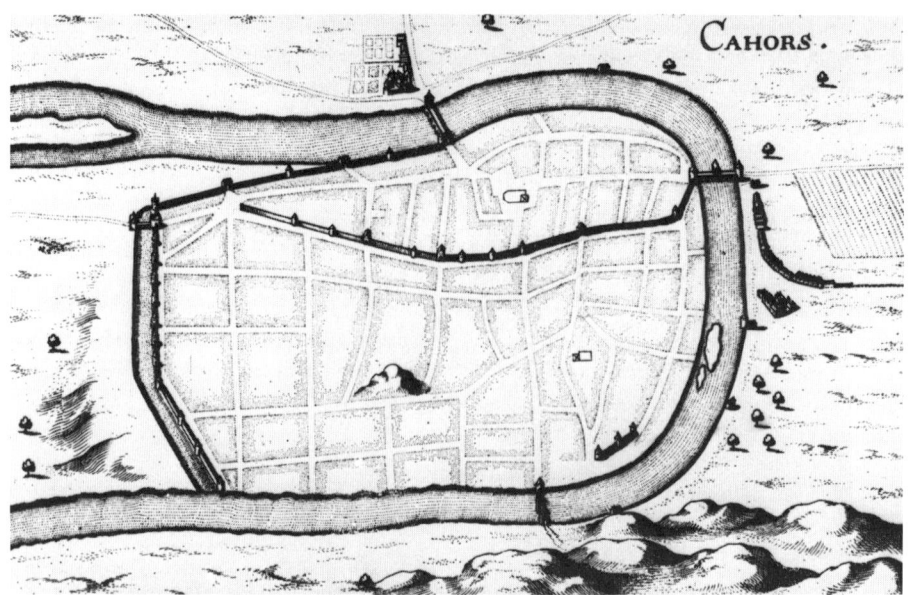

Cahors, Stadtplan aus dem 18. Jh.

Nach der endgültigen Vertreibung der Muselmanen und nach dem Abflauen der Normannen-Gefahr konnte sich im 11. Jh. wieder ein geregeltes Wirtschafts- und Kulturleben entwickeln. Cahors machte dabei eine rasche Karriere. Mitentscheidend für diesen Aufstieg war die Verleihung des Münzrechts an den Bischof der Stadt 1088 durch den Markgrafen von Toulouse. Dadurch wurde gleichzeitig die Stellung des Bischofs als Herr der Stadt gefestigt, was sich im Neubau einer großen Kathedrale manifestierte. Der Hauptgrund jedoch war, daß sich hier einige lombardische Bankiers niederließen, die Cahors seiner verkehrstechnisch günstigen Lage wegen zu ihrem Stützpunkt in Südfrankreich gewählt hatten. Die Stadt wurde dadurch unermeßlich reich und unterhielt auf dem Höhepunkt ihrer Blüte Kontore in ganz Europa. Bis nach Norwegen hinauf konnten Niederlassungen aus den Quellen belegt werden. In dieser Zeit ging aus Cahors Papst Johannes XXII. (1316–1334) hervor, der als der ›französischste‹ aller französischen Päpste gilt. Er gründete in seiner Vaterstadt eine Universität, die im 19. Jh. wieder aufgelöst wurde, und ließ die Kathedrale von italienischen Künstlern ausmalen.[16]

Mit dem Hundertjährigen Krieg brach das Unglück über die prosperierende Stadt herein. Das gesamte Quercy geriet unter englische Oberhoheit und wurde 1360 im Frieden von Brétigny sogar offiziell an die englische Krone abgetreten. Cahors hielt dennoch dem französischen König weiterhin die Treue. Die praktisch uneinnehmbare Stadt hielt ihre Tore vor den Engländern verschlossen, die daraufhin beim französischen König reklamierten, der der Stadt die Übergabe befahl. Als Zeichen ihres ohnmächtigen Zorns und ihrer Enttäuschung übergaben die Consuln die Stadtschlüssel mit dem knappen Vermerk: »Ce n' est pas nous qui abandonnons le roi, mais lui qui nous livre à un maître étranger.« (Etwa: Nicht wir haben unseren König verraten, sondern er liefert uns der Gewalt eines Fremdherrschers aus.) Die Stadt, die nach der Pest von 1348 ohnehin schon durch den Verlust eines großen Teils der Einwohnerschaft entscheidend geschwächt war, erlitt durch die englische Okkupation den Todesstoß. Nach Beendigung des Hundertjährigen Krieges und dem Abzug der Engländer 1450 war Cahors nahezu entvölkert und weitgehend zerstört.

Erst der Weinbau, dessen schon seit längerem bekannte Erzeugnisse erst 1971 zur ›Appellation Controlée‹ erhoben wurden, und der zunehmende Fremdenverkehr, für den vor allem die Kathedrale (Farbt. 6) und der berühmte Pont Valentré (Abb. 52) die stärksten Anziehungspunkte sind, haben die Präfektur des Département Lot mit ihren knapp 20 000

Cahors

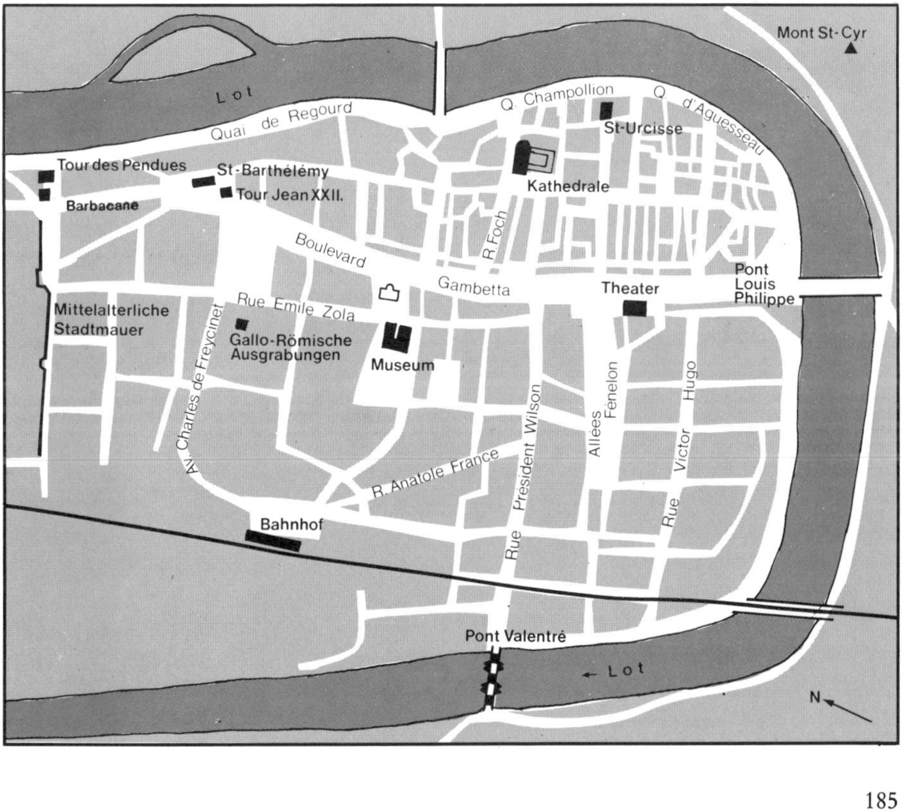

Einwohnern wieder zu Ansehen geführt. Man erinnert in Cahors auch gerne daran, daß hier 1838 Léon Gambetta geboren wurde, einer der einflußreichsten Politiker der 3. Republik. Er starb 1882 in Ville d' Avray bei Paris. Die große Hauptstraße, die Cahors in zwei Hälften teilt, trägt seinen Namen.

Die Kathedrale St-Etienne

Die schroffe, schmucklose Fassade, die eher an einen Wehrbau als an eine Bischofskirche gemahnt, läßt kaum ahnen, daß sich dahinter einer der überraschendsten sakralen Innenräume des französischen Mittelalters befindet. Wie so oft, ist die Baugeschichte nicht restlos geklärt. Das Projekt muß noch im späten 11. Jh. begonnen worden sein, denn aus dem Jahr 1119 ist bereits die Weihe des Hauptaltars durch Papst Kalixtus II. überliefert, der Cahors anläßlich des Konzils von Toulouse einen Besuch abstattete. Unter dem Turm befindet sich eine geschlossene Eingangshalle, durch die man in den Kirchenraum gelangt. Das Entrée

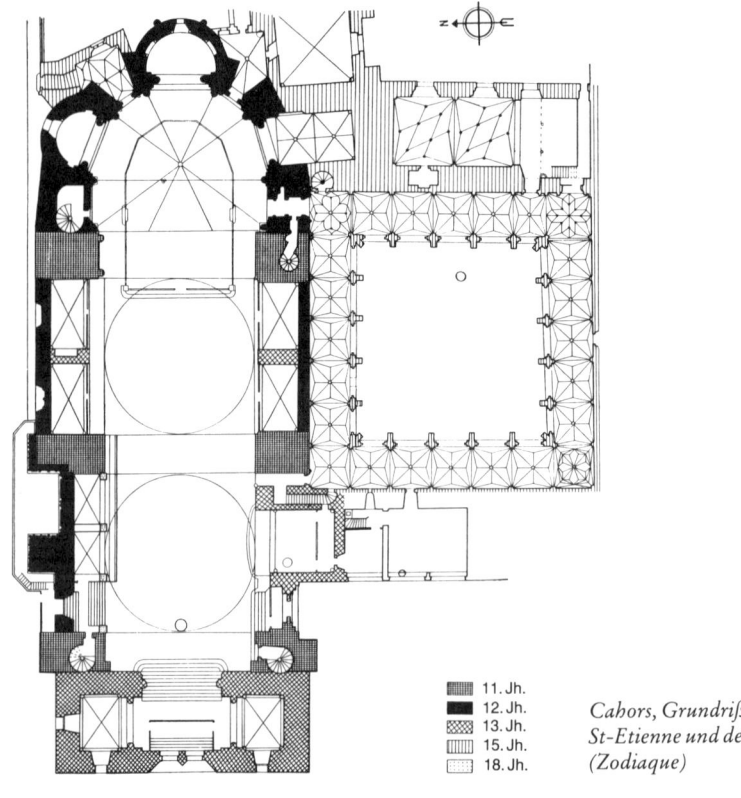

▨ 11. Jh.	
■ 12. Jh.	
▨ 13. Jh.	
▥ 15. Jh.	
☐ 18. Jh.	

Cahors, Grundriß der Kathedrale St-Etienne und des Kreuzgangs (Zodiaque)

Cahors, Kathedrale St-Etienne, Längsschnitt

liegt höher als das eigentliche Schiff, das man über 16 Stufen abwärts erreicht. Es ist ein Längsrechteck, das ehemals von drei gewaltigen Kuppeln überwölbt war. Heute sind nur noch zwei vorhanden, da die Kuppel über dem Chor im späten 13. Jh. eingestürzt war. Die umgehend eingeleiteten Wiederherstellungsmaßnahmen, die man mit eilig in allen Städten der Diözese eingetriebenen Spenden finanzierte, hatten einen gotischen Chor zur Folge, der in verunglücktem Kontrast zum romanischen Kernbau steht. Man erfaßt den Raum deshalb am besten, wenn man bis zum Chor geht und dann in den romanischen Teil zurückschaut.

Als struktives Gerüst dienen sechs Wandpfeiler, die die Last der beiden Kuppeln tragen. Die Maßverhältnisse von Höhe zu Breite sind so ausgewogen, daß die tatsächliche Gewölbehöhe nicht zu erahnen ist. Sie beträgt, gemessen vom Bodenniveau bis in den Scheitel der Kuppel, 37 m! (Zum Vergleich: die Gewölbe der Kathedrale von Chartres sind 36,5 m hoch.) Das Grundriß-Quadrat hat mit einer Schenkellänge von 20 m dieselbe Abmessung wie die Wandfläche vom Boden bis in den Scheitel der Bögen, die den Tambour der Kuppel tragen. Das Verblüffende ist nun, daß St-Etienne eine der frühesten Kuppelkirchen überhaupt ist, ja, sich sogar mit St-Etienne-de-la-Cité in Périgueux den Rang streitig macht, als erste Kirche dieses Typs in Südwest-Frankreich zu gelten, eine Frage, die auf

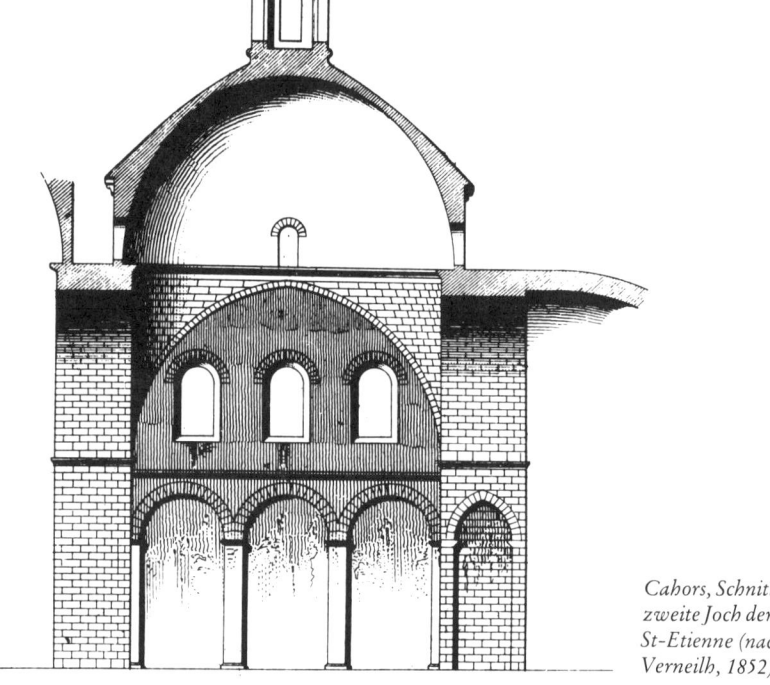

Cahors, Schnitt durch das
zweite Joch der Kathedrale
St-Etienne (nach Jules de
Verneilh, 1852)

Grund der ungesicherten Baugeschichte beider Kirchen heute nicht mehr zu klären ist. Fest steht auf jeden Fall, daß in Cahors eine der frühesten Kuppelkirchen entstand, und das gleich in solcher Vollkommenheit, daß man mit Recht nach den Vorbildern fragt. Der Spekulation war seit jeher Tor und Tür geöffnet. Eine Seite leitet die Kuppelbauweise ausschließlich aus dem byzantinischen Bereich ab, die andere macht die lokale Tradition der primitiven Kuppelbauten geltend. Die Lösung liegt möglicherweise in der Verbindung beider Gedankengänge.

Papst Johannes XXII. ließ die Kuppel-Kalotten ausmalen, wofür aller Wahrscheinlichkeit nach Künstler des päpstlichen Hofes in Avignon berufen wurden. Vielleicht waren es sogar Italiener, die damals in großer Zahl in Avignon arbeiteten, oder zumindest Franzosen, die bei jenen gelernt hatten. Ein Hinweis darauf ist nicht nur im Stil, sondern auch in der Technik zu sehen. Es wurde nämlich wie in zahlreichen Räumen des um die Mitte des 14. Jh. erbauten Papstpalastes in Avignon *al secco* gemalt, die Farbe wurde auf den trockenen Verputz aufgetragen (im Gegensatz zur Fresko-Malerei auf feuchtem Verputz). Diese Technik ist zwar leichter als das Fresko zu handhaben, aber sie hat den Nachteil, daß die Bilder im Lauf der Zeit verblassen und ihre Haltbarkeit auf dem Untergrund nicht so dauerhaft ist. So sind auch die Malereien der hinteren Kuppel schon früher abgebröckelt, die in der Kuppel am Eingang jedoch noch weitgehend erhalten. Dort stehen im Kreis acht monumentale Prophetengestalten: David, Daniel, Jeremias, Jesaja, Ezechiel, Jonas, Ezra und Habakuk.

Den schönsten Blick auf die Kathedrale hat man vom Kreuzgang aus, der südlich an die Kirche angebaut wurde (Abb. 55). Er wurde unter dem Episkopat des Antoine de Luzech nach 1504 angelegt und steht in enger Verwandtschaft mit den Kreuzgängen in Carennac und Cadouin. Den Bilderstürmen der Protestanten fiel der größte Teil der figuralen Ausstattung zum Opfer.

Eine Überraschung hält das *Nordportal* parat. Hierher wurde nämlich das ehemalige Hauptportal versetzt, das dem Turm an der Westseite weichen mußte. Unter einem Vordach geschützt konnte das Tympanon die Jahrhunderte unbeschadet überdauern. Sein Thema ist die in der Bauplastik selten dargestellte Himmelfahrt Christi. Stil und Ikonographie setzen die ›Porte Miègeville‹ von St-Sernin in Toulouse voraus, so daß man in der Datierung in die Zeit um 1130 oder kurz danach kommt. Das Zentrum beherrscht der in einer Mandorla gen Himmel aufsteigende Christus, der von einem bewegten Engelsreigen empfangen wird. Rechts und links flankieren zwei exzentrisch verdrehte Engel den Heiland. Die Szenerie entwickelt sich über einem Fries der Apostel, die paarweise unter Dreipaßbögen stehen. Ganz rechts steht nur einer, so daß man insgesamt elf Jünger zählt. Das entspricht der zum Zeitpunkt der Himmelfahrt Christi durch das Ausscheiden des Verräters Judas Ischarioth, der sich bekanntlich erhängt hatte, verringerten Zahl. Die so entstandene Lücke füllte erst später Paulus wieder auf. Unter dem mittleren Bogen direkt unter der Mandorla steht die Muttergottes, die etwas größer ist als die Apostel. Diese im Mittelalter übliche Stufung betonte die unterschiedliche Bedeutung der dargestellten Personen. Hier wird Maria zusätzlich optisch vergrößert, indem der Dreipaßbogen über ihr nicht gedrückt ist wie bei den Aposteln, sondern leicht gestelzt wurde. In lebendigem Kontrast zu der hieratisch gehaltenen Himmelfahrt stehen die Reliefs in den Zwickeln des Tympanon. Dort wird in vier Streifen das Martyrium des Patrons der Kirche, des hl. Stephanus, erzählt. Links predigt der Erzmärtyrer zu den Juden, die seine Worte nicht hören wollen und sich deshalb die

Cahors, Kathedrale St-Etienne:
Schema der Kuppelkonstruktion

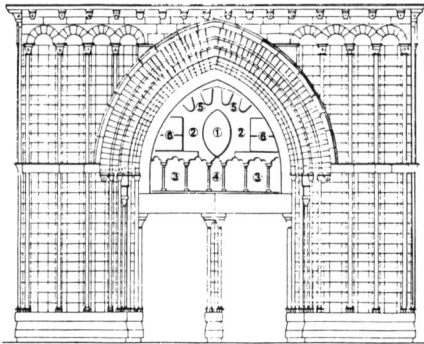

Nordportal der Kathedrale St-Etienne: (1) Christi Himmelfahrt, (2) Engel, (3) Apostel, (4) Maria, (5) Engel, (6) Szenen aus dem Leben des hl. Stephanus

Ohren zuhalten[17]. Im Fries darüber sieht man die Gefangennahme und rechts unten die Steinigung des Heiligen. Sein Blick ist nach oben gerichtet auf den im Feld darüber erscheinenden Gottvater und Christus. Die Darstellung hält sich wortgetreu an den Bibeltext, wo es heißt, daß sich Stephanus, als er während des Martyriums des Höchsten ansichtig wurde, zu Boden kniete und für seine Peiniger Milde erflehte, bevor er verschied. Ein reich verziertes Ornamentband umrahmt das Halbrund des Tympanon. Die zur Straße gerichteten Stirnseiten der Portalwangen sind mit senkrecht verlaufenden Streifen aus kleinen Rosetten geschmückt. Die zahlreichen Restaurierungen und Überarbeitungen dieser Partien machen heute eine Trennung in Originalbestand und Ergänzungen nahezu unmöglich. Das Tympanon selbst hat jedoch mit Sicherheit keine Veränderungen erfahren. Zu beachten sind auch noch die phantasievollen Konsolfiguren, die die Traufleiste des Portalvorbaus tragen.

Rundgang durch die Stadt

Das malerische Altstadtviertel um die Kathedrale gewinnt besonders samstags durch den Markt an Farbe und Leben. Von hier sind es auf der Rue de Clémenceau nur wenige Schritte zur Kirche *St-Urcisse,* einem bescheidenen Bau des späten 12. Jh. mit einigen derben Kapitellen. Ihre Rückseite grenzt fast an das Ufer des Lot. In nächster Nachbarschaft liegt die *Maison de Roaldes,* so genannt nach der Familie, in deren Besitz sich das ansehnliche Stadtpalais seit dem 17. Jh. befand. Man hört auch die Bezeichnung *Maison Henri IV.,* weil 1580 Heinrich von Navarra, der später ›gute König‹ dort logiert haben soll. Das Gebäude stammt aus dem 15. Jh. und wurde 1912 grundlegend restauriert.

Im Norden der Stadt, den man am besten im Verlauf eines Spazierganges entlang dem Hochufer des Lot erreicht, steht nahe der Place Thiers ein Turm, der ursprünglich zu einem Palais gehörte, das Pierre Duèze, der Bruder Papst Johannes XXII., in dessen Auftrag hatte errichten lassen und der deshalb auch *Tour de Jean XXII.* heißt. Der Papst war in der benachbarten Kirche *St-Barthélemy* getauft worden. Eine Büste des Pontifex nahe dem Eingang der Kapelle erinnert an dieses Ereignis. Ein paar 100 m weiter nördlich stößt man

Papst Johannes XXII. (Jacques Duèze aus Cahors), Stich
des 18. Jh. nach einem idealisierten Portrait des 14. Jh.

auf die Reste der alten Stadtmauer. Im Norden war die Stadt am ehesten gefährdet, denn zu den drei anderen Himmelsrichtungen bot der Lot ausreichenden Schutz. Darum baute man eine Mauer, die einen so vorzüglichen Sperriegel abgab, daß es auch den Engländern nach 1360 mit ihren für damalige Verhältnisse modernen Belagerungs- und Kriegsmaschinen nicht gelang, die Stadt von dieser Seite her einzunehmen. An der Stelle, wo heute die N 20 durch die Mauer führt, steht die *Barbacane,* ein Rest der Unterkunft für die Soldaten, die zum Schutz der ehemals hier befindlichen *Porte de Barre* eingesetzt waren (Abb. 54). Rechts daneben erhebt sich auf einem Felsvorsprung die *Tour St-Jean,* ein ehemaliger Wachturm, der wegen seiner zeitweiligen Verwendung als Hinrichtungsstätte auch ›Turm der Gehenkten‹ *(Tour des Pendus)* genannt wird.

Weiterhin ist noch der Besuch des *Museums* zu empfehlen, das abseits der Hauptverkehrsstraße (Boulevard Gambetta) an der Rue Emile Zola liegt. Neben Räumen mit Erinnerungsstücken an die beiden prominenten Söhne von Cahors, Papst Johannes XXII. und Léon Gambetta, bietet vor allem das Lapidarium sehenswerte Architekturfragmente von der

Cahors, der Pont Valentré auf Wappen und Siegeln der Stadt

191

Cahors, Pont Valentré (Zeichnung aus dem 19. Jh.)

Spätantike bis ins hohe Mittelalter, unter anderem bedeutende romanische Kapitelle aus der Abtei Marcilhac.

Wer die Geduld hat, sollte sich bei einem Besuch von Cahors den Höhepunkt bis zuletzt aufsparen, die Besichtigung des berühmten Pont Valentré, des Wahrzeichens der Stadt.

Der Pont Valentré

Der Pont Valentré (Abb. 52) ist zu allen Zeiten als ein architektonisches Meisterwerk bewundert worden und erschien schon früh auf Wappen und Siegeln der Stadt. Er ist nicht nur eine Brücke im Sinne der Verbindung zweier Ufer, sondern auch in besonderem Maße ein militärisches Bauwerk. Die drei bis zu 40 m hoch aufragenden Türme, zwei an den Brückenköpfen, ein weiterer genau in der Mitte, ermöglichten eine Verteidigung nach beiden Seiten. Ein von den umliegenden Anhöhen nahender Feind konnte am Eindringen in die Stadt gehindert werden, und in dem Fall, daß an anderer Stelle, z. B. an der unsicheren Nordflanke, die Stadt doch in die Hände eines Gegners gefallen wäre, hätte man sich über die Brücke in die Berge retten und den Weg nun in dieser Richtung sperren können. Sechs mächtige Bögen überspannen das Wasser. Ihre wuchtigen Pfeiler sind nach Süden dem

Strom des Lot entgegen wie ein Schiffsbug zugespitzt, so daß sie den Wasserdruck brechen, wenn der Lot im Frühjahr die Schmelzwasser aus den Cevennen zu Tal führt und der sonst so gemächliche Fluß zu einem reißenden Strom wird. Der Baubeginn wird mit 1308 angegeben, die Arbeiten zogen sich über mehrere Jahrzehnte hin, was bei einem so kühnen Projekt nicht zu verwundern braucht.

Wie so oft im Mittelalter wob sich schon bald eine Legende um das Bauwerk. Der Teufel, hieß es, habe seine Hand im Spiel gehabt und dem Architekten geholfen. Der sollte natürlich in diesem faustischen Pakt seine Seele opfern und hatte dafür jeden Wunsch frei. Als der Bau der Brücke rasche Fortschritte machte und schon fast vollendet war, wünschte sich der Architekt als vorletzte Arbeit vom Satan, daß dieser ihm Wasser in einem Sieb brächte. Da mußte denn selbst der Teufel kapitulieren, und so hatte der schlaue Architekt nicht nur seine Seele gerettet, sondern auch die Brücke fertiggestellt. Der mittlere der drei Türme heißt in Erinnerung daran *Tour de Diable;* ihm fehlt der oberste Stein. In der Legende heißt es weiter, daß alle Versuche, den fehlenden Stein einzufügen, scheiterten, da die Hand des ergrimmten Teufels ihn jedesmal ins Wasser gestoßen hätte. Bei einer Restaurierung des Pont Valentré im vorigen Jahrhundert wurde an der vermeintlichen Fehlstelle eine kleine Teufelsfratze angebracht, die zu sehen ist, wenn man die steilen Stufen zu der kleinen Tür auf halber Höhe des mittleren Turmes hinaufsteigt. Ursprünglich hatte Cahors drei solcher Brücken, zu jeder Himmelsrichtung (außer Norden natürlich) je eine. Die eine ist schon früher untergegangen, die zweite wurde erst zu Beginn unseres Jahrhunderts niedergerissen, um an ihrer Stelle eine moderne Brücke zu errichten, was in ganz Frankreich einen Sturm der Empörung entfachte; in allen Zeitungen wurde die Barbarei angeprangert. Vorübergehend mußte, wer aus Cahors stammte, bei Fahrten durch das Land vorsichtshalber seine Herkunft verschweigen, denn man hörte von Ausschreitungen, bei denen Bürger aus Cahors auf offener Straße zusammengeschlagen worden waren.

Cahors ist das Zentrum eines lokalen Weinbaugebietes. Der Cahors-Wein, es wird ausschließlich roter angebaut, hat auf Grund altmodischer Verarbeitungsmethoden und natürlich infolge des Bodens, auf dem er wächst, einen herben, erdigen Geschmack, hervorgerufen durch einen hohen Gerbsäureanteil. Auffallend ist seine dunkle Färbung, die ihm den Beinamen ›Der Schwarze‹ einbrachte. Richtig temperiert schmeckt er am besten zu Wildgerichten und zu Käse, vor allem zu Kräuterkäse und Roquefort.

Von Cahors nach Osten

St-Cirq-Lapopie
Cahors ist ein idealer Ausgangspunkt für Ausflüge in das Tal des Lot. Folgt man dem Lauf des Flusses aufwärts, erreicht man nach einer gut 30 km langen Fahrt St-Cirq-Lapopie (Abb. 57), das an Castelnaud im Dordogne-Tal erinnert. An einen zum Fluß hin steil abfallenden Felsen kauern sich die Häuser des Ortes, die von der mittelalterlichen Kirche überragt

werden. Der Doppelname geht im ersten Teil auf den hl. Cyrus zurück, der gemeinsam mit seiner Mutter unter Kaiser Diokletian (284–305) in Kleinasien das Martyrium erlitten haben soll. Die Legende berichtet weiter, daß der hl. Zachäus die Gebeine des Märtyrers nach Südfrankreich gebracht habe. Die zeitliche Divergenz – Zachäus war ein Zeitgenosse Christi, Cyrus dagegen lebte angeblich gut 300 Jahre später – war dem Gläubigen des Mittelalters kein Problem. Der zweite Namensbestandteil – La Popie – stammt von der Adelsfamilie, die im Mittelalter von der heute zerstörten Burg aus den Ort und das Lot-Tal beherrschte. Bereits im frühen Mittelalter war der Ort zu einer starken Bastion befestigt worden, die immer wieder Belagerungen erleiden mußte. Der aquitanische Herzog Waïfre verschanzte sich hier vor Pippin, 1198 mußte Richard Löwenherz nach längerer Belagerung unverrichteter Dinge wieder abziehen, der Hundertjährige Krieg und später die Religionskriege brachten ständige Unruhe. 1580 schließlich ließ Heinrich von Navarra, der nachmalige König Heinrich IV., die verbliebenen Reste der Wehranlage schleifen. Danach ließen sich Drechsler in dem ruhig gewordenen Ort nieder, die über Jahrhunderte ihrem Handwerk nachgingen. Noch heute leben zwei Meister dieses Kunsthandwerks in St-Cirq-Lapopie. In einem kleinen Museum, *La Gardette*, sind alte Möbel mit schönen Drechslerarbeiten ausgestellt.

Ein weiteres Vordringen im Tal des Lot nach Osten führt durch landschaftlich reizvolle Abschnitte und immer wieder durch malerische kleine Orte *(Calvignac, Montbrun)*, vorbei an kleinen romanischen Kirchen *(Cajarc, St-Pierre-Toirac)* und Burgruinen *(Cénevières, Larroque-Toirac)*. Noch ergiebiger erweist sich der Abstecher in das Seitental des *Célé*, der unterhalb St-Cirq-Lapopie in den Lot mündet. Etymologisch leitet sich der Name des kleinen Flusses von lateinisch *celer* (schnell) ab. Der erste Ort, auf den man stößt, ist *Cabrerets*. Zwei Burgen auf den Anhöhen ringsum, im Norden die Ruine des *Château-du-Diable*, im Süden *Gontaut-Biron,* verleihen dem Ort eine würdige Kulisse. Von hier zweigt ein Sträßchen ab, das zu der bedeutendsten Sehenswürdigkeit dieses Tales führt, zur Grotte von Pech-Merle.

Pech-Merle

Die Höhle von Pech-Merle, die nach dem nahe gelegenen Ort auch Cabrerets genannt wird, bietet einen besonderen Höhepunkt der Eiszeitkunst; wegen ihrer bizarren Sinterbildungen ist sie aber auch für den speläologisch Interessierten attraktiv. Sie wurde 1922 durch ein spielendes Kind entdeckt und anschließend von dem Geistlichen der Gemeinde Cabrerets, dem Abbé Lémozi, untersucht und inventarisiert. Das komplizierte System verschlungener Gänge, bei dem es sich um ein ehemaliges Flußbett handelt, hat eine Gesamtlänge von 2 km. Gut 100 m vom Eingang entfernt trifft man auf die Felsmalereien. Zu den ältesten Zeugnissen der Felskunst zählt eine rot ummalte Hand, um die konzentrisch rote Punkte angeordnet sind. Berühmtheit genießt der Pferdefries (Farbt. 17): Zwei die Hinterteile einander zuwendende Pferde in monochromem Schwarz, deren Leiber mit dunklen Tupfen bedeckt sind, werden von insgesamt sechs Handabdrücken umrahmt. Die Umrisse der

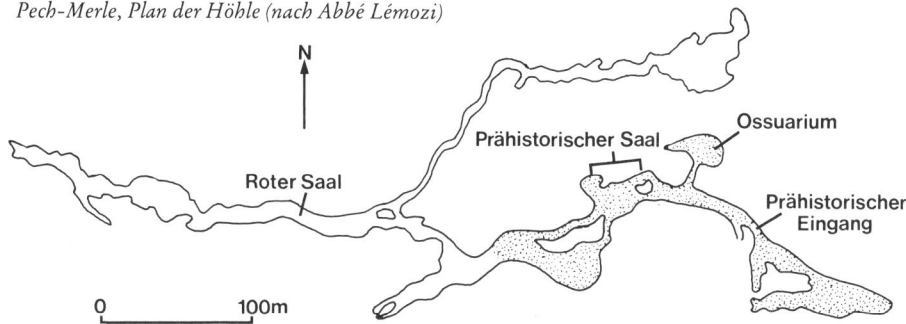

Hände – drei linke und drei rechte – sind mit dunkler Farbe ummalt oder durch Aufpusten der Farbe festgehalten worden. Ein anderes Bildensemble zeigt die Zusammenstellung von Bisons, Auerochsen, Pferden und Mammuts. Weiter finden sich Einzeldarstellungen von Hyänen, Hirschen, Steinböcken, Bären und Wildschweinen. Sogar vereinzelte Menschenbildnisse sind erkennbar. Das originellste Bild zeigt einen Fisch, in dem man einen Hecht identifizieren konnte. Pech-Merle ist für die Kunstgeschichte von grundlegender Bedeutung wegen des engen räumlichen Nebeneinanders von zeitlich weit differierenden Kunstwerken. Hier ist in *einer* Höhle der Weg der eiszeitlichen Kunst in ihren verschiedenen Entwicklungsstufen zu beobachten. Von den frühesten Zeugnissen des Aurignacien spannt sich der Bogen bis in das reife Magdalénien, also über einen Zeitraum von bald 20 000 Jahren. Erst kürzlich wurde nahe dem Eingang zur Höhle ein kleines Museum eingerichtet, das eine klar gegliederte Übersicht über die Entwicklung der Steinzeitkunst vermittelt. Hier wird vor der Besichtigung der Höhle ein Tonfilm abgespielt (Länge ca. 20 Minuten), der den Besucher eingehend über Pech-Merle informiert.

Grotte de Bellevue

10 km weiter flußaufwärts liegt eine weitere Höhle, die Grotte de Bellevue, die erst 1964 entdeckt und zwei Jahre später der Öffentlichkeit zugänglich gemacht wurde. Sie ist für den Besuch gut erschlossen, aber noch nicht ganz erforscht. Irgendwelche Zeugnisse aus vorgeschichtlicher Zeit wurden zwar nicht gefunden, aber die Höhle birgt vielfältige Sinterbildungen: Man sieht Sinterfahnen, Sinterbecken, absonderliche Versteinerungen und zahlreiche Stalaktiten und Stalagmiten. Der größte von ihnen, er ist 4 m hoch und hat einen Umfang von 3,5 m, wird die ›Säule des Herkules‹ genannt.

Abtei Marcilhac

Auf dem Wege zur Grotte de Bellevue kommt man an der Kloster-Ruine von Marcilhac vorbei (Abb. 58). Die in völliger Abgeschiedenheit liegende Abtei soll der Legende zufolge von dem hl. Palladius, Bischof von Bourges, in der ersten Hälfte des 7. Jh. gegründet worden sein. Die Kirche wurde im 11. Jh. begonnen und zusammen mit den Klostergebäuden im 12.

195

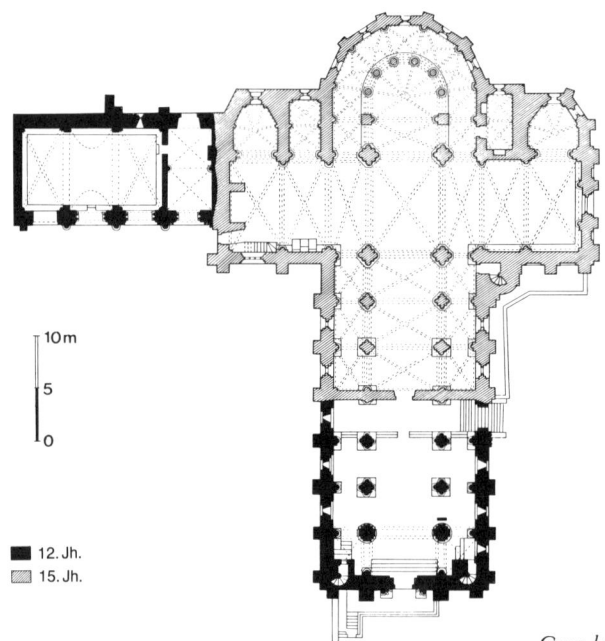

10 m
5
0

■ 12. Jh.
▨ 15. Jh.

Grundriß der Abtei Marcilhac (Zodiaque)

Jh. fertiggestellt. Im Hundertjährigen Krieg, unter dem das Quercy in besonderem Maße zu leiden hatte, wurde die Kirche niedergebrannt. Die im 15. Jh. eingeleiteten Wiederherstellungsmaßnahmen sollten den romanischen Bau durch eine neue Kirche ersetzen. Bevor jedoch die Arbeit vollendet war, brach der Religionskrieg über das Land herein, in dessen Verlauf die Abtei erneut gebrandschatzt wurde. Der zu diesem Zeitpunkt fertiggestellte Teil der Kirche wurde später notdürftig nach Westen durch eine Wand geschlossen und dient seit dem 18. Jh. als Pfarrkirche. Es ist ein ganz eigenartiger Eindruck, wenn man in den zerstörten romanischen Teil tritt und durch die Arkaden und Bögen in den offenen Himmel schaut. Bemerkenswert sind die zahlreich erhaltenen Skulpturen. Über dem Südportal sind einige Reliefplatten in die Wand eingelassen, von denen jede eine Einzelfigur zeigt: Christus, Engel und Apostel (Abb. 59). Offenbar handelt es sich um eine verstümmelte Weltgerichts-Darstellung, die ihrem derben Stil nach in das späte 11. Jh. zu stellen ist. Im Kirchenschiff und im Kapitelsaal, der als einziges von den alten Konventsgebäuden erhalten blieb, findet man eine beträchtliche Anzahl ornamental und figural ausgestalteter Kapitelle.

Von Cahors im Tal des Lot flußabwärts

Von Cahors an schlängelt sich der Lot in zahllosen Schleifen westwärts. Kurz hinter Cahors taucht das *Château de Mercuès* auf, eine Burg des 13/14. Jh., die in der Renaissance so

Château de Mercuès im Jahre 1863 (nach einer Zeichnung von A. C. Calmon)

weitgehend umgebaut wurde, daß der Charakter des Wehrbaus – als solcher war die Anlage für die Bischöfe von Cahors errichtet – hinter dem freundlichen Gesicht eines Lustschlosses zurückgetreten ist. Mit seinen weitläufigen Terrassen und Gärten bietet Mercuès heute eine gediegene Möglichkeit zur Erholung, da in den Räumen des Schlosses ein Luxus-Hotel eingerichtet wurde. Allerdings wird ein horrender Preis für Unterkunft und Essen verlangt.

Luzech, ein malerisches Städtchen mit vielen alten Häusern, ist einer der Hauptorte für den Cahors-Wein. In der Nähe von *Puy-l'Evêque,* das so heißt, weil es im Mittelalter den Bischöfen von Cahors unterstand, liegen zwei sehenswerte mittelalterliche Kirchen. Jene von *Martignac* wurde dadurch bekannt, daß hier 1938 unter dem Putz Fresken des späten 15. Jh. entdeckt wurden. Der breit gefächerte Bilderzyklus schildert die Grablegung Christi, die Krönung Mariens, die Aufnahme der Seligen in das Paradies und andere Begebenheiten in warmen Farbtönen, in denen die Gelb- und Ockerakzente dominieren.

Duravel
Die romanische Kirche von Duravel (Abb. 56) hat durch mehrfache Zerstörungen ständig Umbauten und Veränderungen erfahren. Neben den romanischen Ursprüngen lassen sich Komponenten der Flamboyant-Gotik und der Renaissance erkennen, ihre Grundkonzep-

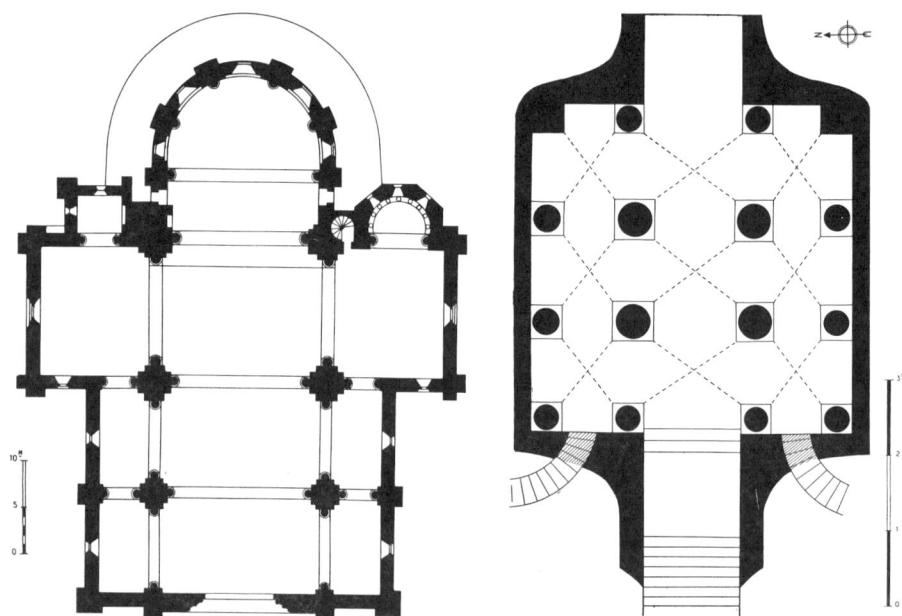

Duravel, Grundrisse der romanischen Kirche und der Krypta (Zodiaque)

tion blieb jedoch unverändert. Der Grundriß zeigt ein lateinisches Kreuz mit einem dreischiffigen Langhaus, das mit nur zwei Jochen recht kurz ist, einem schlichten Querhaus mit je einer Kapelle am nördlichen und am südlichen Flügel und einem halbrunden Chor. Die Kirche gehörte ursprünglich zu einem kleinen Priorat, das im Mittelalter alle paar Jahre einen regen Zulauf an Pilgern hatte. Im Abstand von fünf Jahren werden die Reliquien der heiligen Eremiten Hilarion, Poemon und Agathon, die seit der Weihe der Kirche in einem spätantiken Sarkophag aufbewahrt sind, den Gläubigen gezeigt (auch heute noch, zuletzt 1980, das nächste Mal erst wieder 1985). Was aber den Besuch von Duravel erst lohnend macht, ist die Krypta. Krypten sind in Südfrankreich relativ selten anzutreffen, weshalb jene von Duravel eine Besonderheit darstellt. Sie wird von Bauforschern in das mittlere 11. Jh. datiert. Der Raum ist mit 6 mal 6 m nahezu quadratisch und gut 3 m hoch. Vier Säulen sind in der Mitte zu einem Quadrat angeordnet, zehn weitere stehen in gleichmäßigen Abständen entlang den Wänden. Ihre wuchtigen Kapitelle sind mit unterschiedlichen Blatt- oder Flechtbandornamenten verziert.

Château de Bonaguil

Von Duravel ist es nur ein kleiner Abstecher zum Château de Bonaguil (Farbt. 10, Abb. 62). Wenn man sich der weithin sichtbaren Burgruine nähert, gewinnt man den Eindruck einer trutzigen Anlage des Mittelalters, so wehrhaft und klotzig steht Bonaguil in der Landschaft.

Château Bonaguil, Grundriß der Burganlage

Mit ihrem zweifachen Verteidigungsring, den kyklopisch schweren Mauern und den zahlreichen Türmen und Zinnen meint man das Musterbeispiel einer Verteidigungsburg des 12. oder 13. Jh. vor sich zu haben. Um so kurioser liest sich die Geschichte des Bauwerks. Erst 1477 war die Grundsteinlegung; über mehrere Jahrzehnte zog sich das Bauvorhaben hin, bis schließlich 1520 der Schlußstein gesetzt werden konnte. Die Burg wurde also zu einer Zeit errichtet, als überall im Land sich der Übergang vom Mittelalter zur Renaissance vollzog, als nach den Schrecknissen des Hundertjährigen Krieges in einem befriedeten Klima allenthalben Schlösser entstanden, die ihr kriegerisches Gehabe mit den freundlicheren Seiten der heiteren Renaissance-Architektur tauschten. Wo vormals Schießscharten waren, entstehen große, lichterfüllte Fenster, anstelle wehrhafter Mauern öffnen sich einladende Innenhöfe. Die anachronistische Festung Bonaguil dürfte mit dem exzentrischen Wesen ihres Bauherrn zu erklären sein. Es war ein gewisser Bérengar de Roquefeuil, der gleichermaßen unter Größenwahn wie unter Verfolgungsangst litt. Er selber pflegte sich als den »noblen, großartigen und mächtigen Herrn und Baron der Baronnien von Roquefeuil, von Blanquefort, von Castelnau, von Combret und Roquefère sowie Graf von Naut« zu betiteln. Über Bonaguil hatte er verlauten lassen, daß er eine Burg errichten wolle, die uneinnehmbar sein werde. Niemand würde sie jemals einnehmen können, weder die Engländer, falls sie auf den Gedanken kämen, zurückzukehren, noch die besten Soldaten des französischen Königs. Bonaguil, das erst in der französischen Revolution zerstört wurde, ist die letzte mittelalterliche Burg Frankreichs.

Am Unterlauf des Lot

Auf der Weiterfahrt zwischen dem Château Bonaguil und dem nächsten Ort, Fumel, passiert man die Grenze zwischen den Departements Lot und Lot-et-Garonne. *Fumel* ist ein kleines, geschäftiges Industrie-Städtchen ohne nennenswerte Sehenswürdigkeiten. Auf halbem Wege zwischen Fumel und Villeneuve-sur-Lot stößt man am rechten Ufer etwas abseits der N 111 auf eine mittelalterliche Mühle, die eine Art Zwitter aus Wehrturm und Mühle darstellt. Es haben sich noch die alten Mühlsteine und Schleusen erhalten.

Villeneuve-sur-Lot ist der letzte größere Ort im Tal des Lot. Die Stadt wurde 1253 von Alphons von Poitiers gegründet. Sie war eine der ersten Bastiden in Südwest-Frankreich und zählte zu den größten ihrer Art. Heute lassen sich nur noch in einzelnen Winkeln und Gassen Erinnerungen an das Mittelalter aufstöbern. Den schönsten Blick auf die Stadt hat man vom *Pont Vieux* aus, der noch aus der Gründungszeit der Bastide stammt. Nur knappe 30 km weiter südwestlich mündet der Lot in die *Garonne*.

Das Périgord Vert

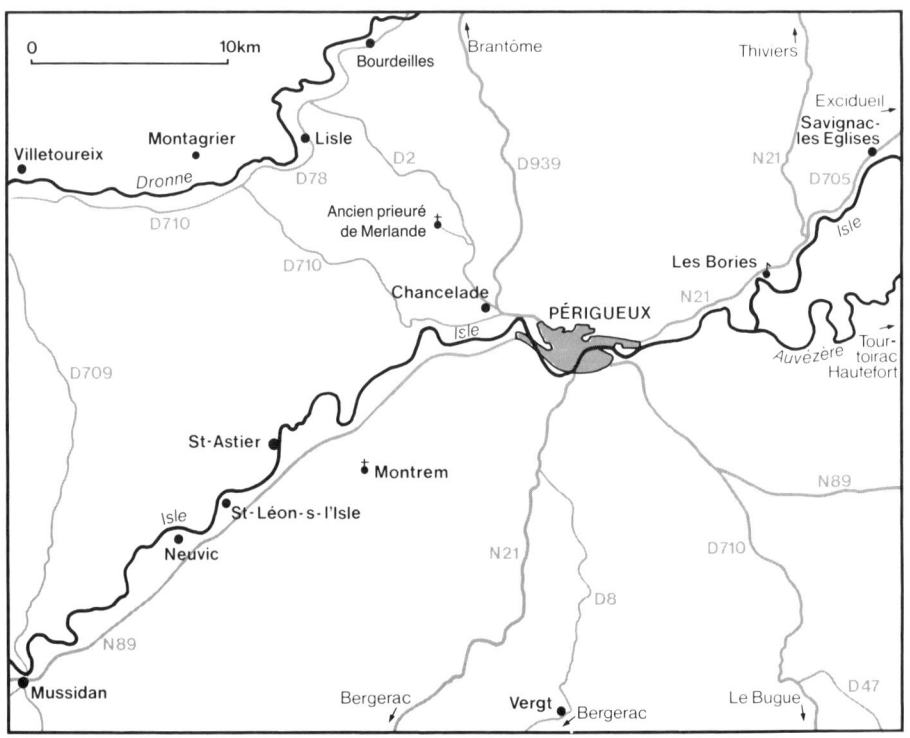

Das Périgord Vert

Périgueux, Hauptstadt des Périgord Vert

Trotz ihrer Schätze präsentiert sich die ehemalige Hauptstadt der Grafschaft Périgord und heutige Präfektur des Departement Dordogne dem Besucher zunächst abweisend. Wer auf der N 89 von Osten her in die Stadt fährt, hat ausgedehnte, gesichtslose Vorstadtviertel zu durchqueren, die fast jede Hoffnung ersticken, es möchte sich noch Erfreulicheres auftun. Um so überraschender ist dann, wenn man aus einer Häuserzeile heraus unvermittelt ans Ufer des *Isle* gelangt, der Blick auf die Kathedrale *St-Front*, die größte Kuppelkirche Frankreichs (Abb. 64). Von der Brücke hat man den schönsten Blick auf das Bauwerk. Nur drängen von hinten die Autos nach, man ist gezwungen, im Verkehrsfluß zu bleiben. Biegt man jedoch gleich hinter der Brücke nach rechts ab, kann man gut parken und die paar Schritte zurück zu Fuß machen, um diesen unvergeßlichen Blick in Ruhe zu genießen. Die weithin beherrschende Kirche läßt von dieser Stelle aus nicht ahnen, daß sie lange Zeit die zweite Geige in Périgueux spielte, denn sie wurde erst im 17. Jh. zur Bischofskirche erhoben. Diesen Rang hatte zuvor *St-Etienne-de-la-Cité* inne (Abb. 68); der geschichtliche Hintergrund bietet die Erklärung dafür.

Blick in die Geschichte
Unter dem Namen *Vesuna Petrucorium* war die Stadt zur Zeit der Römerherrschaft eine der bedeutendsten Kolonien in Gallien und die zweitwichtigste hinter Burdigala (Bordeaux) in Aquitanien. Sie hatte sich um ein altes keltisches Quell-Heiligtum auf dem westlichen Isle-Ufer am Fuße jenes Hügels entwickelt, auf dem heute St-Front steht. Der in diesem Gebiet siedelnde Keltenstamm der Petrucoren gab nicht nur der Stadt Périgueux, sondern auch der Landschaft Périgord den Namen. Die germanischen Einfälle hatten verheerende Zerstörungen zur Folge, von denen Vesuna schwerer betroffen war als manche andere gallische Stadt. Bereits 275 n. Chr. fielen die Alemannen über die Stadt her, es folgten die Westgoten und die Franken, den Rest erledigten die Sarazenen und zuletzt die Normannen. Von der einstmals blühenden Metropole existierten im 10. Jh. nur noch bescheidene Reste. Unbeeindruckt davon hatte sich im Frühmittelalter, schon zur Merowingerzeit, auf dem der Stadt benachbarten Hügel über dem Grab des hl. Frontus ein kleines Kloster gebildet, das einen ständig steigenden Zulauf an Pilgern verzeichnen konnte. Der hl. Front, Evangelisator des Périgord und ein echter Nationalheiliger dieser Gegend, soll einer der Jünger Petri gewesen

Périgueux, Ansicht aus dem 16. Jh.

sein. Um dieses Kloster entstand ein Ort, der mittelalterliche *Bourg* mit Namen *Puy St-Front,* der rasch aufblühte und bereits im 11. Jh. der ehemaligen antiken *Cité* ebenbürtig war. Noch heute lassen sich an der Straßenführung die beiden unterschiedlichen Siedlungen ablesen: Im Bereich des vormaligen antiken Vesuna mit dem Zentrum der früheren Kathedrale St-Etienne verlaufen sie geradlinig und in rechten Winkeln zueinander, um die ehemalige Kloster- und heutige Bischofskirche St-Front erlebt man dagegen das typische Gewirr mitttelalterlicher Gassen. Lange rivalisierten die beiden benachbarten Städte miteinander und beargwöhnten sich. Als sich aber im 13. Jh. die Bürger von Puy St-Front ostentativ hinter den französischen König stellten und die offizielle englische Oberhoheit ablehnten, schlug sich ihnen die Einwohnerschaft von Vesuna auf die Seite. Die Verbrüderung gegen die Fremdherrschaft hatte die Annäherung beider Städte zur Folge, die sich schließlich 1251 unter dem Namen Périgueux zu einem einzigen kommunalen Gemeinwesen zusammenschlossen. Dennoch dauerte es Jahrhunderte, bis beide Siedlungen auch architektonisch miteinander verschmolzen. Ein Stich aus der Zeit um 1570 zeigt noch eine klare Trennung zwischen dem Cité- und dem Bourg-Bereich. Selbst heute spürt man deutlich den Bruch, wenn man zu Fuß oder per Auto von dem einen Stadtteil in den anderen gelangt. Aus den zahlreichen Zerstörungen und Wirren des Hundertjährigen Krieges, der Religionskriege und der Bauernaufstände konnte Périgueux jedesmal einigermaßen glimpflich hervorgehen. Der Absolutismus und die Revolution jedoch, mit ihrer übermächtigen Zentralisierung auf Paris ließen die Stadt kulturell und wirtschaftlich nahezu bedeutungslos werden. Erst nach 1945 versuchte man diesem Zustand wieder entgegenzuwirken, indem unter anderem die Herstellung der französischen Briefmarken zentral nach Périgueux verlegt wurde. In einem Punkt aber genießt die Stadt heute besondere Achtung im In- und Ausland: Sie hat eine der aktivsten und am erfolgreichsten arbeitenden Denkmalsbehörden in Frankreich, deren gelungene Sanierungsprojekte und Restaurierungen (z.B. Sarlat) immer wieder Aufsehen erregen.

Die Kathedrale St-Front

Es wäre historisch gesehen sicher korrekter, die Denkmäler in Périgueux in chronologischer Reihenfolge zu besichtigen; aber die Kathedrale St-Front (Abb. 64) ist ein zu magischer Anziehungspunkt, als daß man die Geduld aufbrächte, zuerst die Reste der antiken Bauten aufzusuchen. Wir wollen St-Front deshalb an den Beginn des Rundgangs durch die Stadt stellen.

Périgueux

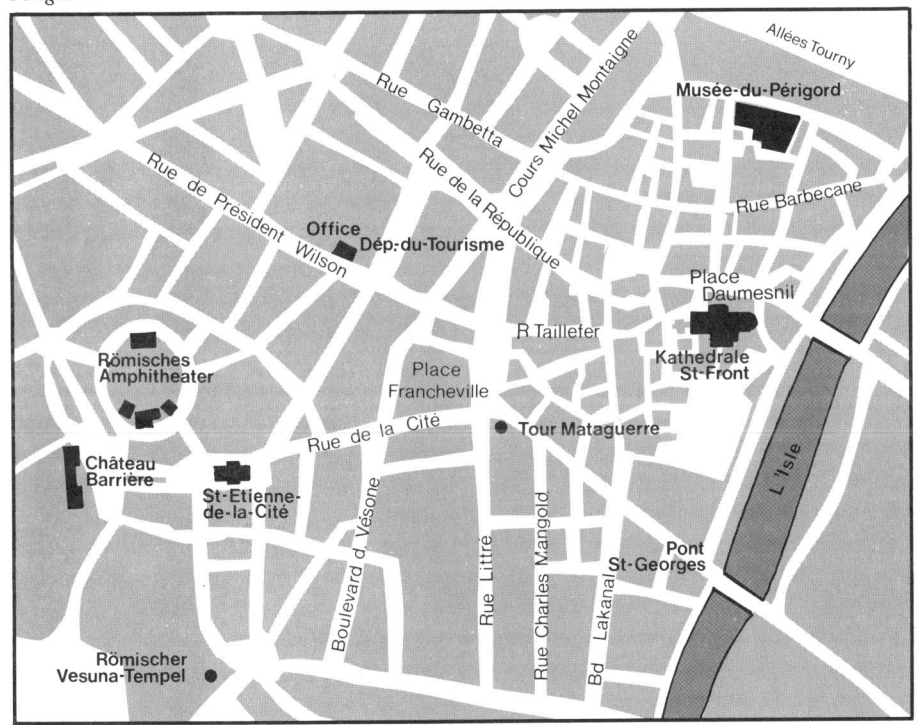

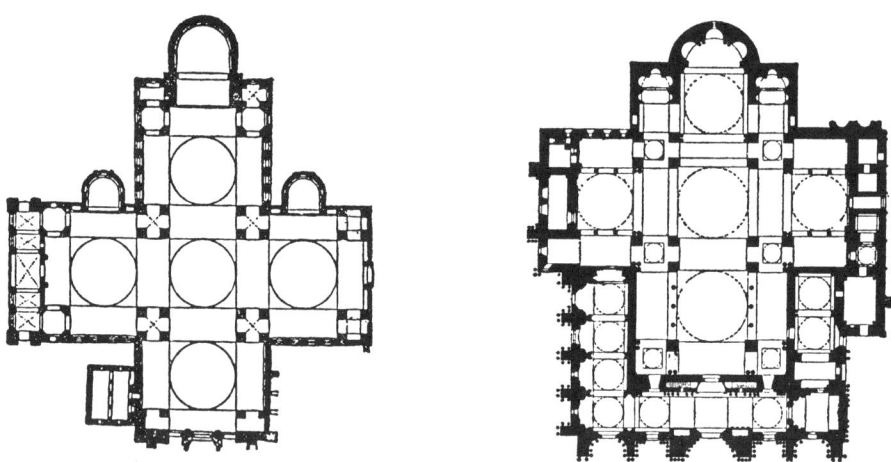

Vergleich zwischen den Grundrissen von St-Front in Périgueux (links) und San Marco in Venedig (rechts)

Der erste Bau an dieser Stelle, eine merowingische Kapelle, mußte im 11. Jh. einer größeren Kirche weichen, die 1047 geweiht wurde. Schon 1120 brannte sie nieder, doch wurde ein Neubau unverzüglich in Angriff genommen. Von dem Vorgänger des 11. Jh. sind noch Reste nach Westen – zur Marktseite – hin erhalten. In der gewaltigen Klosterkirche vollendet sich die périgordinische Bauweise der Kuppelwölbung. St-Front ist nicht nur die größte Kuppelkirche des Périgord – und in ganz Frankreich –, sie ist vor allem die einzige, die nicht nach dem Prinzip der Saalkirche auf dem Grundriß des lateinischen Kreuzes, sondern über einem griechischen Kreuz errichtet wurde. Fünf von gewaltigen Kuppeln eingewölbte Räume sind so angeordnet, daß von einer quadratischen Vierung in der Mitte vier gleich große Arme ausstrahlen, von denen lediglich der nach Osten gerichtete im 13. Jh. durch Hinzufügung eines halbrunden Chorhauptes verlängert wurde. Die Raumabschnitte sind gegeneinander durch Tonnengewölbe getrennt, die über den mächtigen Vierungspfeilern aufgehen. Die Grundkonzeption macht den Einfluß von San Marco in Venedig deutlich, wobei San Marco seinerseits ein Abbild der Apostel-Kirche in Byzanz ist. Die Brücke ist also von Byzanz über Venedig nach Périgueux zu schlagen.

Der Außenbau vermittelt ein merkwürdig anmutendes, orientalisches Gepränge, dessen Manieriertheit übertrieben wirkt. Tatsächlich hat das heutige Aussehen von St-Front nur noch wenig gemein mit dem ursprünglichen Zustand der Kirche. Sie wurde ebenso wie St-Etienne-de-la-Cité im 16. Jh. von Hugenotten stark zerstört und danach zunächst nur notdürftig wieder repariert. St-Etienne hatte jedoch noch mehr erleiden müssen und war nahezu unbrauchbar geworden. Deshalb wurde St-Front, die Abteikirche, 1669 zur Kathedrale erhoben. Erst in den Jahren nach 1852 wurde eine großangelegte Restaurierung durchgeführt, für die der Architekt Abadie den Plan lieferte. Abadie war ein Anhänger der

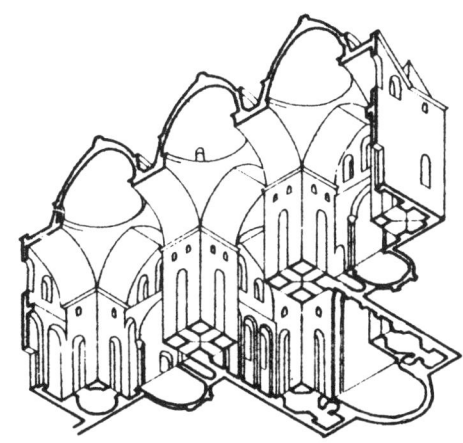

Périgueux, Kathedrale St-Front, isometrischer Schnitt

damals modernen Richtung der Neoromanik, von ihm stammt u. a. Sacré-Cœur in Paris. In dem sicher gut gemeinten Bestreben, die orientalisierende Note des Bauwerks hervorzuheben, geriet der Griff in die byzantinische Stilkiste zu tief. Die Schuppung der Kuppeldächer, die albernen Laternen auf ihren Spitzen und die zwischen ihnen aufragenden Türmchen lassen die frühere Wucht der Baukörper und ihre périgordinische Bodenständigkeit im Kleid eines orientalischen Märchenbaus nur noch schwer erahnen. Auch im Innern kam die Restaurierung einer Radikalkur gleich (Abb. 65). Puristisch wurde das im Mittelalter von

Périgueux, Querschnitt der Kathedrale St-Front (Zeichnung von Felix de Verneilh, 19. Jh.)

Wandmalerei überzogene Mauerwerk freigelegt und auf jeden weiteren schmückenden Dekor verzichtet. Die Nacktheit des Innenraums steht deshalb in einem befremdlichen Gegensatz zu der Überladenheit des Außenbaus, was immerhin einen Vorteil hat: Das Fehlen jedweder Ausstattung läßt die Sprache der Architektur eindrucksvoll in den Vordergrund treten. Man betrachtet in St-Front fasziniert die kühne Konstruktion der Kuppeln, ihre Verbindung untereinander durch die tonnengewölbten Durchgänge, die durchbrochenen Vierungspfeiler und die Anlage des Grundrisses mit anderen Augen als in dem italienischen Zwillingsbau San Marco, wo man durch die überreichen Mosaiken völlig gefangen genommen wird.

Der gotische Kreuzgang im Süden der Kirche (Abb. 66) ist fast immer verschlossen. Wenn man aber den Mesner antrifft, ist er gegen ein Trinkgeld gerne bereit, die Türe aufzusperren. Im Kreuzgang steht eine stattliche Anzahl merowingischer Sarkophage.

Périgueux,
Tour Mataguerre

Périgueux, die ehem. Kathedrale St-Etienne-de-la-Cité (Stich nach einer Zeichnung von Jules de Verneilh)

Das Altstadtviertel Puy St-Front und das Musée du Périgord

Der Haupteingang der Kathedrale liegt nach Norden zur Place Daumesnil, die ihren Namen nach dem bedeutenden General Daumesnil trägt, der 1777 unweit von hier in der Rue de la Clarté Nr. 7 geboren wurde. Hinter den der Kirche gegenüberliegenden Häusern entfaltet das alte Périgueux seinen ganzen Charme (Abb. 63). Vieles erinnert an Sarlat. Da man unbedingt das wichtige Musée du Périgord besuchen sollte, nimmt man den Weg dorthin durch die schönen Gassen. Von der Rue du Plantier, die die direkte Verbindung zwischen Kathedrale und Museum darstellt, zweigt nach links die Rue de la Constitution ab. Das Haus Nr. 7 ist das *Logis St-Front*, ein Wohngebäude des 15./16. Jh., das nacheinander verschiedenen Adelsfamilien gehörte. Die Verschachtelung der unterschiedlichen Flügel ergibt ein reizvolles Ensemble. In einer anderen Querstraße, der Rue Barbecane, finden sich weitere historische Häuser.

Das *Musée du Périgord* im ehemaligen Augustinerkonvent ist ein echtes Nationalmuseum, in dem Kunstgegenstände aller Epochen ein geschlossenes Bild der Landesgschichte vermitteln. Man wendet sich zu allererst der prähistorischen Sammlung zu, die zu den umfangreichsten in Frankreich zählt. Neben Tausenden von Steinwerkzeugen verdienen etliche Kleinkunstwerke (Ritzungen auf Knochen und Stein) Beachtung und natürlich das berühmte Skelett des *Chancelade*-Menschen, das 1888 in der Nähe von Périgueux gefunden wurde. Im Erdgeschoß ist ein großer Saal der gallo-römischen Zeit gewidmet. In erster Linie sind Funde aus dem antiken Vesuna ausgestellt, einige gut erhaltene Mosaiken, Grabstelen und Altäre, unter denen einer mit dem Relief eines Stierkopfes besonders auffällt. Das Mittelalter ist durch Architekturfragmente vertreten, ferner durch kunstgewerbliche Gegenstände und Limoges-Emails. Die Gemäldesammlung vereint Werke verschiedener Meister und Schulen, auch niederländische, flämische, italienische. Das wertvollste Stück ist ein Diptychon des 13. Jh. aus Rabastens (Languedoc) mit je zwei Szenen der Passion Christi und des Lebens der Maria.

Auf dem Rückweg zur Kathedrale durch die Rue Limogeanne überrascht wieder die Vielzahl gotischer Hauseingänge, und es locken alte Häuserfassaden in die Nebenstraßen (Farbt. 34, 35). In der Rue Eguillerie Nr. 17 trifft man auf das ›*Haus des Bäckers*‹ mit dem Datum 1518 in der Inschrift am Portal. In der Rue de la Miséricorde präsentiert das *Hôtel Astier* einen vollendeten Treppenaufgang der Renaissance. Es würde zu weit führen, hier alle sehenswerten Häuser aufzuführen[18]. Man sollte ganz einfach durch die Gassen schlendern und sich von immer neuen Entdeckungen überraschen lassen. Für Périgueux gilt natürlich wie für viele Städte des Südens, daß jeweils der Markttag die Altstadt am lebendigsten erscheinen läßt.

Die Cité

Vorbei an dem einzigen erhaltenen Turm der mittelalterlichen Stadtmauer, der *Tour Mataguerre,* über die farblose Place Francheville und durch die Rue de la Cité erreicht man schnell das Viertel der gallo-römischen Siedlung. Ähnlich wie in der Altstadt ist auch im Bereich des antiken Vesuna eine Kirche des 12. Jh. der anziehende Mittelpunkt. *St-Etienne-de-la-Cité* (Abb. 67, 68) macht sich mit Cahors den Rang streitig, als erste Kuppelkirche Südwest-Frankreichs zu gelten. Es wurde jedoch bereits darauf hingewiesen, daß die unsicheren Baudaten beider Kirchen die Kontroverse nicht klären können. Auf jeden Fall läßt sich der Baubeginn von St-Etienne in das ausgehende 11. Jh. stellen, die Weihe wird allgemein um die Mitte des 12. Jh. angesetzt. Die Hugenotten brachten 1577 die weitesten Teile der Kirche zum Einsturz, und auch der nahe gelegene Bischofspalast fiel ihrem Wüten zum Opfer. Von ihm steht heute nur noch die kleine Kapelle St-Jean. Grabungen, die in den Jahren 1926/27 durchgeführt wurden, klärten das ursprüngliche Aussehen von St-Etienne. Ein schlichter Saal mit drei Kuppeln in einer Reihe hintereinander wurde nach Osten durch einen quadratischen Chor mit einer weiteren Kuppel abgeschlossen. Von den ehemals vier Kuppeln sind nur zwei erhalten geblieben. Das bedeutet, daß die Kirche nur noch die Hälfte ihrer früheren Dimensionen bewahrt hat. Dennoch ist der Eindruck ein großartiger, denn trotz der Verstümmelung wirkt St-Etienne authentischer als St-Front; der erhaltene Teil wurde durch keine unsinnigen Restaurierungen auf den Geschmack einer späteren Zeit getrimmt. Selbst die Baugeschichte ist aus dem noch sichtbaren Bestand zu erahnen. Die schlichte Gestalt des einzigen erhaltenen Saal-Joches ist mit Sicherheit älter als die

◁ 52 CAHORS Pont Valentré

53 CAHORS am Lot

55 CAHORS Kathedrale ▷
St-Etienne, Kreuzgang

54 CAHORS ›Barbacane‹

56 DURAVEL Vierungsturm
der romanischen Kirche

57 ST-CIRQ-LAPOPIE am Lot

58 MARCILHAC Ruine der romanischen
    Abteikirche

59 MARCILHAC Portal der ehem. Abtei-
    kirche mit frühromanischen Reliefs

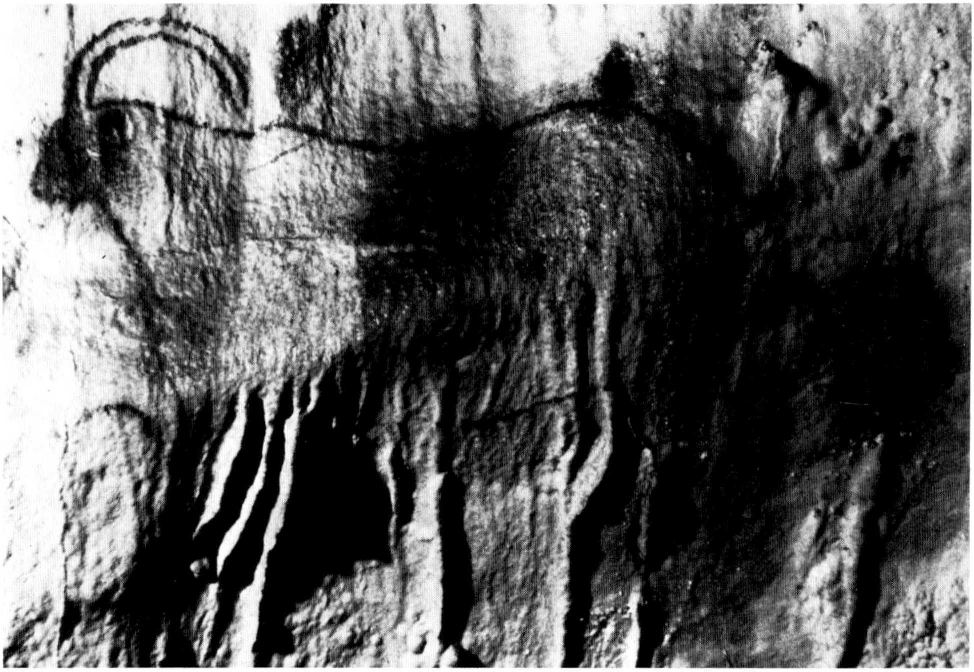

60 Höhle von COUGNAC bei Gourdon, Felsbild eines Steinbocks

62 Château de BONAGUIL ▷

61 Tropfröhrchen und Stalaktiten in der Höhle von COUGNAC

64 PERIGUEUX   Kathedrale St-Front

◁ 63 PERIGUEUX   Altstadtgasse

◁ 65 PERIGUEUX   Innenansicht von St-Front

66 PERIGUEUX   St-Front, gotischer Kreuzgang

68 PERIGUEUX St-Etienne (von Nordosten)

69 PERIGUEUX Tour de Vésone

◁ 67 PERIGUEUX St-Etienne-de-la-Cité, Innenansicht

70 Merowingischer Friedhof nahe PERIGUEUX

71　Abteikirche CHANCELADE bei Périgueux

72　Portal der Abteikirche CHANCELADE

73　CHANCELADE　Romanische Kapelle St-Jean

74   Château BOURDEILLES an der Dronne

75   BOURDEILLES   Alte Wassermühle unterhalb des Schlosses

77 THIVIERS Südl. Quer-
haus: Christus zwischen
Petrus und Magdalena

◁ 76 Romanische Kapitelle der
Kirche von THIVIERS
Nördl. Querhaus:
Menschenverschlingende
Ungeheuer

78 THIVIERS Mittelschiff:
Auf Ungeheuern reitende
Menschen

79 BRANTOME Frühromanischer Glockenturm der Abtei

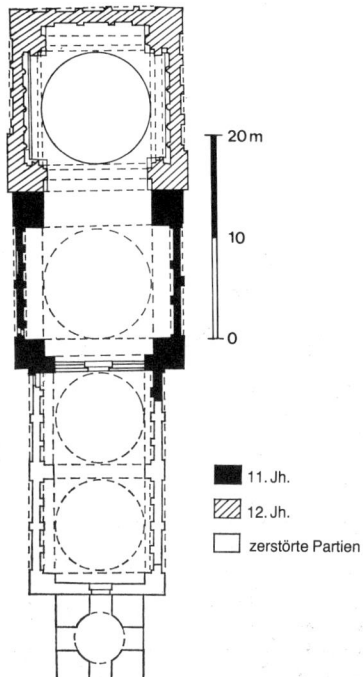

20 m

10

0

■ 11. Jh.

▨ 12. Jh.

☐ zerstörte Partien

Périgueux, Grundriß der ehem. Kathedrale St-Etienne-de-la-Cité (Zodiaque)

schmuckvoll gegliederte Chorpartie. Dieser Unterschied besteht sowohl am Außenbau als auch im Innern. Man kann deshalb die für das Mittelalter unübliche Praxis eines von Westen nach Osten zum Chor fortschreitenden Bauverlaufes annehmen; normalerweise wurde eine Kirche umgekehrt, von Osten nach Westen, vom Chor zum Eingang gebaut. Von der Ausstattung sei das reichverzierte Grab des Bischofs Jean d'Asside aus dem dritten Viertel des 12. Jh. erwähnt, das an der Nordwand links vom Eingang steht. Es besteht aus einem mit einem üppigen Blattfries umzogenen Bogen, der auf zwei kleinen Wandpfeilern ruht.

Die Bauten des antiken Vesuna

Wie alle römischen Städte auf gallischem Boden, die in der Ära des Augustus groß geworden waren, verfügte auch Vesuna über eine Reihe öffentlicher Bauten, die zum städtebaulichen Einmaleins der Römer gehörten: Tempel, Curie, Theater, Amphitheater, Thermen. Viel ist davon in Périgueux nicht erhalten geblieben, aber doch immer noch genug, um sich ein Bild von der ehemaligen Größe der Stadt zu machen. Das Amphitheater, 200 m nördlich von St-Etienne gelegen, besteht nur noch aus bescheidenen Resten. Ehemals fanden im weit gezogenen Oval gut 20 000 Menschen Platz, womit Périgueux mit Arles und Nîmes auf einer Stufe stand. Die nachhaltige Zerstörung erklärt sich aus der Zweckentfremdung, die das

225

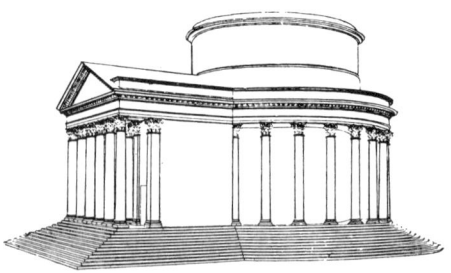

Amphitheater in der Zeit der Germaneneinfälle erfuhr. Es wurde zu einer Burg umfunktioniert, die nach wiederholter Belagerung immer mehr zerfiel. Heute ist in dem Oval, das ehedem das Blut von Tieren, Gladiatoren, christlichen Märtyrern und später das Elend der belagerten Stadtbewohner sah, ein idyllischer Park angelegt, der an heißen Sommertagen erfrischende Kühle spendet.

Vom Platz vor der Kirche St-Etienne-de-la-Cité wird im Durchblick zwischen den Häusern der Rue Romaine ein turmähnliches Gebilde sichtbar, das sich im Näherkommen als zylindrische Cella eines ehemaligen römischen Tempels von gewaltigen Ausmaßen entpuppt, die *Tour de Vésone* (Abb. 69). Hierbei handelte es sich um eines der seltenen Beispiele eines Rundtempels *(Tholos)*. Der erhaltene runde Kultraum war ursprünglich von einem Kranz von Säulen umstellt, eine rechteckige Eingangshalle bildete die Frontseite. Der Tempel, der vermutlich im 2. Jh. n. Chr. einen augustäischen Vorgänger ersetzte, stellt einen entfernten Verwandten des Pantheon in Rom dar. Die gewaltige Bresche im Mauerwerk der Cella soll der Legende zufolge der hl. Front geschlagen haben, als sich ein Häufchen unverbesserlicher Heiden in den Tempel zurückgezogen hatte, um sich seinen Bekehrungsversuchen zu entziehen. Im Bereich um den Tempel kann man sich das ehemalige Forum der gallo-römischen Stadt vorstellen, das immer zugleich politisches wie religiöses Zentrum war. In der Nähe wurden die Fundamente eines großen römischen Wohnhauses freigelegt.

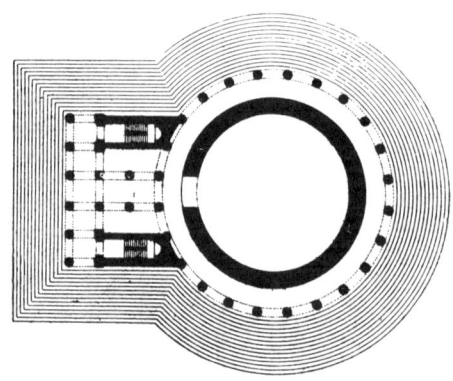

Périgueux, Rekonstruktionsversuch (oben) mit Grundriß des Vesuna-Tempels (nach W. Taillefer, 1821)

Andere antike Reste findet man, wenn man durch die Rue Romaine in Richtung St-Etienne zurückgehend an der ersten Kreuzung nach links abbiegt. Man stößt dann gleich auf Teile der römischen Stadtmauer, die aus schweren Quadern errichtet worden war. Auf ihren Fundamenten erhebt sich die Ruine des *Château Barrière*, dessen älteste Teile ins 12. Jh. zurückreichen. Es wurde mit anderen wichtigen Bauwerken der Stadt im 16. Jh. ein Opfer der Protestanten, die überall ihr Feuer gelegt hatten.

In den Tälern des Isle und der Auvézère

Château Les Bories

Von Périgueux bieten sich mehrere Ausflugsmöglichkeiten in die nähere Umgebung. Landschaftlich und kunstgeschichtlich gleichermaßen reizvoll ist die Fahrt in Richtung Osten. Schon nach 10 km gelangt man an den Zusammenfluß von *Isle* und *Auvézère*. Im Tal des Isle aufwärts führt die N 21 kurz hinter dem Flecken Antonne-et-Trigonant am *Château Les Bories* vorbei, das wie Fayrac, Les Milandes und andere erwähnte Schlösser ein gutes Beispiel für den Übergangsstil vom ausgehenden Mittelalter zur Renaissance ist. Es wurde gegen Ende des 15. Jh. für Johanna von Hautefort erbaut. Zwei dicke, runde Türme mit spitzen Hauben schützen den dazwischenliegenden Wohntrakt. Aber auch in den Türmen, die bei einer rein mittelalterlichen Anlage ausschließlich der Verteidigung gedient hätten, sind Wohnräume untergebracht; man erlebt hier den Wandel einer Bauform. In der späteren Entwicklung der Schloßarchitektur Frankreichs entstehen aus den Flankentürmen des Mittelalters, die in der Renaissance zu Wohntrakten wurden, die Seitenflügel der Barock-Schlösser. Auf diesem weiten Weg vom 12. Jh. bis nach Versailles sind Beispiele wie das Château Les Bories wichtige Bindeglieder.

Hinter Savignac-les-Eglises verschmälert sich der Isle bald zu einem bescheidenen Bach, der erst durch den Zusammenfluß mit der Loue und dem Ravillou bei dem Dorf Coulaures anschwillt. Der Lauf der Loue führt nach *Excideuil*, das seine einstige Bedeutung dem Schloß der berühmten Familie Talleyrand verdankte, aus der der große Diplomat und Minister Napoleons stammte. Heute ist das Schloß nur noch eine Ruine, an der zur Zeit Restaurierungsarbeiten durchgeführt werden.

Château Hautefort

Knapp 15 km weiter liegt die wichtigste Schloßanlage des Barocks in Südfrankreich: das Château Hautefort. An seiner Stelle stand im 12. Jh. eine mittelalterliche Burg, die sich im Besitz *Bertran de Borns* befand, eines der bekanntesten Troubadours seiner Zeit. Er gehörte zu den Verbündeten des ›Jungen Heinrich‹ bei dessen Verschwörung gegen seinen Vater König Heinrich II. von England und seinen Bruder Richard Löwenherz. Auch an anderen Intrigen und Machenschaften der Politik war er beteiligt. Es ist deshalb kaum verwunderlich, daß dieser außergewöhnliche Mann seinen größeren literarischen Ruhm nicht mit der

Eugène Le Roy (Frontispiz der Le Roy-Biographie von M. Puybonnieux, Limoges 1934)

Troubadour-Lyrik, sondern in einer gerade neu entstandenen Literaturgattung, der *Sirventès*, erwarb. Die Sirventès sind Gedichte, die in ironischer und oftmals bissiger Form zu tagespolitischen Ereignissen Stellung nahmen, daneben auch moralisierend Personen oder Geschehnisse des öffentlichen Lebens kommentierten. Gegen Ende seines Lebens zog sich Bertran de Born als Mönch in das Kloster *Dalon* zurück, dessen Ruine in der kleinen Ortschaft *Ste-Trie* (ca. 8 km nordöstlich von Hautefort) anzutreffen ist; dort starb er 1215. Trotz der späten Läuterung erwähnt Dante ihn im Inferno seiner ›Divina Commedia‹ (im 28. Gesang). Ein Dreivierteljahrhundert später besann sich der Troubadour Bernard de Ventadour seines prominenten Kollegen de Born und zog sich in dasselbe Kloster zurück, in dem jener seine Tage beschlossen hatte.

Von der mittelalterlichen Burg Hautefort sind keine Spuren mehr auszumachen. Eine späte Nachfahrin des streitbaren Dichters, Marthe de Born, ehelichte im 14. Jh. einen Gontaut-Hautefort, dessen Familie dem Schloß fortan den Namen gab. Nach der Erhebung in den Marquis-Stand 1614 war es für die Familie geradezu Pflicht, den veralteten Bau durch ein repräsentatives Schloß dem Zeitgeschmack entsprechend zu ersetzen. Die heutige Anlage entstand zwischen 1614 und 1680. Nachdem zunächst ein einheimischer Architekt aus Périgueux mit dem Projekt beauftragt war, ließ man schließlich mit Jean Maigret einen namhaften Baumeister aus Paris kommen, der den Bau fortführte und vollendete. 1968 brach die Katastrophe über Hautefort herein: In einer Augustnacht brannte das Schloß mitsamt seiner originalen Ausstattung restlos aus; die Ursache war vermutlich die gedankenlos fortgeworfene Zigarettenkippe eines Besuchers. Seit Jahren sind die Wiederherstellungsarbeiten im Gange, die bald beendet sein dürften. Schon ein geruhsamer Spaziergang durch die großen, wunderbar gepflegten Parkanlagen um das Schloß ist ein Erlebnis. Die Tatsache, daß Hautefort auf mittelalterlichen Fundamenten ruht, mag dafür ausschlaggebend sein, daß auch das Barock-Schloß noch Anachronismen einer alten Wehrburg aufweist. So erreicht man den gewaltigen Komplex über eine Zugbrücke und dann durch ein befestigtes Tor. Dahinter aber entfaltet sich der Charme des Dixseptième-Siècle. Der große Ehrenhof geht in eine Gartenterrasse über, die zur einen Seite einen weiten Blick in die hügelige Landschaft öffnet, zur anderen das Auge an die Flügel des Schlosses bannt. Der breit gelagerte Mitteltrakt ist der beherrschende Teil; er wird von niedrigeren Seitenflügeln flankiert, an deren Enden zwei große Rundtürme stehen. Der östliche Turm birgt die Schloßkapelle.

Neben Bertran de Born muß in Hautefort als weitere literarische Größe *Eugène Le Roy* erwähnt werden, der dort 1836 als Sohn des Schloßverwalters das Licht der Welt erblickte. Hautefort kommt häufig in den Werken Le Roys vor, der seine berufliche Laufbahn als Steuerbeamter begann, bevor er sich der Schriftstellerei zuwandte. Sein berühmtester Roman, ›Jacquou le Croquant‹, entstand 1899. Eugène Le Roy starb 1907 in Montignac.

Hautefort, Grundriß des Schlosses

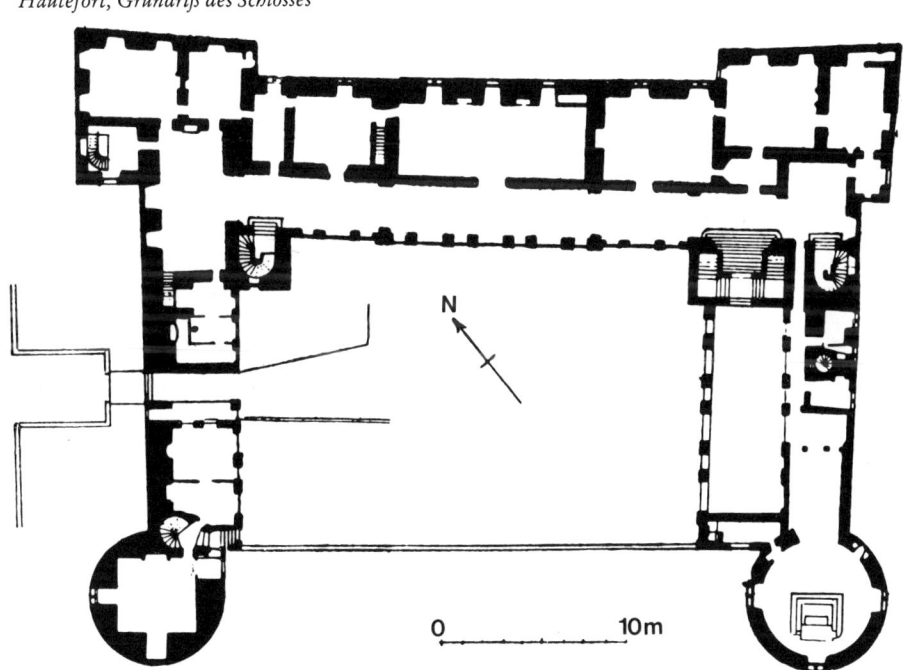

Tourtoirac

In Tourtoirac erreicht man die Ufer der *Auvézère*. Hier finden sich die Reste einer einstmals bedeutenden Benediktiner-Abtei des 12. Jh., deren Kirche durch spätere An- und Umbauten stark mitgenommen wurde. Der platte Chorabschluß erinnert an St-Amand-de-Coly. Der Ort Tourtoirac gelangte vor allem durch einen kauzigen Mann zu einer gewissen Bekanntheit. Gemeint ist der Rechtsanwalt *Antoine Orélie de Tounens*, der der Überzeugung war, wer die Indianer des südamerikanischen Kontinents beherrsche, könne zu unermeßlicher Macht gelangen. Er ließ sich deshalb von überall her beträchtliche Geldsummen aus und brach nach Chile auf, wo ihn tatsächlich der Stamm der Araukaner-Indianer 1860 als Befreier empfing und zum König erhob. Fortan führte er den Titel ›Antoine-Orélie I. König von Araukanien‹, doch die chilenische Polizei setzte dem selbstherrlichen Treiben bald ein Ende; sie verhaftete den größenwahnsinnigen Advokaten und verwies ihn des Landes. In den folgenden Jahren unternahm er noch zwei weitere Versuche, in Südamerika Fuß zu fassen, die aber gleichfalls scheiterten. Daraufhin zog er sich schließlich nach Tourtoirac zurück, wo er 1878 starb; sein Grab befindet sich auf dem kleinen Friedhof nahe der romanischen Abteikirche.

Die Abteien vor den Toren von Périgueux

Chancelade

Der Name des Ortes Chancelade ist dem Anthropologen durch das unter dem Abri von Raymonden gefundene und heute im Museum in Périgueux ausgestellte Skelett ein Begriff. Hier steht aber auch ein altes Augustiner-Kloster, das Beachtung verdient. Es wurde im 12. Jh. gegründet, im 16. Jh. von den Hugenotten zum Teil zerstört und danach wieder aufgebaut. *Die Klosterkirche* (Abb. 71, 72) ist noch weitgehend romanischer Bestand, allerdings sind deutlich die Umbauten oder Erneuerungen späterer Zeiten – zumeist Restaurierungen nach den verschiedenen Kriegen – zu erkennen. Ein quadratischer, schwerer Vierungsturm bestimmt das äußere Bild. Innen ist sie schlicht wie alle périgordinischen Kirchen. Das romanische Gewölbe wurde durch ein gotisches Rippengewölbe ersetzt. Im Chor, der zuletzt 1970 restauriert wurde, sind Reste der früheren Ausmalung mit Darstellungen der Heiligen Christoph und Thomas Beckett erhalten. Von den nördlich an die Kirche angrenzenden Klostergebäuden stehen vor allem noch die Wirtschaftstrakte, unter anderem das Waschhaus und die Scheune. Ein kleines Museum christlicher Kunst wurde im alten Logis des Abtes eingerichtet. Aus der Sammlung von Reliquiaren, Meßgewändern und Kleinkunstwerken sticht ein Tafelbild mit der Verhöhnung Christi hervor, das etwas waghalsig dem großen Lothringer Georges de Latour zugeschrieben wird (1593–1652). Nahe dem Kloster steht eine weitere kleine romanische Kirche (Abb. 73). Sie war dem Johannes geweiht und diente dem Ort bis zur Revolution als Pfarrkirche. Heute ist in *St-Jean* ein kleines Lapidarium untergebracht.

Merlande

Die Mönche von Chancelade gründeten 7 km nördlich das Priorat von Merlande. Die *Kirche*, die als einziges von den verschiedenen Gebäuden die Jahrhunderte überdauert hat, liegt heute malerisch mitten im Wald. Sie bestand zunächst nur aus jenem rechteckigen Raum, der heute den Chor ausmacht. Schon kurz nach der Fertigstellung wurde sie durch zwei Joche nach Westen erweitert, die beide von einer Kuppel überwölbt waren. Eine davon ist vermutlich im Hundertjährigen Krieg eingestürzt, die andere hat sich jedoch erhalten. Wie viele Kirchen des 12. Jh. wurde auch Merlande als Wehrbau angelegt. Nach außen hin wirkt das Gebäude blockhaft geschlossen. Im Innern dagegen zeigt sich ein Wille zu schmuckvoller Ausgestaltung, der in dem ältesten Bauteil, im Chor, besonders deutlich wird. Die Wand ist ringsum mit einer Blendarkatur aufgelockert, deren kleine Säulen Kapitelle haben, die mit einem – für das sonst an Architekturplastik arme Périgord – geradezu verschwenderisch anmutenden Szenarium aufwarten. Auf insgesamt elf Kapitellen sind abwechselnd Tiere, zumeist Löwen, und Blattornamente dargestellt. Typisch für die frühe Romanik ist die in das Ornamentale gehende Wiedergabe der Tiere, die zum Teil in einem Kopf zusammenwachsen oder deren Leiber in aberwitzigen Drehungen und Wendungen die Schmuckformen von Spiralband, Rosette und ähnlichem nachzuahmen versuchen. Die Kämpferplatten wurden mit stilisierten Blattranken ausgeschmückt.

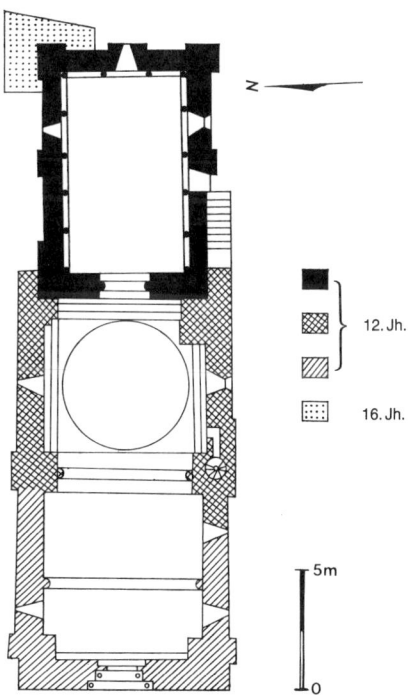

12. Jh.

16. Jh.

5m

0

Merlande, Grundriß der ehem. Prioratskirche (Zodiaque)

Von Périgueux den Isle flußabwärts

Die Fahrt im Tal des Isle von Périgueux nach Westen bietet keine Höhepunkte, aber einen harmonischen Wechsel von reizvollen Ausblicken auf den Fluß mit den für das Périgord so bezeichnenden romanischen Kirchen und Burgen. Das Städtchen *St-Astier* hat neben einigen sehenswerten Häusern der Renaissance eine *Kirche* zu bieten, die von 1013 stammen soll. Der Vergleich mit anderen Bauten legt allerdings eher eine Datierung in das 12. Jh. nahe. Die starken Pfeiler deuten darauf hin, daß im ursprünglichen Bauplan eine Wölbung mit Kuppeln vorgesehen war. Bei einer Restaurierung im 15. Jh. wurden jedoch spätgotische Spitzbogengewölbe eingezogen.

Weitere kleine romanische Dorfkirchen zum Teil mit Kuppeln findet man in *Montrem*, *St-Léon-sur-l'Isle* und *Neuvic*. In Neuvic trifft man auch auf ein Schloß, in dessen schon ganz der Renaissance verpflichteten Konzeption mittelalterliche Momente nachklingen. Es wurde zwischen 1520 und 1530 durch *Annet de Fayolle* erbaut, der den dazugehörigen Grund von der Familie Talleyrand erworben hatte. Die Mauern beherbergten so prominente Gäste wie König Heinrich IV. und dessen Finanzminister Sully.

Von Neuvic nach Westen wird das Landschaftsbild farbloser, und die um die Stadt *Mussidan* angesiedelte Industrie läßt den Reisenden schneller in Richtung auf das Bordelais seine Fahrt fortsetzen. Wer aber noch einen oder zwei Tage Zeit hat, sollte den Abstecher in das Tal der *Dronne* machen.

An den Ufern der Dronne

Bevor man in das Bordelais und an den Atlantik weiterreist, bietet das Tal der Dronne in dem kurzen Abschnitt zwischen Bourdeilles und Brantôme eine Zusammenfassung alles dessen, was für das Périgord so typisch ist. In Bourdeilles steht eines der schönsten Schlösser und nur 10 km flußaufwärts antwortet als geistlicher Kontrapunkt zu dem weltlichen Schloß die alte Abtei von Brantôme. Die liebliche Landschaft des Flußtals bildet eine harmonische Verbindung zwischen beiden Orten.

Der Norden von Périgueux und das Tal der Dronne

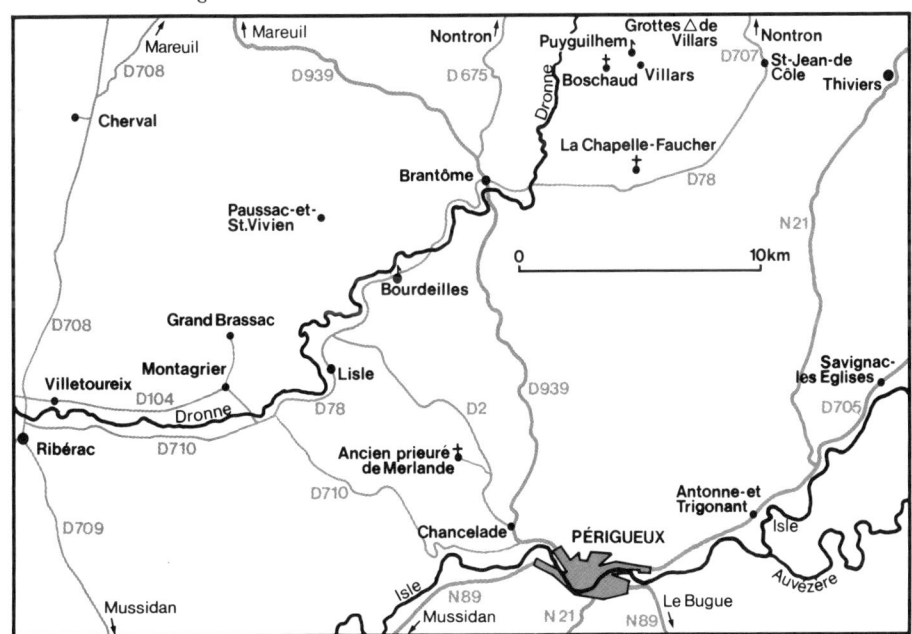

Château Bourdeilles

Man sollte vor einer Besichtigung des Schlosses von *Bourdeilles* zunächst vom nördlichen Ufer den Blick auf das Ganze nehmen (Abb. 74). Eine gotische Brücke überspannt die eilig dahinfließenden Wasser der Dronne. Gegenüber erhebt sich auf einem zum Fluß steil abfallenden Felsen das Schloß, das aus zwei Komplexen besteht. Rechts steht der mittelalterliche Trakt, links daneben das Renaissance-Schloß; darunter drängen sich die Häuser des Ortes. Die Burg des Mittelalters wurde im 13. Jh. von Géraud de Maumont errichtet und trägt, obwohl neben einer Anlage der Renaissance stehend, seit jeher den paradox anmutenden Namen *Château Neuf*, weil sie auf den Fundamenten eines frühmittelalterlichen Vorgängerbaus errichtet worden war. Nachdem 1259 Ludwig der Heilige das Périgord an die Engländer verloren hatte, gewann Philipp der Schöne im Tausch gegen Ländereien in der Auvergne die Festung Bourdeilles als eine Art militärischer Exklave zurück. Bourdeilles spielte deshalb in der Folgezeit eine wichtige Rolle in den Aktionen der Franzosen gegen die Engländer. Mit dem Ende des Hundertjährigen Krieges war die befestigte Burg praktisch überflüssig geworden. Dennoch wurde sie nicht, wie in so vielen anderen Fällen, einfach abgerissen, sondern man ließ sie stehen und zog daneben ein Palais im Stil der neuen Zeit auf. Den Neubau initiierte nach der Mitte des 16. Jh. Jacquette de Montbrun, Gemahlin des André de Bourdeille und Schwägerin des berühmten Pierre de Bourdeille, genannt Brantôme. Der Bau schritt rasch voran, da der angekündigte Besuch der Königin von Frankreich, Katharina von Medici, das Vorhaben beflügelte. Ein eigener Trakt wurde für die Königin reserviert, allerdings fand der Besuch dann doch nicht statt. In der Revolution wurden beide Schloßanlagen geplündert und zum Teil zerstört. Erst in unserem Jahrhundert erwarb der Staat die Denkmäler und leitete eine Restaurierung ein, an der das Ehepaar Santiard-Beultau seit den frühen sechziger Jahren entscheidenden Anteil hatte. Sie siedelten von ihrem vormaligen Wohnsitz, dem Schloß La Treyne bei Souillac, nach Bourdeilles um, wo sie sich in Nebengebäuden des Schlosses einrichteten und für eine Neumöblierung mit originalen Möbeln, Bildern und Wandteppichen sorgten, so daß Bourdeilles heute dem Besucher im Gewand alter Ausstattung vorgestellt werden kann. Die beiden Mäzene starben kurz nach Abschluß der Restaurierungsarbeiten und wurden in einer kleinen Kapelle am Eingang zum Schloßhof beigesetzt.

Nachdem man einen zweifachen Befestigungswall hinter sich gebracht hat, gelangt man durch die *Porte des Sénéchaux* in den Innenhof. Das mittelalterliche Château Neuf ist nicht wieder möbliert worden und wird deshalb bei den Führungen nur gestreift; dagegen werden die Räumlichkeiten des Renaissance-Schlosses ausführlich vorgestellt. Besondere Beachtung verdienen das *Goldene Zimmer,* das von Ambroise Le Noble aus der Schule von Fontainebleau ausgemalt worden sein soll, und die drei reich ausgestatteten Räume des dritten Stockwerks. Aus den Fenstern zum Fluß verlockt immer wieder der Ausblick ins Tal der Dronne, auf die verschachtelten Dächer des Ortes und auf eine alte Wassermühle, die am Fuße des Felsens unterhalb des Schlosses vom Fluß umspült wird (Abb. 75). Ihre Vorderseite spitzt sich wie der Bug eines Schiffes zu.

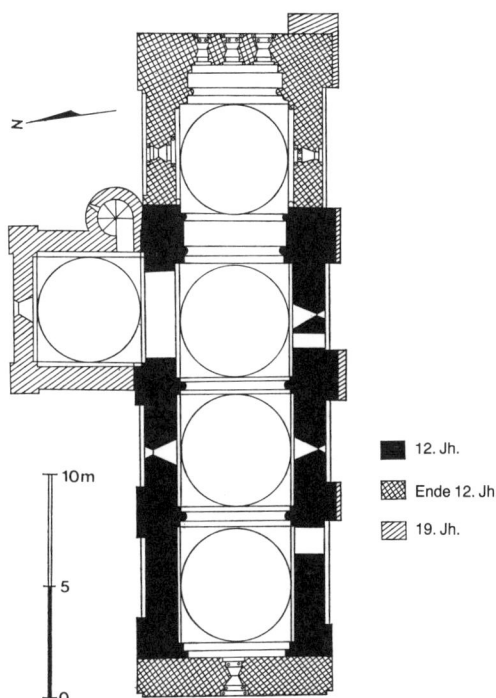

12. Jh.

Ende 12. Jh.

19. Jh.

Cherval, Grundriß der romanischen Kuppelkirche (Zodiaque)

Wer sich von Bourdeilles nicht direkt nach Brantôme aufmacht, trifft in der näheren Umgebung von Bourdeilles nach Westen auf einige romanische Kuppelkirchen, die das Studium dieses lokalen Bautyps vorzüglich ergänzen: Paussac-et-St-Vivien, Lisle, Grand Brassac, Montagrier, Villetoureix, St-Martin de Riberac und Cherval. Unter diesen sind Grand Brassac und Cherval besonders hervorzuheben. *Grand Brassac,* dessen Kirche den Apostelfürsten Petrus und Paulus geweiht ist, repräsentiert mit drei Kuppeln nicht nur diese Gewölbeart hervorragend, sondern ist gleichzeitig wieder ein gutes Beispiel für die Verbindung sakraler Baukunst mit fortifikatorischen Bedürfnissen. *Cherval* beeindruckt durch die Reihung von vier Kuppeln hintereinander.

Brantôme

Das Städtchen Brantôme liegt auf einer kleinen Insel in der Dronne, was seinen besonderen Reiz ausmacht. Die Geschichte des Ortes ist eng verknüpft mit der Abtei, die Karl der Große 769 gegründet hatte. Der Frankenkönig hatte die Neugründung durch Schenkung der Sicarius-Reliquien begünstigt. Der Zerstörung durch die Normannen im 10. Jh. folgte seit

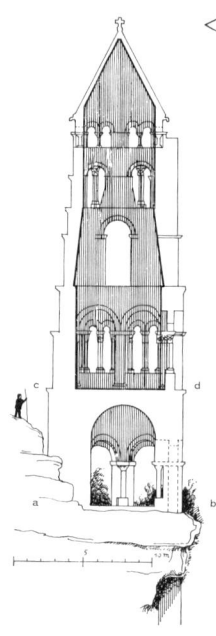

◁ *Brantôme, der romanische Glockenturm, nach Viollet-le-Duc (Zodiaque)*

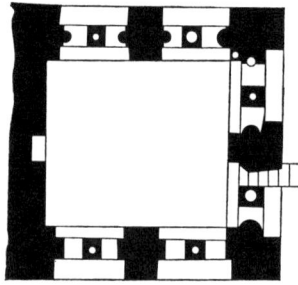

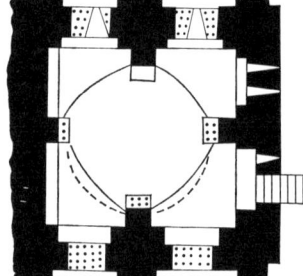

Grundriß des Erdgeschosses und der ▷
*Glockenstube (oben) des Glocken-
turms (Zodiaque)*

1075 ein Wiederaufbau. Von dieser romanischen Anlage ist einzig der Glockenturm (Abb. 79) erhalten geblieben, während sich in den anderen Konventsgebäuden die bewegte Geschichte des Klosters widerspiegelt. Nach mehrfacher Plünderung durch die Engländer war im 16. Jh. die Neuerrichtung weiter Teile notwendig geworden. Der Bauherr dieser Zeit war Abt Pierre de Mareuil. Unter dessen Nachfolger, seinem Neffen *Pierre de Bourdeille* (1540–1614), der den Beinamen *Brantôme* annahm, erlebte Brantôme seine schillerndste Abtgestalt. Pierre de Bourdeille war vor seiner Hinwendung zum klösterlichen Leben ein galanter Abenteurer, der sich in den politischen Ränkespielen seiner Zeit genausogut auskannte wie in den unterschiedlichsten amourösen Affären. Kriegerische Unternehmungen führten ihn nach Malta, Italien, Marokko und England. 1589 verletzte er sich bei einem Reitunfall so schwer, daß eines seiner Beine fortan verkrüppelt blieb. Daraufhin zog er sich nach Brantôme zurück, wo er Abt wurde und seine Lebenserinnerungen verfaßte. Weit bekannter als durch das Werk ›Leben berühmter Männer und großer Heerführer‹ wurde er durch die Skandalchronik ›Die galanten Damen‹, in der er ein schonungsloses Sittenbild seiner Zeit malt.[19]

Von den Konventsgebäuden des 16. Jh. ist wenig erhalten geblieben, obwohl Pierre de Bourdeille sein Kloster durch geschicktes Verhandeln mit den Hugenotten zweimal vor der Plünderung bewahren konnte. Den Revolutionszerstörungen an den Neubauten des 18. Jh.

Pierre de Bourdeille, genannt Brantôme
(anonyme Zeichnung in der Bibl. Nat., Paris)

folgte im 19. Jh. eine Restaurierung mit zweifelhaften Ergebnissen, denn wieder war, wie bereits an St-Front in Périgueux, der Architekt Abadie beteiligt, der sich bei solchen Aufgaben wenig Rücksicht auf historische Richtigkeit aufzuerlegen pflegte. Die Kirche ist deshalb ein Gemisch verschiedener Stile, in dem die Trennung mittelalterlicher Substanz von späteren Partien nicht immer eindeutig festzulegen ist. Der bemerkenswerteste Teil der Anlage ist der *Glockenturm* (Abb. 79), der nicht mit der Kirche verbunden ist, sondern nach Art italienischer Campanile einzeln für sich steht. Er erhebt sich an der Nordseite der Kirche auf einem Felsvorsprung, unter dem sich eine Grotte befindet. Nicht nur die ungewöhnliche Stellung des Turmes, sondern auch seine ausgefallene Gestalt haben bereits Viollet-le-Duc dazu veranlaßt, diesem Bauwerk besondere Aufmerksamkeit zu schenken.[20] Der Turm besteht aus vier Stockwerken, die von einer gedrückten Steinpyramide gekrönt werden, und ist 35 m hoch. Da das Obergeschoß mit der Glockenstube nach außen durch zwei übereinander gestellte Arkaturen durchbrochen ist, scheint es, als sei der Turm in fünf Geschosse unterteilt. Das Untergeschoß ist von einer altertümlich anmutenden Kuppel überwölbt, die beiden nächstfolgenden Stockwerke sind flach gedeckt, und die Glockenstube verjüngt sich nach oben in der pyramidalen Bedachung. Die tragenden Mauern im unteren Teil sind fast 2 m dick, die im Obergeschoß nur noch einen halben Meter. Da die Geschosse nach oben schrittweise zurückgestuft sind, verjüngt sich der ganze Turm nach oben und gewinnt dadurch trotz der Masse seiner einzelnen Formen an Leichtigkeit. Den Höhenzug unterstreichen die Dreiecksgiebel über den rundbogigen Öffnungen des vorletzten Geschosses, die weit in den Bereich der darüber befindlichen Glockenstube aufragen.

Die Datierung des Turmes war immer umstritten, doch setzte sich allmählich die Ansicht durch, daß er um 1075 oder bald danach errichtet wurde. Damit zählt der Glockenturm von Brantôme zu den frühesten Beispielen monumentaler Baukunst der Frühromanik. Er gewann Schulcharakter, denn Nachfolger, die die Gliederung von Brantôme aufgriffen, sind wenig später in St-Léonard-de-Noblat, Uzerche, St-Junien – alle im Limousin – und sogar in dem entfernten Le Puy in der Auvergne anzutreffen.

Die weitgehend dem 18. Jh. entstammenden Konventsgebäude können nur teilweise besichtigt werden, da heute in ihren Räumlichkeiten das Rathaus und eine Schule untergebracht sind. Auf jeden Fall sollte man einen Spaziergang durch die großzügigen Parkanlagen um die ehemalige Abtei machen (Farbt. 28). Dieser Park trägt wesentlich zu dem Charakter von Brantôme bei, dem eine spürbar aristokratische Note eigen ist. Direkt am Ufer der Dronne steht ein kleiner Pavillon des 16. Jh. Hinter der Kirche gelangt man in eine Höhlung des Felsens, die von den Mönchen früherer Zeiten zu einer Folge von künstlichen Grotten erweitert wurde. Hier entspringt die Sicarius-Quelle, der im Mittelalter heilende Kräfte nachgesagt wurden, weshalb noch bis in jüngste Zeit Pilger an diesem Ort ihre Gebrechen zu heilen hoffen. In einer der Grotten sind Reliefs aus dem gewachsenen Fels gearbeitet, von denen das eine ein Entwurf zu einer Darstellung des Jüngsten Gerichts sein könnte, das andere zeigt eine Kreuzigungsgruppe. Wegen ihrer derb-bäuerlichen Art ist ihre Datierung unklar; die Behandlung der Gewänder und bestimmter anatomischer Details könnte für das 16. Jh. sprechen.

Zwischen Dronne und Isle

Nordöstlich von Brantôme, zwischen den Läufen der Dronne und des Isle, häufen sich auf engem Raum Denkmäler, die in den für das Périgord so bezeichnenden Kanon ›Burgen, Kirchen, Höhlen‹ einfallen. Natürlich liegen auch sie wieder in den Tälern kleiner Flüsse. Von Brantôme aus sind sie auf einer Tagesrundfahrt zu besichtigen.

Château Puyguilhem

Zunächst folgt man dem Lauf des *Trincou* aufwärts nach *Villars*. Am Ortsrand liegt das Château Puyguilhem, eines der wenigen Schlösser des Périgord, das ohne mittelalterliche Verbauungen in reiner Form den Stil der Frührenaissance repräsentiert. Die elegante Anlage aus dem frühen 16. Jh. mit ihren weitläufigen Wohntrakten läßt an die großen Schlösser im Tal der Loire denken. Dieser Vergleich ist naheliegend und gewinnt in der Gestalt des Bauherrn Mondot de la Marthonie seine volle Berechtigung. Marthonie war durch sein Amt als Parlaments-Präsident in Bordeaux in die höchsten politischen Kreise gelangt und bekleidete dasselbe Amt später in Paris. Der enge Kontakt mit den Großen seiner Zeit und seine zahlreichen Reisen machten ihn mit den Prunkbauten des Loire-Tals bekannt, die ihm

Grundriß des Château Puyguilhem

als Vorbild für sein Schloß vor Augen gestanden haben dürften. Mondot de la Marthonie starb während der Bauarbeiten, sein Sohn Geoffroy führte das Projekt 1530 zum Abschluß. Heute gehört das Schloß dem Staat, der es vor wenigen Jahren einer gründlichen Restaurierung unterzog.

Zwei ungleich große Trakte stehen im rechten Winkel zueinander, dessen Ecke ein rechteckiger Turm markiert; ein massiger Rundturm begrenzt den Hauptflügel. Alle Architekturteile, wie Fenster, Erker, Giebel, Gesimse, Kapitelle usw., sind reich mit Ornamentik verziert, die den Stil der Zeit Franz I. erkennen lassen, in dessen Auftrag zur selben Zeit Chambord an der Loire entstand.

Die Abtei Boschaud

Nur 1 km von Puyguilhem entfernt liegt inmitten von Feldern die Ruine der alten Zisterzienser-Abtei Boschaud. Dieses vermutlich um 1120 gegründete Kloster wurde in der französischen Revolution zerstört. Der Abstecher dorthin lohnt einmal wegen seiner landschaftlich reizvollen Lage, zum anderen wegen einer nur zur Hälfte eingestürzten Kuppel der ehemaligen Abteikirche, die einen vorzüglichen Eindruck von der Technik der Kuppelkonstruktion vermittelt. Seit 1973 arbeitet man an der Restaurierung.

Grotte de Villars

Diese Grotte, auch *Grotte-du-Cluzeau* genannt, 4 km nordöstlich des Ortes Villars, wurde der Öffentlichkeit erst 1958 zugänglich gemacht. Ihre Untersuchung ist noch nicht abgeschlossen; bislang sind 7 km (!) erforscht worden, so daß schon jetzt feststeht, daß es sich um eine der größten Höhlen Frankreichs handelt. Ihre verschiedenen Hallen nehmen teilweise beträchtliche Ausmaße an: Sie erstrecken sich bis zu 50 m Länge, 20 m Breite und etwa derselben Höhe. Neben zahlreichen Sinterbildungen wurden auch etliche polychrome Malereien des älteren Magdalénien gefunden, die hauptsächlich Bisons und Wildpferde zeigen. Die Bilder sind durch einen Kalksinterüberzug bestens geschützt, wodurch auch gleichzeitig ihre Authentizität außer Zweifel steht.

Die Abteiruine von Boschaud (Stich nach einer Zeichnung von Jules de Verneilh)

St-Jean-de-Côle

Im nahen Tal der kleinen *Côle* überrascht der Ort St-Jean-de-Côle mit einer originellen Klosterkirche, die mit der davor gelegenen alten Markthalle (Farbt. 7) und mit einem kleinen Château, der mittelalterlichen Brücke und den bejahrten Bürgerhäusern ein idyllisches Ensemble bildet. Die Kirche wurde Ende des 11. Jh. von Renaud de Thiviers, Bischof von Périgueux, erbaut und im Laufe des 12. Jh. fertiggestellt. Der Grundriß, der in dieser ausgefallenen Form sonst nirgends anzutreffen ist, läßt offen, ob der Bau tatsächlich in dieser Gestalt geplant war oder ob er aus ungeklärten Gründen unvollendet blieb. Die Kirche besteht nämlich lediglich aus einem Chor mit drei polygonalen Kapellen. Dieses eine Chorjoch war ursprünglich mit einer gewaltigen Kuppel überwölbt, die mit ihren 15 m Durchmesser eine der größten Kuppeln des Périgord war. 1787 jedoch war die kühne Konstruktion baufällig geworden und stürzte ein. Der Versuch, sie wiederherzustellen, endete mit einem Desaster; auch die neue Kuppel brach in sich zusammen. Daraufhin resignierte man und zog 1850 eine flache Holzdecke ein. Diese Verstümmelung hat viel von der ursprünglichen Wirkung des Innenraums genommen, und dennoch spürt man auch heute noch die kompakte Konzentration des Zentralbaus. St-Jean-de-Côle wirkt wie die bäuerlich-kraftvolle Übersetzung von St-Front in Périgueux ins Kleinformat. Nördlich an die Kirche angrenzend haben sich zwei Flügel des aus dem 16. Jh. stammenden Kreuzgangs erhalten. Über den spitzbogigen Arkaden liegt ein geschlossenes Obergeschoß, in dem heute eine Bibliothek untergebracht ist.

In unmittelbarer Nachbarschaft der Kirche liegt das *Château de la Marthonie*, das im Besitz derselben Familie war, die auch das Château Puyguilhem erbaut hatte. Die Familie de

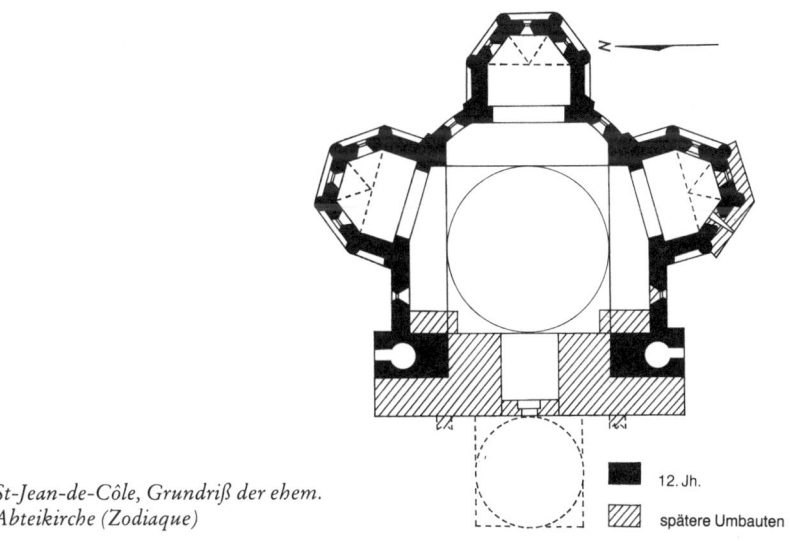

St-Jean-de-Côle, Grundriß der ehem.
Abteikirche (Zodiaque)

■ 12. Jh.

▨ spätere Umbauten

241

St-Jean-de-Côle,
ehem. Klosterkirche

la Marthonie tat sich später mit den Beaumont-Beynac zusammen. Die Anlage, deren Kern in das 15. Jh. zurückreicht, wurde im 17. und 18. Jh. erweitert. Sehenswert ist die prachtvolle Treppe des 17. Jh. im Innern des Schlosses.

Thiviers

Das Städtchen Thiviers liegt etwas abseits des Côle-Tales. Die beiden Kuppeln der romanischen Kirche des Ortes wurden zwischen 1511 und 1515 durch gotische Gewölbe ersetzt, wodurch der Bau erheblich an Reiz verloren haben dürfte. Die Kapitelle aber blieben erhalten, und sie bilden den reichhaltigsten Kapitell-Zyklus überhaupt, den man im Périgord antreffen kann (Abb. 76, 77, 78). Die Kapitelle im Chor und jene an den Vierungspfeilern sind verschiedenen Werkstätten zuzuschreiben. Das ikonographische Programm ist weit gespannt und läßt keinen strengen Zusammenhang der einzelnen Szenen erkennen. Im Vordergrund steht die Verfolgung des Menschen durch die bösen Mächte und die Verdammnis. Monster und wilde Tiere mit weit aufgerissenen Mäulern verschlingen menschliche Gestalten. Demgegenüber schildern andere Kapitelle in allegorischen oder typologischen Verschlüsselungen die Erlösung des Menschen. Das Bild eines Mannes etwa, der von einer Traube pflückt, die ihm ein Vogel im Schnabel zugetragen hat, ist eine schon seit der Spätantike geläufige Metapher für die Errettung des Gläubigen vor den dämonischen Kräften. In dieselbe Richtung zielt die Darstellung Samsons, der den Löwen bezwingt. Samson galt als Typus Christi, seine Vernichtung des Löwen als prophetischer Hinweis auf den Sieg Christi über Satan. Christus selber wird auf einem anderen Kapitell gezeigt, wie er Petrus die Schlüssel übergibt, rechts neben ihm Maria Magdalena. Der Grundton des Ganzen ist also die im frühen Mittelalter immer wieder anzutreffende Gegenüberstellung

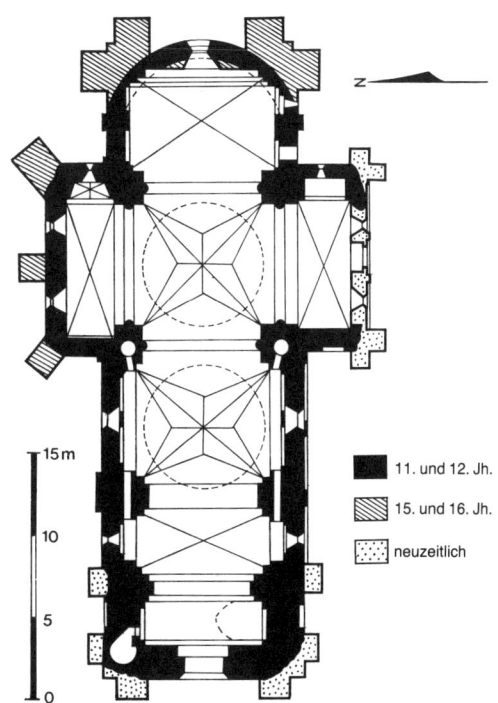

15 m

10

5

0

■ 11. und 12. Jh.

▨ 15. und 16. Jh.

⬚ neuzeitlich

Thiviers, Grundriß der romanischen Kirche (Zodiaque)

von Gut und Böse. Besonders originell ist im Chor die Darstellung einer Tänzerin in einem kleinen Ballettröckchen, die von einem Löwen bedroht wird.

Wieder zurückgekehrt ins Tal der Côle stößt man kurz vor Brantôme auf eine Burgruine, die steil über dem Ufer des kleinen Flusses aufragt. Es ist das Château von *La Chapelle-Faucher.* Von der stolzen Anlage des 15. Jh. stehen nur noch die Außenmauern, alles andere wurde früher das Opfer einer Feuersbrunst.

Abstecher ins Nontronnais

Die nördlich an Brantôme anschließende Landschaft heißt nach ihrem Zentrum, der kleinen Sous-Préfecture *Nontron,* das Nontronnais. Nach Osten grenzt diese Gegend an das benachbarte Limousin, im Westen geht sie in das Angoumois und in das Charente-Gebiet über, die südlichen Landschaften des Poitou. Das Nontronnais ist damit die nördlichste Region des Périgord und zugleich die thematische Grenze dieses Reiseführers. Die Stadt Nontron liegt malerisch auf einem Felsen; von ihren alten Bauwerken ist allerdings kaum etwas Nennenswertes erhalten geblieben. Für den Erholungssuchenden bietet der ca. 10 km nördlich gelegene *Etang de Saint-Estèphe* schöne Möglichkeiten zum Schwimmen und anderen Wassersportarten.

Der ›Sammler‹ romanischer Kirchen kommt in Bussières-Badil und La Chapelle-Saint-Robert auf seine Kosten. Im Grenzbereich zwischen Périgord und Poitou gelegen, ist *La Chapelle-St-Robert* der Formensprache beider Landschaften verpflichtet. Ihre Anlage als einschiffiger Saal entstammt dem périgordinischen Kunstkreis, die Einwölbung mit einer Tonne leitet sich aus dem Poitou her. *Bussières-Badil* dagegen läßt das Périgord bereits vergessen. Das wird schon am Außenbau erkennbar, denn das reichgestaltete Archivolten-Portal ohne Tympanon ist ein charakteristischer Eingangstyp, der in der Charente verbreitet ist (Aulnay, St-Jouin u. a.). Der dreischiffige Grundriß mit besonders schmalen Seitenschiffen, deren Tonnengewölbe annähernd dieselbe Höhe haben wie im Hauptschiff, ist gleichfalls poitevinischer Herkunft (Poitiers, St-Savin-sur-Gartempe u. a.).

Grundrisse der romanischen Kirchen La Chapelle St-Robert (links) und Bussières-Badil (Zodiaque)

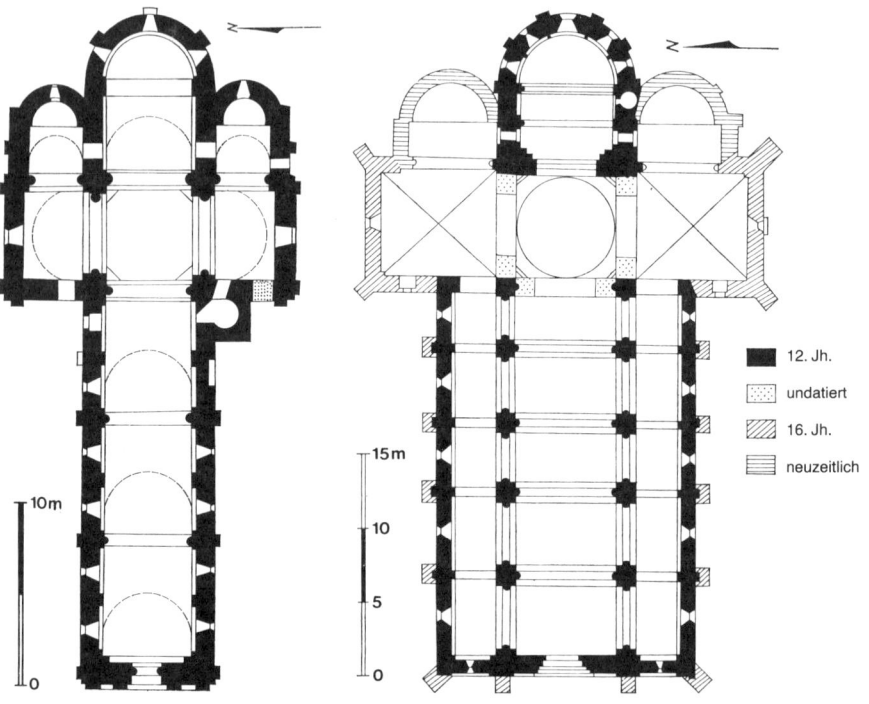

10 m

15 m

10

5

0

■ 12. Jh.

⋯ undatiert

▨ 16. Jh.

☰ neuzeitlich

Vom Périgord ins Bordelais

Abschied von den Kuppelkirchen

Wer seine Ausflüge in das nördliche Périgord bis an die Ufer der Dronne oder gar ins Nontronnais ausgedehnt hat und auf dem Weg nach Westen keine weiteren Umwege machen möchte, wählt am besten von Périgueux die gut ausgebaute N 89, die immer dem Lauf des Isle folgend über Mussidan direkt in das Bordelais führt. Reizvoller ist es jedoch, von Périgueux auf der D 710 südwärts wieder in das Tal der Dordogne zu fahren und die Reise in Richtung Westen in *Limeuil,* am Zusammenfluß von Vézère und Dordogne, fortzusetzen.

Paunat

Man sollte von Limeuil zunächst dem rechten Ufer der Dordogne folgen. In Paunat, 2 km abseits des Flusses, steht als einziger Zeuge einer ehemals einflußreichen Abtei die romanische *Kirche.* Sie wurde im 12. Jh. über einem lateinischen Kreuz ohne Seitenschiffe erbaut. Trutzig ist dem Langhaus ein quadratischer Turm vorangestellt, der als Wehr- und Glockenturm gleichermaßen diente. Auch die Kirche selbst ist als Wehrbau angelegt, was sich in diesem Fall mit der Nähe zum Fluß und zu der wichtigen Straßenverbindung im Tal erklärt, da von dorther stets Gefahr drohte. Von den ursprünglich geplanten vier Kuppeln kam nur die über der Vierung zur Ausführung. Im 15. Jh. wurden die noch fehlenden Joche

Das Dordogne-Tal von Bergerac bis Castillon-la-Bataille

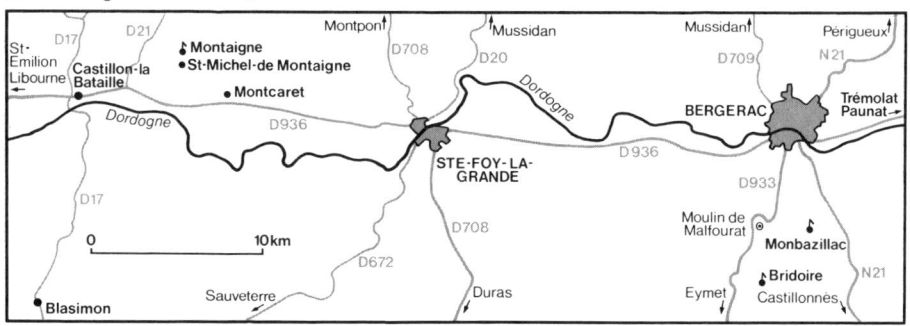

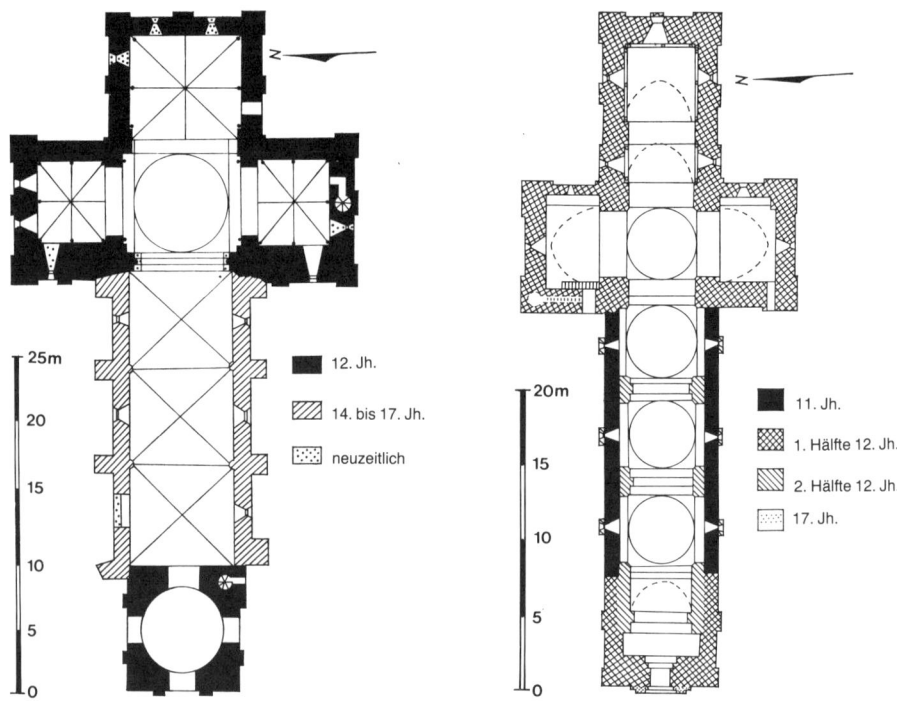

Grundrisse der romanischen Kirchen von Paunat (links) und Trémolat (Zodiaque)

mit gotischen Kreuzrippengewölben eingezogen. Paunat, das im hohen Mittelalter der mächtigen Abtei St-Martial in Limoges unterstand, soll der Legende zufolge schon im 6. Jh. durch den hl. Cybar aus dem benachbarten Trémolat gegründet worden sein.

Trémolat

Die *Kirche* von Trémolat, das nur 6 km weiter südöstlich direkt am Fluß liegt, ist Paunat eng verwandt. Da ihre Baugeschichte ins 11. Jh. zurückreicht, liegt es nahe, in Trémolat das Vorbild für Paunat zu sehen. Man betritt das Kircheninnere durch einen Belfried, ähnlich dem von Paunat. Das Langhaus ist von drei Kuppeln überwölbt, eine vierte spannt sich über der Vierung; die Querschiffarme und der flach geschlossene Chor haben Tonnengewölbe. Der radikale Verzicht auf jede Form von Ausschmückung mit plastischem Dekor läßt den wehrhaften Charakter des Bauwerks, aber auch die kraftvolle Sprache der immer wieder faszinierenden Kuppelkonstruktionen klar in den Vordergrund treten.

Trémolat liegt an einer Schleife der Dordogne, die ein fast geschlossenes Oval beschreibt, den *Cingle de Trémolat*. Einen herrlichen Rundblick auf den Cingle und das Tal hat man von einem Aussichtspunkt, zu dem man gelangt, wenn man der durch den Ort Trémolat führenden D 30 2 km nach Norden folgt.

Lanquais

In Trémolat wechselt man auf das linksseitige Ufer der Dordogne und setzt die Fahrt auf der D 28 bzw. D 29 fort, die unterhalb der Ruinen des *Château Badefols*, wenig später an der alten Bastide *Lalinde* vorbeiführt. Kurz hinter Lalinde wechselt die Straße in *Couze-et-St-Front* wieder auf das gegenüberliegende Ufer. Wer aber dem linken Ufer noch 3 km weiter flußabwärts folgt, stößt auf das *Château Lanquais*. Eine prächtige Ulmenallee führt durch den Park zum Schloß, das zwei zeitlich voneinander differente Bauteile zeigt. An einen mittelalterlichen Rundturm mit dem Rest eines aus der gleichen Epoche stammenden Traktes schließt sich ein Prunkbau des späten 16. Jh. an. Der abrupte Übergang der unterschiedlichen Baukörper spricht dafür, daß der Barockbau den mittelalterlichen Vorgänger offenbar ganz ersetzen sollte. Das entspricht einer damals durchaus üblichen Praxis, daß ein älterer Bau Schritt für Schritt einem Neubau weichen mußte. Das Château Lanquais zählt zu den wenigen Schlössern, in denen die alte Ausstattung erhalten blieb. Das Mobiliar stammt überwiegend aus der Zeit Ludwigs XIII. Ferner beeindrucken zwei überdimensionale Kamine.

Im Bergeracois

Bergerac

Einst am Schnittpunkt wichtiger Verkehrswege gelegen, hat die im Mittelalter bedeutende Stadt Bergerac heute keine nennenswerten Bauwerke mehr vorzuweisen. Einige hübsche alte Häuser finden sich in den winkligen Gassen zwischen der Rue Neuve d'Argenson und der Rue St-Esprit. Dabei stößt man in Nähe des alten Hafens auf die Reste eines Klosters mit Gebäudeteilen des 12. bis 17. Jh., in dem heute die *Maison du Vin* untergebracht ist. Die Grande Rue, die das Altstadtviertel durchschneidet, führt direkt auf die gotische *Pfarrkirche* zu. In einer Seitenkapelle werden zwei Tafelbilder mit der Anbetung der Hirten und der Anbetung der Hl. Drei Könige aufbewahrt, die den Italienern Pordenone (1483–1539), einem Schüler Giorgiones, und Ferrari (um 1475–1546) zuzuschreiben sein sollen. Sehenswert ist das *Tabak-Museum*, das erst 1950 als das einzige seiner Art in Frankreich im Rathaus der Stadt eingerichtet wurde. Es ruft in Erinnerung, daß das Departement Dordogne der größte Tabakerzeuger Frankreichs ist. Alle möglichen Utensilien des Rauchers, Tabakdosen, Pfeifen, Töpfchen etc., sind in reicher Zahl zusammengetragen worden.

Der Name Bergerac ist vielen durch das Drama von Edmond Rostand geläufig, ›Le Cyrano de Bergerac‹, das von der Verbitterung eines Mannes handelt, der seiner übergroßen Nase wegen dem ständigen Gespött der Menschen ausgesetzt ist. Rostands Vorbild lebte tatsächlich (1619–1655), hatte aber den Namen Bergerac nicht nach der gleichnamigen Stadt an der Dordogne, sondern nach dem Familienbesitz, von dem er stammte. Dieses Bergerac liegt weit entfernt im heutigen Département Seine-et-Oise.

Bergerac liegt inmitten eines begrenzten Anbaugebietes für Wein mit der Bezeichnung *Appellation Bergerac Controlée*. Die weißen und roten Weine dieser Gegend sind keine erstklassigen, aber verläßliche, gute *vins de pays*.

Monbazillac

Ein weiteres Weingebiet, das zwar sehr klein, aber hochberühmt ist, hat seinen Namen nach dem *Château Monbazillac* (Abb. 81), das etwa 6 km südlich von Bergerac liegt. Das ringsum von Weinbergen umgebene Schloß wurde um 1550 erbaut; 1960 ging es in den Besitz der Winzerei-Genossenschaft von Monbazillac über, die die Räume herrichten und zum Teil mit alten Möbeln wieder ausstatten ließ. Der Monbazillac ist ein besonders schwerer und süßer Weißwein von auffällig honiggelber Farbe, die bei älteren Jahrgängen sogar ins Ocker changieren kann. Je nach Güte des Jahrgangs kann er bis zu dreißig Jahren und länger liegen, was für einen Weißwein ein unerhört hohes Alter ist. Der Monbazillac genoß schon im Mittelalter große Berühmtheit. Schmunzelnd erzählt man sich noch heute eine Geschichte, die sich am päpstlichen Hof in Avignon ereignet haben soll. Eine Gesandtschaft aus der damals bedeutenden Stadt Bergerac wurde beim Papst mit einer Petition vorstellig. Der Heilige Vater fragte daraufhin irritiert, wo denn überhaupt dieses Bergerac liege. Als die Abordnung peinlich berührt schwieg, half ein Vertrauter des Papstes, indem er bemerkte, Bergerac liege bei Monbazillac. Der Papst war sofort im Bilde und hocherfreut. Man muß dazu wissen, daß Monbazillac schon damals, genau wie heute, aus nichts anderem als einem winzigen Dorf und einem kleinen Schloß bestand.

Ein anderes Wein-Schlößchen des 16. Jh. hat sich wenige Kilometer südlich Monbazillacs erhalten, das *Château de Bridoire*. Von dort Richtung Bergerac wieder nach Norden fahrend, passiert man kurz hinter dem Flecken *Rouffignac-de-Sigoulès* die Ruine der *Mühle von Malfourat*. Man muß die Anhöhe, auf der sie steht, zu Fuß erklimmen und wird mit einem herrlichen Weitblick über die Weinberge und das Tal der Dordogne belohnt. Der nächste größere Ort auf der Fahrt Richtung Westen ist *Ste-Foy-la-Grande*, eine alte Bastide, in deren rechtwinklig zueinander verlaufenden Straßen sich der Idealplan einer Bastide noch heute widerspiegelt.

Auf der Grenze zwischen Périgord und Bordelais

Montcaret

Der D 936 weiter nach Westen folgend, streift man den kleinen Ort Montcaret, der durch seine gallo-römischen Funde bekannt wurde. Schon 1827 wurde bei Ausschachtungsarbeiten für ein öffentliches Waschhaus ein großes Mosaik freigelegt. Erst gut hundert Jahre später wurden die Ausgrabungen systematisch fortgesetzt, wobei weitere Böden mit Mosaiken entdeckt wurden, die möglicherweise ursprünglich zu einer Thermenanlage

Michel de Montaigne (Stich von Thomas de Leu)

gehörten. In quadratischen Feldern sind alle erdenklichen Fischarten bis hin zum Tintenfisch dargestellt. Ein kleines Museum birgt die Fundstücke, die bei den Grabungen zutage gefördert wurden, meist Gegenstände des täglichen Lebens und Kleinkunstwerke. Auf dem Areal der römischen Thermen wurde im Mittelalter eine kleine romanische Kirche errichtet.

St-Michel de Montaigne

Wenig nördlich von Montcaret liegt St-Michel de Montaigne, dessen Name den großen Humanisten und Freund des Etienne de la Boétie signalisiert. Von dem Schloß der Familie Montaigne, das etwas außerhalb des Dorfes liegt, ist jedoch kaum mehr etwas vorhanden, weil ein Brand im vorigen Jahrhundert die Anlage verwüstete. Einzig der Bibliotheksturm blieb unversehrt, in dem der Autor der ›Essays‹ gearbeitet haben soll.

Für den Liebhaber ländlicher Kirchen der Romanik bietet sich in *Montpeyroux* ein Beispiel, das ähnlich wie Bussières-Badil und La Chapelle-St-Robert im Nontronnais stilistisch auf der Grenze zwischen dem Périgord und der nördlichen Nachbarlandschaft des Poitou steht.

Im Namen der Ortschaft *Castillon-la-Bataille* klingt jene entscheidende Schlacht von 1453 an, in der sich Engländer und Franzosen zum letzten Mal gegenüberstanden. Nach diesem Sieg Karls VII. von Frankreich bei Castillon hörte der Hundertjährige Krieg auf, ohne jemals durch einen Friedensvertrag offiziell beendet worden zu sein. Nach Westen beginnen sich nun die Weinberge des Bordelais auszubreiten.

Im Bordelais

St-Emilion

Was Sarlat für das Périgord ist, stellt St-Emilion für das Bordelais dar: eine kleine Stadt, die in beglückender Fülle Bauten früherer Zeiten bewahrt hat, so daß es der Phantasie leicht gemacht wird, sich in das Mittelalter zu versetzen. Und dennoch handelt es sich nicht um ein rein museales Gebilde, das nur künstlich durch den Durchzug der Touristen am Leben gehalten wird, sondern um eine selbstbewußte Stadt, die sich mit Recht rühmen kann, eines der bedeutendsten Weinzentren des ganzen Landes zu sein.

Blick in die Geschichte

In der Nähe von St-Emilion besaß der Dichter Ausonius eine Villa, die schon damals, im frühen 4. Jh., inmitten von Weinbergen lag. Die Keimzelle der Stadt entstand jedoch erst nach der Mitte des 8. Jh., als aus der Bretagne ein Eremit mit Namen Aemilianus einwanderte und sich eine Mönchsklause einrichtete. Bald nach seinem Tode 767 wurde sein Grab, an dem sich Wunder zugetragen haben sollen, zu einer Pilgerstätte. Dem Vorbild des als heilig verehrten Ortspatrons folgend, der seine Wohnstatt in den Fels geschürft hatte, gruben sich die Mönche, die nach der Regel des hl. Benedikt lebten, ihre Behausungen und ihre Kirche gleichfalls in den Felsen. So entstand im Laufe der Zeit die größte Felskirche Europas. Der Ort, der sich um das Kloster gebildet hatte, wurde von den Sarazenen niedergebrannt und ein zweites Mal von den Normannen dem Erdboden gleich gemacht. Im 11. Jh. aber blühte die Stadt wieder auf; sie wurde mit starken Wällen und Mauern geschützt, innerhalb derer im Laufe des Mittelalters zahlreiche bedeutende Bauwerke entstanden. Seit dem 13. Jh. war St-Emilion ein ständiger Spielball der rivalisierenden Mächte. 1224 von den Franzosen eingenommen, kurz darauf von den Engländern zurückerobert, Ende des 13. Jh. erneut in französischer Hand, 1303 wieder an die englische Krone abgetreten – die verworrene Geschichte dieser Zeit fand erst nach der Schlacht von Castillon ihr Ende, als St-Emilion nun endgültig zu Frankreich kam. Der vorübergehenden Befriedung folgten, wie überall in Frankreich, die blutigen Auseinandersetzungen der Religionskriege. Da die Einwohnerschaft bereits zuvor durch eine Pestepedemie entscheidend reduziert worden war, erlebte St-Emilion einen trostlosen Niedergang, der in seiner Tragweite mit den Verwüstungen des 9. und 10. Jh. vergleichbar ist. Aber auch von diesen Schlägen erholte sich der Ort, der seit dem 17. Jh. zu den bekanntesten Wein-Metropolen aufstieg. Während der Französischen Revolution wurde St-Emilion zum Schauplatz eines der unrühmlichen Kapitel, an denen das letzte Jahrzehnt des 18. Jh. nicht eben arm war. Die Girondisten, eine

Gruppe gemäßigter Revolutionäre, die gegen die Massenhinrichtungen und andere Frevel eintraten, hatten sich in St-Emilion verborgen. Ihr Anführer Elie Guadet wurde jedoch mitsamt seiner Familie und einigen Anhängern gefaßt und in Bordeaux hingerichtet, während andere Girondisten Selbstmord begingen.

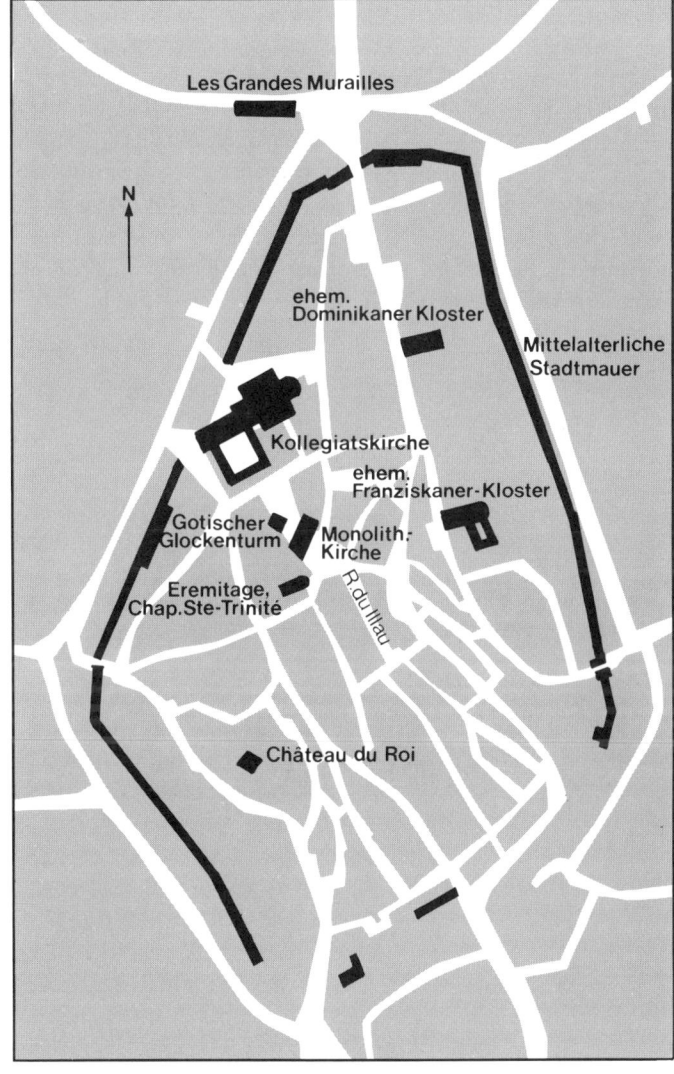

St-Emilion

Rundgang durch die Stadt

Einen guten Überblick über die Stadt und das Gewirr ihrer Dächer gewinnt man von dem Platz neben dem großen Glockenturm, der sich über der darunter befindlichen Felskirche erhebt (Abb. 84). Durch eine der kleinen Gassen erreicht man die Felskirche, die von außen kaum zu erkennen ist, und die *Eremitage des hl. Emilion.* Über der künstlichen Grotte, die sich der Ortspatron in den Fels geschürft hatte, erhebt sich eine gotische Kapelle, die der Heiligen Dreieinigkeit geweiht ist (Abb. 82). Durch einen Seiteneingang gelangt man in die Räume der Eremitage, in der Emilion lebte, starb und beigesetzt wurde: zwei kleine, in den Fels gegrabene Kammern. In der einen wird eine Steinbank als Schlafstatt des Heiligen gedeutet, die andere soll das Oratorium gewesen sein.

Der Eingang zur *Felskirche* liegt am selben Platz, der Place du Marché. Nach außen ist die Kirche, deren Front nichts weiter als eine unregelmäßige Felswand ist, nur durch ein hochgotisches Portal erkenntlich (Farbt. 29). Die stark zerstörten Skulpturen stellten eine Weltgerichts-Szenerie dar. Da dieser Eingang heute verschlossen ist, betritt man die Kirche durch eine unscheinbare Pforte rechts daneben. Wenn sich das Auge allmählich an das Dämmerlicht gewöhnt hat, gewahrt man einen Kirchenraum, der ohne Übertreibung zu den originellsten Schöpfungen des Mittelalters in Europa gerechnet werden darf. Die vollständig

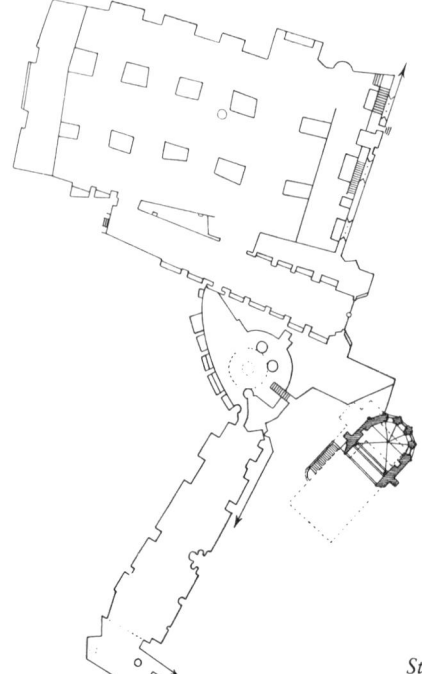

St-Emilion, Grundriß der Felskirche und der Eremitage des hl. Aemilianus

aus dem Felsen geschlagene Kirche (›Eglise monolithe‹) ist als Halle mit drei etwa gleich großen Schiffen angelegt; ihre Länge beträgt 38 m, die Breite 20 m und die Höhe 11 m. Den Ursprung des ungewöhnlichen Bauwerks bildeten die Zellen, die die Mönche seit dem 9. Jh. in den Fels geschürft hatten. Die systematische Erweiterung zu einer großen Kirche war im späten 12. Jh. abgeschlossen. Im Laufe des Mittelalters sind die Wandflächen ausgemalt worden, aber von dieser Ausschmückung haben sich nicht die geringsten Reste erhalten; lediglich ein paar aus dem gewachsenen Fels gearbeitete Reliefs sind noch vorhanden. Im Gewölbescheitel des vorletzten Joches stehen zwei Engel, die durch geschickte Ausleuchtung mit elektrischem Licht wie sogenannte Kippfiguren erscheinen. Ein Engel erscheint positiv, der andere wirkt wie negativ in den Stein gedrückt, tatsächlich aber heben sich beide Figuren plastisch vom Untergrund ab. An den Pfeilern entdeckt man zwei Tierkreiszeichen. In der Chornische findet sich das größte Relief mit schwerfälligen, unbeholfenen Figuren, die den Erzengel Michael im Kampf mit dem Drachen und einen musizierenden Engel zeigen. Parallel zur Kirche verläuft links ein schmaler, gleichfalls in den Fels getriebener Gang, der ursprüngliche Zugang zur Kirche von dem oben erwähnten gotischen Portal aus. In seinen Nischen sind einige Sarkophage aufgestellt, in denen möglicherweise die ersten Mönche von St-Emilion zur letzten Ruhe gebettet wurden. Die Felskirche wurde während der letzten Revolutionsjahre als Salpeterfabrik benutzt, im 19. Jh. jedoch wieder konsekriert. Seitdem werden an besonderen Feiertagen Messen zelebriert. Um diese unterirdisch verborgene Kirche nach außen hin sichtbar zu machen, errichtete man im 14. Jh. auf dem Felsen darüber einen gotischen Glockenturm, von dessen Glocke ein Zugseil durch den Turm bis in die Kirche hinabhing. Dem Besucher wird heute noch das kreisrunde Loch in der Deckenwölbung gezeigt, durch das einstmals das Seil herunterhing.

Noch während die Arbeiten an der Felskirche in vollem Gang waren, hatte man bereits auf dem Plateau, wo auch der spätere Glockenturm errichtet werden sollte, mit dem Bau einer herkömmlichen Kirche für den Benediktiner-Konvent begonnen. Das tiefgestufte Archivoltenportal dieser *Kollegiatskirche* macht den Einfluß der Charente deutlich, das Innere – ein von zwei Kuppeln überwölbter Saal – ist dagegen dem Périgord verpflichtet. Schon im 13. Jh. war weder die Felskirche noch die neugebaute Kollegiatskirche den Erfordernissen einer ständig wachsenden Stadt gewachsen. Deshalb sollte die Kollegiatskirche nach einem großzügigen Plan erweitert werden, der aber durch die Wirren des englisch-französischen Krieges im 14. Jh. immer wieder ins Stocken geriet. Das Chorhaupt konnte letztlich erst im 16. Jh. geschlossen werden. Insgesamt hat das Gebäude die beachtliche Länge von 72 m. Der *Kreuzgang,* der sich an die Südflanke der Kirche anschließt, ist ein beredtes Zeugnis für den Wohlstand von St-Emilion im Hochmittelalter, denn er beeindruckt durch seine souveräne Größe: die vier Flügel sind jeder fast 30 m lang und 5 m breit. Diese breite Proportionierung ist typisch für die südwest-französischen Kreuzgänge, die deshalb auch häufig nicht eingewölbt, sondern wie dieser in St-Emilion mit einem offenen Dachstuhl gedeckt wurden (Toulouse, Moissac u. a.). Eine Gewölbekonstruktion hätte zu große statische Probleme mit sich gebracht und kräftige Pfeiler erfordert, die dem Kreuzgang Licht und die Eleganz seiner Wirkung genommen hätten. Das verhältnismäßig leichte Gewicht der hölzernen Bedachung

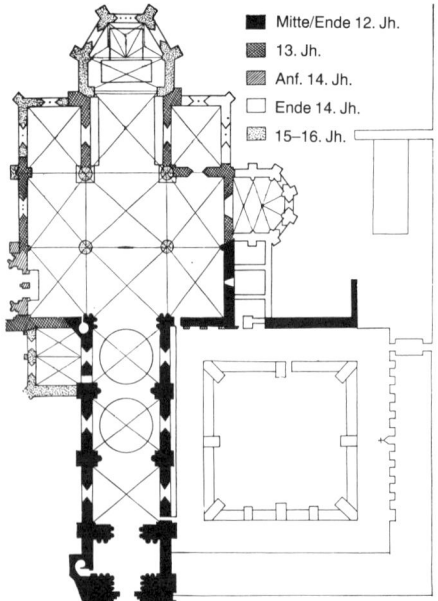

Mitte/Ende 12. Jh.
13. Jh.
Anf. 14. Jh.
Ende 14. Jh.
15–16. Jh.

St-Emilion, Grundriß der Kollegiatskirche

kann dagegen ohne weiteres von den zierlichen Säulchen getragen werden, die immer paarweise angeordnet sind. Im September und Oktober wandelt sich alljährlich das Aussehen des Kreuzganges. Es wird dann ein Markt für kunstgewerbliche Erzeugnisse abgehalten, dessen farbige Geschäftigkeit in einem bizarren Kontrast zu der Erhabenheit der Architektur steht.

In der Blütezeit des Hochmittelalters hatte St-Emilion nach Schätzungen der Historiker mehr als 10 000 Einwohner. Die Stadt muß demnach etwa drei mal so groß gewesen sein wie heute, denn die jüngste Erhebung von 1970 zählte nur knapp 3400 Bewohner. Innerhalb der Stadtmauern war deshalb schon im späten 13. Jh. kein Raum mehr für größere Bauprojekte. Als in den 70er und 80er Jahren des 13. Jh. die beiden bedeutenden Bettelorden der Dominikaner und Franziskaner Niederlassungen in St-Emilion gründeten, waren sie gezwungen, ihre großen Predigerkirchen außerhalb der Mauern zu errichten. Dasselbe ist in vielen anderen Städten des Südens anzutreffen; in Florenz etwa stehen die Dominikaner- und die Franziskanerkirche gleichfalls weit außerhalb des Zentrums. Diese ungeschützte Stellung war jedoch gefährlich, und es dauerte auch nicht lange, bis beide Klöster ein Opfer der kriegerischen Auseinandersetzungen des 14. Jh. wurden. Vom Kloster der Franziskaner ist nichts erhalten geblieben, von dem der Dominikaner kündet noch eine einzeln inmitten der Weinfelder vor der Stadt stehende Mauer, die einstmals eine der Kirchenwände bildete. Jahrzehntelang blieben beide Orden ohne Heimstatt. Erst durch die Vermittlung des Papstes ertrotzten die einflußreichen Orden das Recht, sich innerhalb der Stadmauern eine Bleibe zu sichern. Begreiflicherweise fielen die Ausmaße dieser Neugründungen gegenüber den zerstörten Klöstern bescheidener aus. Sie erlitten in der Revolution dasselbe Schicksal ihrer Vorgänger und wurden eingeäschert. Von dem Dominikaner-Konvent blieb wiederum nur ein trauriger Rest, der in der Hauptstraße, Rue Guadet, zu sehen ist. Vom *Kloster der Franziskaner* blieb immerhin ein großer Teil des gotischen Kreuzgangs und der Kirche stehen, den man in der Rue de la Porte Brunet, einer Seitenstraße der Rue Guadet findet (Farbt. 30, Abb. 83). Den Besuch dieses Kreuzganges sollte man sich auf keinen Fall entgehen lassen. Er hat ein ganz eigenes Flair, das aus dem Zusammenklang von gotischer Ruine, wildem Baumwuchs und dem unerwarteten Betrieb einer Weinkellerei entsteht. In den alten Kellergewölben des Klosters hat sich eine kleine Schaumweinfabrik etabliert, die einen vorzüglichen moussierenden Blanc de Blanc herstellt. Im Hof des Kreuzgangs sind Tische und Stühle aufgestellt, so daß man in Ruhe von dem prickelnden Getränk kosten kann.

Wer nach dem Besuch des ehemaligen Franziskaner-Klosters noch einen klaren Kopf besitzt und seine Streifzüge durch das Städtchen fortsetzt, wendet sich nun zum *Château-du-Roi,* von dem nur noch ein klotziger Donjon steht, der auf einer Felsnase die Stadt hoch überragt. König Heinrich III. Plantagenet ist der mutmaßliche Bauherr gewesen, denn in einem in London erhaltenen Brief vom 16. Juni 1237 gab er dem Seneschall der Gascogne Order, in St-Emilion eine Burg zum »Schutz für die Einwohner« errichten zu lassen. Der 32 m hohe Turm diente vom Spätmittelalter bis 1720 als Rathaus des Ortes und spielt noch heute eine gewichtige Rolle im Leben der Stadt: Seit 1948 hat sich die ›Jurade‹ wieder konsolidiert, eine auf mittelalterlichen Brauch zurückgehende Bruderschaft der Winzer, die von diesem Turm aus alljährlich am dritten Sonntag im September die Weinlese offiziell eröffnet und, was noch schwerer wiegt, von hier aus jeweils im Mai das Urteil über die Weine des Vorjahres verkündet. Für St-Emilion gilt im übrigen natürlich dasselbe, was schon bei anderen Städten angeraten wurde: man muß auch zwischendurch einfach ziellos durch die Gassen wandern, hier einen Blick in einen Weinkeller werfen, dort sich von einem schönen Haus oder einem malerischen Durchblick begeistern lassen; auch ein Spaziergang entlang den alten Festungswällen ist empfehlenswert.

Auf dem Wege von St-Emilion nach Bordeaux kommt man durch *Libourne,* das am Zusammenfluß von Isle und Dordogne liegt. Der Name der Stadt leitet sich von ihrem Gründer ab, dem englischen Seneschall Roger Leyburn, der den Ort 1268 im Auftrag seines Königs als Bastide hatte anlegen lassen. Durch die verkehrstechnisch günstige Lage war Libourne als Hafen für den Versand der Weine aus St-Emilion, Pomerol und Fronsac seit jeher prädestiniert, und noch heute ist es der Hauptumschlagplatz für die Weine aus den genannten Gegenden. Die Stadt hat nur wenig von ihren früheren Kostbarkeiten bewahrt; sehenswert ist der arkadengesäumte Marktplatz vor dem Rathaus.

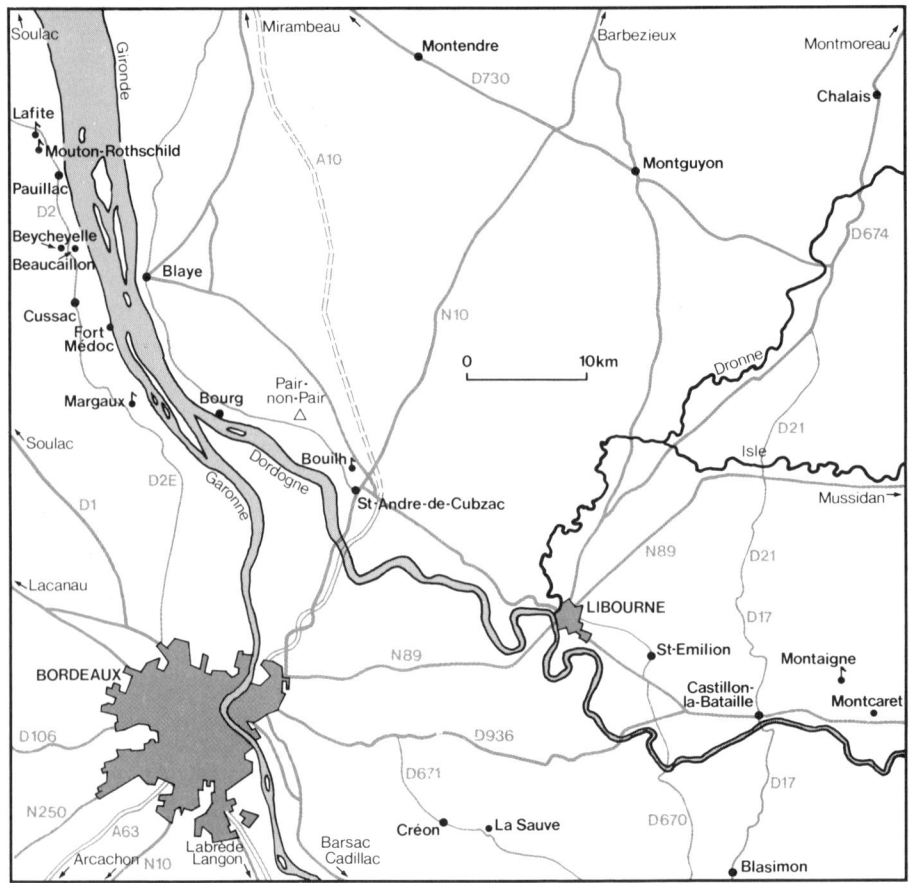

Das Bordelais

Bordeaux

Bordeaux ist eine Stadt, die sich nicht auf den ersten Blick erschließt. Man muß sie durchwandern und auch abseits der großen Denkmäler stöbern, um ihren Reiz kennenzulernen. Wenn in anderen Städten zu empfehlen ist, sich so weit wie irgend möglich zu Fuß zu bewegen, hier wird es zur Notwendigkeit, denn wer sich als Autofahrer durch das hektische Gewühl des Großstadtverkehrs quält, wird Bordeaux als einen Hexenkessel in Erinnerung behalten, aus dem hier und da einzelne bedeutende Denkmäler herausragen. Seit kurzem ist es ein Vergnügen, zu Fuß durch die City zu gehen, weil zahlreiche Straßen im Innenstadtbereich für den Autoverkehr gesperrt worden sind.

256

80 Château LABREDE im Bordelais, Geburtsort Montesquieus

81 Weingut Château MONBAZILLAC bei Bergerac

82 ST-EMILION im Bordelais Kapelle La Trinité

84 ST-EMILION Blick ▷ über die Altstadtdächer

83 ST-EMILION Ruine des Franziskaner-Kreuzganges

86 BORDEAUX   Place de la Bourse

85 BORDEAUX   Blick von der Tour de Pey-Berland auf St-Michel und ›Grosse Cloche‹

87 BORDEAUX   Porte de Cailhau   88 BORDEAUX   Stadttor ›La Grosse Cloche‹

89 BORDEAUX Kathedrale St-André, Porte Royale, Apostelfiguren im linken Gewände

90 BORDEAUX Chorgewölbe von St-André

91 BORDEAUX St-André (von Südwesten)

92 BORDEAUX St-André, Seitenschiff

93 BORDEAUX St-André, Langhaus und Chor

94 BORDEAUX Ste-Croix

95 BORDEAUX ›Palais Gallien‹

96, 97 BORDEAUX Marktszenen 98 BORDEAUX Hafen mit Blick auf St-Michel ▷

99 BLASIMON (Entre-Deux-Mers) Portal der
ehem. Abteikirche

100, 101 BLASIMON Details des Portals

101

102 BOURG-SUR-GIRONDE ▷

104   BAYONNE   Kreuzgang der Kathedrale

◁ 103   BAYONNE   Kathedrale Ste-Marie

107   ST-JEAN-DE-LUZ
Innenraum der Kirche St-Jean-Baptiste ▷

105, 106   BAYONNE   Musée Basque: Alte baskische Grabsteine

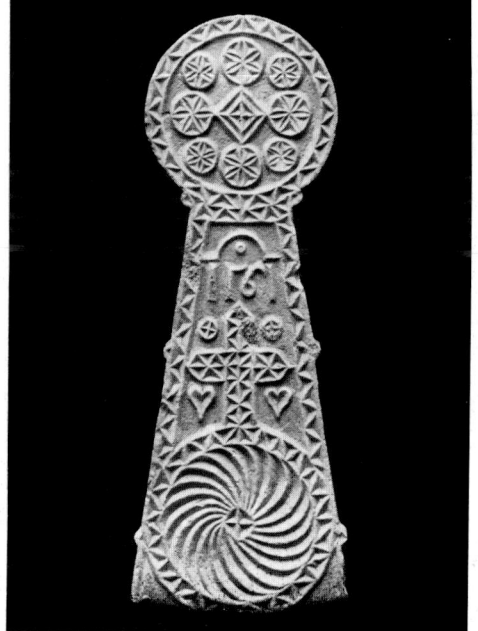

Blick in die Geschichte

Um die Eigenheiten von Bordeaux besser zu verstehen, ist es sinnvoll, sich zunächst ein wenig mit der Geschichte der Stadt zu befassen. Unter dem Namen Burdigala gründeten die Römer eine kleine Hafenstadt, die in der Spätantike zu einem wichtigen Handelsstützpunkt avancierte. Einzelheiten über das Aussehen der Stadt im 4. Jh. erfahren wir aus den Schriften des Ausonius, der sich zum Spezialisten für topographische Beschreibungen entwickelte.[21] Die Reste des Amphitheaters zeugen von der glänzenden Stellung, die Bordeaux bereits damals innehatte. Wie auch heute noch, lebte die Stadt schon zur Römerzeit hauptsächlich vom Weinhandel und ist somit ein seltenes Beispiel für eine bestimmte wirtschaftliche Kontinuität von der Antike bis in unsere Tage. Die Stadt baute ihre Existenz seit jeher auf den agrarischen Erzeugnissen ihres Umlandes auf, eine Sonderstellung, die sich im Hundertjährigen Krieg günstig auswirkte. Während alle anderen Städte des Südwestens in dieser Zeit zu leiden hatten, konnte Bordeaux dank seiner Monopolstellung im Weinhandel Nutzen aus dem Streit der Königreiche ziehen. England wurde fast ausnahmslos mit Wein aus dem Bordelais versorgt.

In diesem Zusammenhang erwies sich seine geographische Lage mitten im Anbaugebiet des Weins von unschätzbarem Wert. Das wertvolle Handelsgut konnte unter Vermeidung langer Transportwege zu Lande gleich verschifft werden, was im Mittelalter bedeutungsvoll war, da die Weine damals nicht lange gelagert werden konnten und deshalb sehr jung getrunken wurden. Obwohl Bordeaux tief im Binnenland liegt, hat es durch die Gironde einen vorzüglichen Zugang zum Atlantik, eine Situation, die in Deutschland mit jener Hamburgs vergleichbar ist. Interessanterweise bestanden gerade zwischen diesen beiden Städten schon seit dem ausgehenden 13. Jh. enge Handelsbeziehungen. Die kommunale Verfassung von Bordeaux unterschied sich krass von allen anderen südfranzösischen Städten. Es regierten ein Bürgermeister und die sogenannten Geschworenen. Die starke Affinität zu England brachte es unter anderem mit sich, daß – von Bordeaux ausgehend – sich für die alte Landesbezeichnung Aquitanien die englische Verballhornung *Guyenne* durchsetzte.[22] 1453 kam Bordeaux wieder an die französische Krone, mit der die Stadt von da an in stetem Hader lebte. Immer wieder muckte sie gegen die zunehmende Zentralisierung des Landes auf und war ständig bemüht, ihre Selbständigkeit zu bewahren.

Im 18. Jh. fand eine großangelegte Neuplanung des Stadtkerns statt, der zahlreiche Bauten des Mittelalters weichen mußten. Auf ihren Fundamenten entstanden prunkvolle Gebäude, die vom Reichtum und Selbstbewußtsein der großen Handelsstadt zeugen. Dadurch ist ein reizvoller Kontrast zwischen den erhaltenen mittelalterlichen Kirchen und Stadttoren einerseits und den profanen Bauten des 18. Jh. andererseits entstanden, den Victor Hugo zum Ausdruck brachte, indem er meinte, eine Mischung aus Versailles und Antwerpen ergäbe Bordeaux. In der Revolution lehnten sich die Girondisten der alten Tradition ihrer Vaterstadt folgend gegen die Zentralisierung auf. Viele von ihnen wurden deshalb eingekerkert und ermordet. Es muß den Einwohnern ein außerordentliches Vergnügen bereitet haben, als sie 1828 das Château Trompette niederrissen. In dieser Burg waren stets königliche Garnisonen stationiert gewesen.

Heute liegen die großen Hafenanlagen nördlich außerhalb der Stadt (Abb. 98). Neben seiner Bedeutung als Umschlagplatz für den Wein ist der Hafen für die Versorgung des Hinterlandes vor allem mit Energiestoffen wichtig. In den späten sechziger Jahren wurde Bordeaux unter seinem damaligen Bürgermeister Jacques Chaban-Delmas von einem wahren Baufieber ergriffen, das in seiner Tragweite mit den Aktivitäten des 18. Jh. verglichen werden kann. Es bleibt allerdings umstritten, ob auch die Qualität der Ergebnisse aus beiden Epochen auf eine Stufe zu stellen ist. Um einen künstlich angelegten See im Norden der Stadt entstand in Verbindung mit einem Messegelände eine Hotelstadt, in der

Bordeaux

1 Monument des Girondins
2 Grand Theâtre
3 Börse
4 Place de la Bourse
5 Porte de Cailhau
6 St-Pierre
7 St-Michel
8 Glockenturm von St-Michel
9 Ste-Croix
10 Stadttor La Grosse Cloche
11 Tour Pey Berland
12 Kathedrale St-André
13 Hôtel de Ville
14 Musée d'Aquitaine
15 Musée des Beaux-Arts
16 Musée des Arts Décoratifs
17 St-Seurin
18 Palais Gallien
19 Naturkunde-Museum

alle großen Hotelketten ein Haus betreiben. Für den Durchreisenden sind diese Unterkünfte recht praktisch; wer aber mehrere Tage in Bordeaux verweilt, tut besser daran, der unpersönlichen Atmosphäre dieser neuzeitlichen Hotel-Silos aus dem Wege zu gehen und ein gediegenes Haus in der Stadt zu nehmen. In derselben Zeit (1967) wurde mit dem *Pont d'Aquitaine* eine der kühnsten Brücken Frankreichs über die Garonne geschlagen. Sie ist fast 2 km lang und über 50 m hoch. Bei gutem Wetter erlebt man von dort oben einen herrlichen Ausblick auf die Stadt.

Das Grand Théâtre

Die beste Parkmöglichkeit bietet sich an der Esplanade des Quinconces, mit über 125 000 qm der größte Platz innerhalb einer Stadt in Europa. An dieser Stelle hatte das verhaßte *Château Trompette* gestanden, das im vorigen Jahrhundert abgetragen wurde. Das durch den Abriß gewonnene Gelände wurde nicht wieder bebaut, sondern als großer Platz angelegt. Zur Garonne blicken zwei Standbilder, Personifikationen der Schiffahrt und des Handels. Vom Fluß in Richtung Stadt gehend kommt man an zwei weiteren Denkmälern, Montaigne und Montesquieu, vorbei. Am Ende des riesigen Platzes erinnert das 1895 errichtete *Monument des Girondins* an die Helden, die in der Revolution den Tod fanden. Von hier sind es nur wenige Schritte zum bekanntesten Bauwerk der Stadt, dem Grand Théâtre (Farbt. 36), mit dem sich das selbstbewußte Bürgertum des späten 18. Jh. ein Denkmal gesetzt hat. Es ist das Hauptwerk des Architekten Victor Louis (1731–1800), eines der wichtigsten Vertreter des französischen Klassizismus. Das in den Jahren 1775–80 errichtete Bauwerk beherrscht mit seiner kolossalen Ordnung von zwölf korinthischen Säulen die davor liegende Place de la Comédie. Da es von keinem Giebel bekrönt wird, herrscht ein Eindruck lastender Schwere vor, der nur durch die auf der Balustrade stehenden Gestalten der Musen und antiken Göttinnen einen auflockernden Kontrapunkt erhält. Die korinthische Ordnung wiederholt sich an den Längsseiten; dort stehen die Säulen jedoch nicht wie an der Front frei vor dem Bau, sondern sie sind als Pilaster in die Wand eingezogen. Dieses Motiv lehnt sich deutlich an antike römische Tempelarchitektur an. Victor Louis hatte seine Ausbildung zum Teil in Rom erhalten, wo er die Bauwerke der Antike eingehend kennenlernen konnte.

Das großzügig gestaltete Foyer des Grand Théâtre mit seiner monumentalen Treppe diente zahlreichen Nachfolgern als Vorbild; das bekannteste findet sich in der Grand Opéra in Paris. Dem prunkvollen Zuschauerraum mit üppigem Gold- und Samtdekor und riesenhaften Kristallüstern fühlt man sich in Bordeaux auch heute noch verpflichtet, denn bei Premieren und dem alljährlich im Mai stattfindenden Festival sind langes Abendkleid und Smoking für die Besucher obligatorisch. Am eindrucksvollsten ist es natürlich, das Innere des Theaters im Rahmen einer Aufführung zu erleben, aber auch tagsüber besteht die Möglichkeit zur Besichtigung.

Die Börse

Auf der rechten Längsseite des Theaters, dem Cours-du-Chapeau-Rouge folgend, erreicht man schnell wieder die Garonne. Nach rechts erstreckt sich der zweite große Prachtbau von

Bordeaux, Porte de Cailhau (Lithographie, aus dem 19. Jh.)

Bordeaux aus dem 18. Jh., die Börse (Abb. 86). Sie wurde zwischen 1730 und 1755 nach Plänen von Jacques-Ange Gabriel (1698–1782) erbaut. Ihr Stil knüpft an die klassische Architektur Frankreichs im Barock an und weist gleichzeitig in die Richtung des Klassizismus des Grand Théâtre. Es erstaunt ein wenig, daß die Börse – sie dient auch heute noch ihrer alten Bestimmung – als einziges der großen Gebäude in Bordeaux ihre Fassade dem Fluß zuwendet, dem die Stadt so viel zu verdanken hat. Ansonsten ist das Stadtbild zum Flußufer eher abweisend. Die *Place Royale* vor der Börse wird von drei großen Gebäuden umstellt, so daß der Platz wie ein monumentaler Ehrenhof wirkt. Die Börse selbst befindet sich im rechten Trakt, im linken hat das Zollamt seinen Sitz, und im schmalen mittleren Teil sind öffentliche und private Administrationen untergebracht. Im Mittelpunkt des Platzes steht ein Brunnen mit drei üppigen, in Bronze gegossenen Grazien.

Die Porte de Cailhau

Man geht nun am Ufer flußaufwärts. Nach etwa 400 m erscheint zwischen den Häusern leicht zurückversetzt die Porte de Cailhau (Abb. 87), eines von zwei erhaltenen Stadttoren der mittelalterlichen Befestigung, die von den planmäßigen Erneuerungen der Stadt im 18. Jh. verschont wurden. Karl VIII. hatte sie 1495 nach einer siegreichen Schlacht zu einer Art Triumphtor umgestalten lassen. Die Porte de Cailhau bildete ursprünglich den Zugang zu dem dahinter gelegenen Château de l'Ombrière, das ein Opfer der Spitzhacke geworden ist. Einzig der Name des Platzes hinter der Porte de Cailhau – Place-du-Palais – erinnert noch an die Burg des Seneschalls von Aquitanien, in der 1137 die Hochzeitsfeierlichkeiten für Eleonore von Aquitanien und ihren Gemahl Prinz Ludwig stattgefunden hatten. Hinter der Börse und der Porte Cailhau beginnen die verwinkelten Gassen des Stadtviertels *Vieux Bordeaux*, in dessen Mitte die Kirche *St-Pierre* aus dem 14./15. Jh. liegt. Bistros, Antiquitätengeschäfte, Trödlerläden und der lebendige Wechsel verfallener und restaurierter Fassaden alter Häuser prägen hier das Bild.

St-Michel

Einen schönen Blick auf die Stadt mit ihren Türmen hat man vom *Pont de Pierre*. Am weitesten ragt die unweit gelegene Tour St-Michel auf, mit 114 m der höchste Kirchturm in ganz Südfrankreich (Abb. 85). Er steht nach Art italienischer Campanile frei neben der dazugehörigen Michaelskirche, einem spätgotischen Bauwerk, das 1350 begonnen und im 15. Jh. fertiggestellt wurde. Dem Bombardement von 1940 fiel die bis dahin erhaltene alte Farbverglasung zum Opfer, aber der übrige Schaden am Bau blieb glücklicherweise gering. So wurde unter anderem die schöne Barockorgel gerettet. Auf dem Platz vor der Kirche hat sich im Schatten des mächtigen Turmes ein lustiger Flohmarkt als feste Institution ausgebreitet.

Ste-Croix

Für den Liebhaber romanischer Architektur lohnt der Umweg durch die Rue C. Sauvageau zu der wenige 100 m von St-Michel entfernt liegenden Kirche Ste-Croix (Abb. 94). Sie gehörte ursprünglich zu einem kleinen Konvent, der ein Krankenhaus für die Armen der Stadt unterhielt. Die Fassade ist ein typisches Beispiel poitevinischer Romanik. Über drei Rundbögen im Untergeschoß – der mittlere ist größer als die beiden seitlichen – ist der obere Teil der Fassadenfläche mit kleinen Nischen und Skulpturen überzogen. Leider wurde an der Kirche mehrfach entstellend herumrestauriert, so daß es schwer fällt, Originalbestand von späteren Veränderungen zu trennen. Der rechts an die Fassade angrenzende Glockenturm z. B. stammt aus dem 12. Jh., das linke Gegenstück dagegen ist eine frei erfundene Zutat von Abadie, dessen Phantasie auch hier wieder, wie schon in Périgueux und Brantôme, nicht wieder gut zu machende Spuren hinterlassen hat.

Bordeaux, St-Michel, Grundriß　　　*Bordeaux, Grundriß der Kirche Ste-Croix*

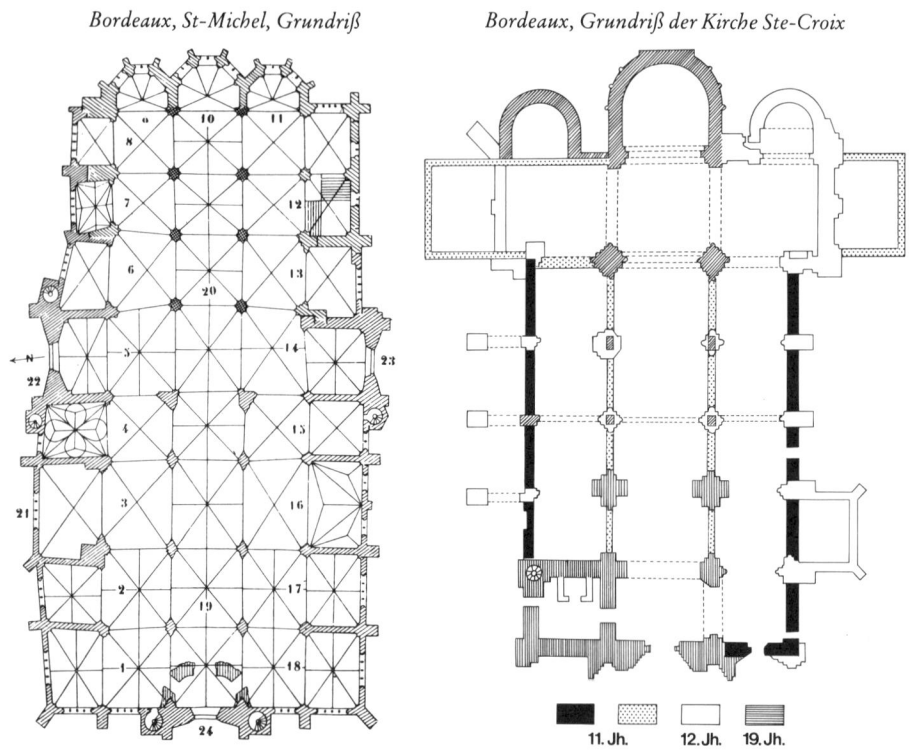

11. Jh.　12. Jh.　19. Jh.

La Grosse Cloche

Man geht nun wieder stadteinwärts und gelangt auf den Cours Victor Hugo. Hier trifft man auf das zweite der erhaltenen Stadttore, die prachtvolle ›Grosse Cloche‹ (Abb. 88). Die Fundamente des Bauwerks gehen ins 13. Jh. zurück, das Tor in seiner jetzigen Gestalt wurde im 15. Jh. errichtet. Die große Glocke wurde früher nur zu besonderen Anlässen geläutet, im Herbst etwa zum Beginn der Weinlese. Hinter dem Tor beginnt die Rue St-James, von der bald die Rue d'Alsace nach links abzweigt. Diese Straße führt zur Kathedrale St-André.

Die Kathedrale St-André

Weithin signalisiert ein spätgotischer Turm das wichtigste sakrale Bauwerk der Stadt (Abb. 91). Der Turm, *Tour Pey Berland* genannt nach seinem Erbauer, einem Bischof von Bordeaux, wurde von 1440 bis 1466 errichtet. Er steht ebenso wie der Glockenturm St-Michel frei neben der Kirche. Die Kathedrale sollte ursprünglich mit insgesamt vier Türmen bestückt werden, die jeweils paarweise das Nord- und das Südportal der Querschiffarme flankiert hätten. Die unteren Geschosse wurden sogar bis auf Höhe des Dachfirstes der Kirche ausgeführt, aber nur die beiden Türme der Nordseite erhielten hohe, spitze Helme. Sie markieren den Haupteingang, der der Stadt zugewendet ist. Das reich mit Skulpturen verzierte Portal zeigt am Trumeau eine Statue des hl. Martial, des Nationalheiligen des Limousin, im Gewände Statuen weiterer namentlich nicht identifizierbarer Heiliger, im Tympanon in drei Streifen übereinander das Abendmahl, die Auferstehung und den Triumph Christi und in den Archivolten Engel, Apostel und Propheten.

Bordeaux, Wappen des Erzbischofs Pey Berland
(Erbauer der ›Tour Pey Berland‹)

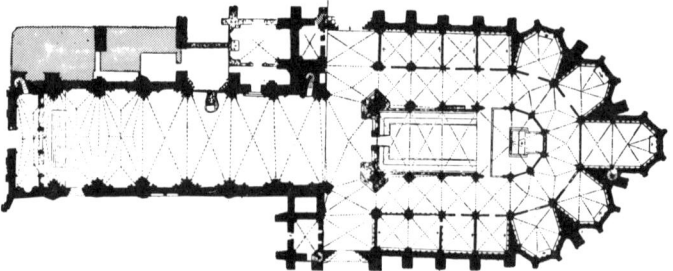

Bordeaux, Kathedrale St-André, Grundriß

An der Kathedrale ist über Generationen gebaut worden. Nachdem der romanische Vorgänger, in dem Eleonore von Aquitanien getraut worden war, einem Brand zum Opfer gefallen war, wurde ein ganz dem aquitanischen Erbe verpflichteter Neubau aufgezogen. Das Langhaus ist ein einschiffiger, mit gotischen Kreuzrippengewölben (Abb. 90) eingedeckter Saal, im Chor aber brach sich die Gotik nordfranzösischer Prägung Bahn. Steil ragt das Chorhaupt gegenüber dem niedrigeren Langhaus auf; es hat einen Umgang mit Kapellenkranz und hohe Lanzettfenster. Es ist eines der ganz seltenen Beispiele stilreiner Gotik in Südfrankreich (Abb. 93). Von der Vierung aus hat man den Blick auf die beiden kontrastierenden Architekturstile.

Bordeaux, Kathedrale St-André, Aufriß eines Langhausjoches

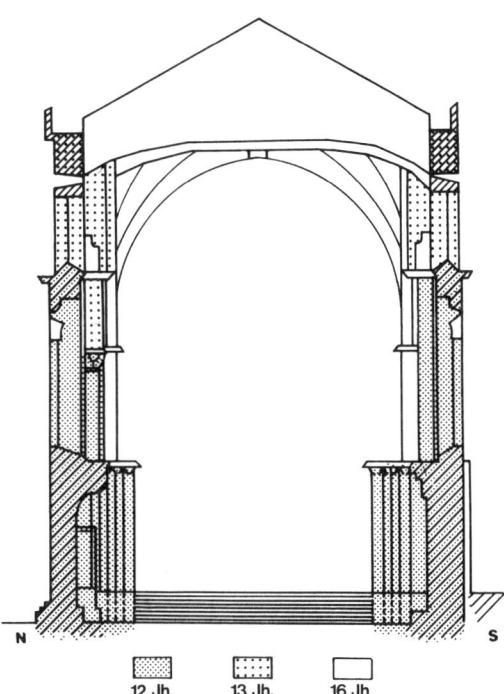

Bordeaux, Querschnitt durch das einschif-
fige Langhaus der Kathedrale St-André

N   S

12. Jh.   13. Jh.   16. Jh.

Das oben beschriebene Nordportal fällt in die Spätzeit der Errichtung der Kathedrale, in das 15. Jh. Der ältere Bauteil, das einschiffige Langhaus, hat gleichfalls nach Norden gerichtet ein Prunkportal, die *Porte Royale*. Der Name dieses dem 13. Jh. entstammenden Portals leitet sich von der Figur eines Königs ab, der neben anderen Gestalten in einem Fries über dem Eingang erscheint. Dort sind in einer Galerie sechs namentlich nicht zu bestimmende Bischöfe dargestellt, die unter Dreipaßbögen stehen. Unter den beiden rechten Bögen finden sich die Gestalten eines Königs und einer Königin. Die Eingangszone selbst ist rein christologischen Inhalts: im Tympanon das Jüngste Gericht, im Türsturz darunter die Auferstehung der Toten, im Gewände Monumentalstatuen der Apostel (Abb. 89) und in den Archivolten schließlich der himmlische Reigen der Auserwählten. Im Stil der Figuren hat die Schule der Ile de France die Feder geführt. Die Galerie über dem Portal kennt man gleichfalls aus dem Norden, etwa von Paris, Chartres oder Reims. Viollet-le-Duc, der unermüdliche Kunstbewahrer des vorigen Jahrhunderts, zeigte sich von den Skulpturen derart beeindruckt, daß er Abgüsse von ihnen anfertigen und nach Paris bringen ließ, wo sie an der renovierten Fassade von Nôtre-Dame Aufstellung fanden. Die West- und Südseite der Kathedrale blieben wegen ihrer der Stadt abgewandten Seite schmucklos.

Die Museen

Eine stark befahrene Straße trennt die Kathedrale von dem westlich anschließenden *Palais Rohan,* der ehemaligen Residenz der Bischöfe von Bordeaux, das seit der Säkularisation als Rathaus der Stadt dient. Das Palais stammt aus derselben Zeit wie das Grand Théâtre. An seiner Rückseite gelangt man in einen Park, dessen Nordseite vom langgezogenen Trakt des *Musée des Beaux Arts* begrenzt wird. Wer mit etwas Geduld in den weitläufigen Räumen des Museums herumstöbert, stößt inmitten zahlreicher zweitklassiger Exponate auf sehenswerte Werke von Tizian, Veronese und Perugino. Delacroix ist durch fünf Gemälde glänzend vertreten, darunter die berühmte Löwenjagd. Andere Vorläufer der Impressionisten finden sich in Bildern von Daubigny, Corot und Boudin.

Wer die prähistorischen Höhlen im Tal der Vézère kennengelernt hat, kann seine Erinnerungen im *Musée d'Aquitaine* auffrischen, das 1987 am Cours Pasteur Nr. 20 eine neue Bleibe bezogen hat. In der Vorgeschichtlichen Abteilung begegnet man dem Original der ›Venus von Laussel‹, ferner einem Fragment aus dem monumentalen Fries von Cap Blanc und zahlreichen Fundstücken aus verschiedenen archäologischen Grabungen. Das Museum beherbergt weiter eine Abteilung für antike und mittelalterliche Skulptur. Mit ca. 350 Stücken ist die gallo-römische Zeit auffallend gut repräsentiert: Architekturfragmente, Grabstelen, Inschriften usw. Aus dem Mittelalter sind verschiedene Plastiken vorhanden, unter denen die Grabplastik der Frau Roger Leyburns, des Gründers von Libourne, besonders zu erwähnen ist.

Das *Musée des Arts Décoratifs* in der Rue Bouffard 39, gleich neben dem Museum der Schönen Künste, rundet den Museumsspaziergang um die Kathedrale ab. Im *Hôtel de Lalande* aus dem 18. Jh. sieht man eine reiche Sammlung europäischer Keramik stilvoll untergebracht, ferner Goldschmiedekunst, Gläser und Möbel.

Von St-Seurin zum Jardin Public

Über die belebte Place Gambetta gelangt man zur Kirche St-Seurin, deren Bau eine verwirrende Abfolge zeitlich unterschiedlicher Partien darstellt. Die Vorhalle fällt noch in das 11. Jh., das romanische Kirchenschiff wurde im 13. Jh. gotisiert, die Fassade wurde erst im 19. Jh. geschaffen. Lohnend ist vor allem der Besuch der frühromanischen Krypta, die etwa zeitgleich mit der Vorhalle der Kirche anzusetzen ist. Entlang den Wänden stehen dort merowingische Sarkophage des 6. Jh. mit fein gezeichneten Rankenornamenten und christlicher Emblematik.

Weiter nördlich liegt umrahmt von einer kleinen Grünanlage das ›Palais Gallien‹ (Abb. 95). Es handelt sich um die Reste des römischen Amphitheaters aus dem 3. Jh. n. Chr., die das einzige Zeugnis der gallo-römischen Zeit in Bordeaux sind. Es bot einstmals nach Schätzungen der Archäologen mehr als 15000 Zuschauern Platz.

Von dort sind es nur wenige Schritte zum *Jardin Public,* einem großen Park, der nach dem Vorbild englischer Gärten angelegt wurde. Wer die artifiziellen französischen Garten- und Parkanlagen kennt, ist schon einigermaßen überrascht, einen englischen Garten mit seiner der Natur verpflichteten Unregelmäßigkeit anzutreffen. In Bordeaux ist überall der Einfluß

Bordeaux, Längsschnitt durch St-Seurin

Englands immer wieder deutlich spürbar (noch heute verblüfft die Vielzahl der von den vornehmen Bordelaisern gerne in die Sprache eingeflochtenen englischen Idiome). Der Park, der nach dem anstrengenden Rundgang eine angenehme Erholung bietet, wartet für den Wissensdurstigen, dessen Neugier noch nicht gestillt ist, mit einem kleinen *Museum zur Naturgeschichte* auf. Neben einer mineralogischen Sammlung wird eine gute Übersicht über die Fauna des südwestlichen Frankreich geboten.

Ausflüge ins Bordelais

Graves, Sauternais und Entre-Deux-Mers

Bordeaux ist ein geeigneter Ausgangspunkt für Ausflüge in das Bordelais. An den Ufern der Garonne reihen sich zahlreiche alte Städte, die ausnahmslos ihren Wohlstand dem Weinbau verdanken. Die neue Autobahn, die schon bald Bordeaux mit Toulouse verbinden wird, führt nahe an *Labrède* vorbei. Außerhalb des kleinen Ortes liegt das gleichnamige Schloß Montesquieus (Abb. 80). Es stammt zum größten Teil aus dem späten 15. Jh. und ist malerisch von einem Wassergraben umgeben. *Charles de Secondat, Baron von La Brède und Montesquieu* (1689–1755), der große Philosoph und Staatsmann, wurde hier geboren. In Labrède verfaßte er seine Hauptwerke ›Lettres Persanes‹ und ›L'Esprit des Lois‹. Die zu dem Schloß gehörenden Weinländereien sicherten ihm seinen Wohlstand, was er selbst einmal sinnfällig mit der Bemerkung ausdrückte, sein Geld liege unter seinen Füßen. Montesquieu wandte sich mit Nachdruck gegen den Absolutismus und trat für die Form der konstitutionellen Monarchie nach englischem Vorbild ein. Seine Theorien blieben bis in die Zeit der

Charles de Secondat, Baron de La Brède et de Montesquieu (zeitgenössischer Stich)

Revolution richtungsweisend und hatten entscheidenden Einfluß auf die Verfassung der Vereinigten Staaten von Amerika.

Labrède liegt in dem Weingebiet *Graves*; die südlich angrenzende Region ist das *Sauternais*. Dessen Hauptort *Barsac* ist eine typische kleine Weinstadt, in deren Umkreis einige berühmte Châteaux liegen. In der Regel sind es klassizistische Bauten des 18. und 19. Jh., zumeist Gutshöfe, die nicht wegen ihrer kunstgeschichtlichen Bedeutung, sondern wegen des Rufs ihrer Weine in hohem Ansehen stehen. Das bekannteste ist das *Château d'Yquem*, ein spätmittelalterlicher Bau, der im 17. und 18. Jh. mehrfach umgebaut und erweitert wurde. Der Ort *Sauternes*, der der Gegend den Namen gab, ist kaum mehr als ein bescheidenes Dorf. Reizvoll in einem von Weinfeldern umgebenen Park liegt das ansprechende *Château de Malle* aus dem 17. Jh.

Am gegenüberliegenden Garonne-Ufer beherrscht die Burg der Herzöge von Epernon den Ort *Cadillac*. Jean-Louis de Nogaret de Lavalette (1554–1642) war Diplomat am Hofe Heinrichs III. gewesen und stieg unter Heinrich IV. zur Herzogswürde auf. Nach seiner Ernennung zum Gouverneur der Guyenne ließ er sich das Schloß in Cadillac errichten. Obwohl die Revolution die völlige Vernichtung der Innenausstattung nach sich zog, lohnt doch der Besuch des Schlosses allein wegen der acht kolossalen Kamine, deren plastische Ausgestaltung der Bildhauer Jean Langlois entworfen hatte.

5 km flußaufwärts liegt *Ste-Croix-du-Mont,* dessen Häuser sich gleichfalls um ein kleines Schloß scharen. Bei gutem Wetter bietet sich von der Anhöhe ein überwältigender Blick in das Tal der Garonne und auf die umliegenden Weinberge. Im alten Weinort *St-Macaire* mit seinen verwinkelten Gassen steht die einschiffige Kirche St-Sauveur aus dem 12. Jh. Einzig der Chor ist romanisch, das Langhaus und der Glockenturm wurden durch gotische Bauten ersetzt.

Nach Norden schließt sich das Gebiet *Entre-Deux-Mers* an. Es ist ein Dreieck, das von den im spitzen Winkel aufeinander zufließenden Strömen der Garonne und der Dordogne gebildet wird. Der Name ›Zwischen zwei Meeren‹ erklärt sich aus der Tatsache, daß sich der Wechsel von Ebbe und Flut etwa 100 km flußaufwärts in beiden Flüssen bemerkbar macht.

Ein Nebenweg der Santiago-Pilgerrouten führte über *Blasimon* im Herzen des Entre-Deux-Mers. Das Kloster erlitt mehrfache Zerstörungen und ist seit der Revolution endgültig als Ruine liegengeblieben. Romanische und gotische Bögen und Gewölbefragmente ragen in den Himmel. Die Kirche und vor allem das Portal mit seiner fein ziselierten Steinmetzarbeit haben sich gut erhalten (Abb. 99, 100, 101). Neben meisterhaft gestalteten Blattfriesen in den Archivolten erscheinen Personifikationen der Tugenden und Laster sowie Jagdszenen. Vom Kreuzgang stehen nur noch einige Arkaden mit romanischen Kapitellen.

Eine weitere romanische Abteiruine findet sich in *La Sauve Majeure,* nahe der alten Bastide *Créon.* Das Kloster wurde um das Jahr 1075 von dem hl. Gérard gegründet. Der Name La Sauve Majeure leitet sich von lat. *Silva major* (großer Wald) ab, denn Wilhelm IX. von Aquitanien, der Großvater Eleonores, hatte der Abtei den größten Teil des Waldes vom Entre-Deux-Mers überlassen, der den Mönchen gute Einkünfte sicherte. Auch die Jakobspilger kamen zum Teil über La Sauve Majeure. An den klobigen Pfeilern im Chor haben sich kraftvoll gestaltete Kapitelle mit Fabelwesen und Szenen des Alten Testamentes (Samson, Daniel u. a.) erhalten. Von den ehemaligen Abteigebäuden blieben nur bescheidene Reste des Kreuzganges, des Kapitelsaals und des Refektoriums.

Blayais und Médoc

Über den Pont d'Aquitaine und die Autobahn Richtung Poitiers/Paris gelangt man auf das rechte Ufer der Gironde. Hinter *St-André-de-Cubzac* führt die D 115 zum *Château de Bouilh,* das von Victor Louis, dem Architekten des Grand Théâtre in Bordeaux, entworfen wurde. In den Sommermonaten kann man die ausgedehnten Weinkeller des großen Schlosses besichtigen.

Die am weitesten im Westen gelegene prähistorische Höhle des Dordogne-Tals erwartet einen in der Grotte von *Pair-non-Pair* kurz vor der Stadt *Bourg.* Sie wurde schon Ende des vorigen Jahrhunderts entdeckt. An den Wänden der rund 30 m langen Höhle fand man Zeichnungen von Mammuts, Wildpferden und Bisons aus dem Aurignacien.

Das Städtchen Bourg heißt kurioserweise *Bourg-sur-Gironde* (Abb. 102), obwohl es der letzte Ort an den Ufern der Dordogne ist. Tatsächlich lag Bourg früher einmal an der

Château du Bouilh

Gironde, jedoch haben die Sinkstoffe beider Ströme im Laufe der Jahrhunderte zu einer Verschiebung des Zusammenflusses geführt. Das kleine Schloß, der ehemalige Sommersitz der Bischöfe von Bordeaux, ging 1944 in Flammen auf, wurde aber wieder neu errichtet. Es liegt in einem einladenden Park, der steil zum Fluß hin abfällt. Reizvolle Ausblicke bieten sich während der Fahrt auf der D 669 nach Blaye auf die Gironde (Farbt. 38). Gelegentlich sichtet man eines der alten Fischerboote mit den weit ausladenden Stangen für die Netze. Der Fischfang ist jedoch kaum mehr einträglich, da die immer noch zunehmende Verschmutzung der Gironde zu einem starken Rückgang der Fischbestände führte.

Blaye bestand ursprünglich aus einer Zitadelle, die um die Mitte des 17. Jh. begonnen und zwischen 1685 und 1689 durch den berühmten Festungsbaumeister Vauban fertiggestellt wurde. Von hier aus überwachte man die Schiffahrt auf der Gironde. Im vorigen Jahrhundert diente die Zitadelle als Gefängnis für die Herzogin von Berry, die versucht hatte, Teile Südfrankreichs gegen Paris aufzuwiegeln. Als die engagierte Herzogin in der Gefangenschaft schwanger wurde, hatte Frankreich seinen großen Skandal. Heute liegt die Zitadelle als Stadt in der Stadt, die sich um sie herum im Laufe der Zeit gebildet hat.

Von Blaye verkehrt eine Autofähre hinüber auf das linke Gironde-Ufer, wo man in das *Médoc* gelangt, das von allen Weinregionen um Bordeaux die größte Berühmtheit genießt. Entlang der D 2, die Pauillac mit Bordeaux verbindet, reihen sich die Châteaux, deren Namen einer den anderen zu überbieten scheinen wollen: Château Lafite, Château Mouton-Rothschild, Château Beychevelle, Château Margaux und zahlreiche andere (Farbt. 31, 33). Aber auch hier gilt, wie im Sauternais, Blayais oder anderswo im Bordelais, daß die Berühmtheit der Namen von der Klasse des dort gezogenen Weines abhängt und nicht von der Architektur ihrer Gebäude. Der, der um der Kunst willen reist, kommt kaum auf seine Kosten, dem Weinliebhaber dagegen öffnet sich ein Paradies.

Am Ufer der Gironde vis à vis zu Blaye liegt das *Fort Médoc*, das mit der Zitadelle von Blaye korrespondiert und gleichfalls von dem genialen Vauban konzipiert wurde.

Am Atlantik – Die Côte d'Argent

An der Küste des Médoc

Von der Pointe de Grave bis Hendaye an der spanischen Grenze zieht sich ein 250 km langer Sandstrand entlang, der nur einmal durch die Öffnung des Beckens von Arcachon zum Meer unterbrochen wird. Im Hinterland breiten sich sowohl im nördlichen Teil, also im Médoc, als auch im südlichen, den Landes, endlose Wälder aus, die immer wieder von großen Seen, den *Etangs,* unterbrochen werden (Farbt. 37). Diese Etangs, fast alle sind untereinander mit Kanälen verbunden, bieten oftmals reizvolle Bade- und Wassersportmöglichkeiten. An kunstgeschichtlichen Denkmälern ist die Küstenregion arm; dafür gewährleistet sie durch ihr gesundes Klima, die herrlichen Strände und die vielfätigen Gelegenheiten zum Wandern und zum Wassersport ideale Erholung.

Die *Pointe de Grave* ist der nördlichste Punkt des Médoc. Von hier verkehrt eine Fähre durch die Gironde-Mündung zu dem gegenüber gelegenen Royan. *Soulac-sur-Mer* spielte im Mittelalter als Hafen für die Jakobspilger eine wichtige Rolle. Schon in der Antike befand sich hier ein Hafen, *Novio Magnus,* der aber im 6. Jh. n. Chr. von dem stetig nach Osten vordringenden Meer vernichtet und überspült wurde. Die nachfolgende mittelalterliche Siedlung, die weiter ins Landesinnere verlegt worden war, diente zahlreichen Jakobspilgern, die den ersten Teil ihrer weiten Reise zu Schiff hinter sich gebracht hatten, als Anlaufstation. Die romanische Kirche *Nôtre-Dame-de-la-Fin-des-Terres* mußte schon seit dem 14. Jh. immer wieder von den landeinwärts vordringenden Dünen freigeschaufelt werden, bis man sie 1844 endgültig aufgab. Erst vor wenigen Jahren wurde die alte Pilgerstätte durch engagierte Denkmalpfleger wieder aus dem Sande geschält und restauriert. Mit Soulac verbindet sich eine Legende, die eine Verwandtschaft mit jener von Stes-Maries-de-la-Mer in der Camargue zeigt. Dort, heißt es, seien die drei hl. Marien in Begleitung bedeutender Heiliger an Land gegangen, hier in Soulac soll die hl. Veronika französischen Boden betreten haben. Veronika hatte Christus auf seinem Leidensweg den Schweiß vom Gesicht getrocknet und das Tuch, in dem das Antlitz des Herrn sichtbar blieb, nach Rom gebracht, von wo es später nach Turin gelangte. Veronika zog zu Schiff weiter nach Aquitanien. Sie befand sich in Begleitung ihres Mannes Zachäus, dessen Gestalt in der Legende mit jener des hl. Amadour (vgl. Rocamadour) verschmolz. Veronika soll im Jahre 70 n. Chr. in Soulac gestorben sein. Ihre Reliquien wurden später nach Bordeaux gebracht, wo sie der Abtei St-Seurin Berühmtheit sicherten. Heute ist Soulac ein beliebter Badeort, der in der sommerlichen Hochsaison zehntausende Erholungssuchende anzieht.

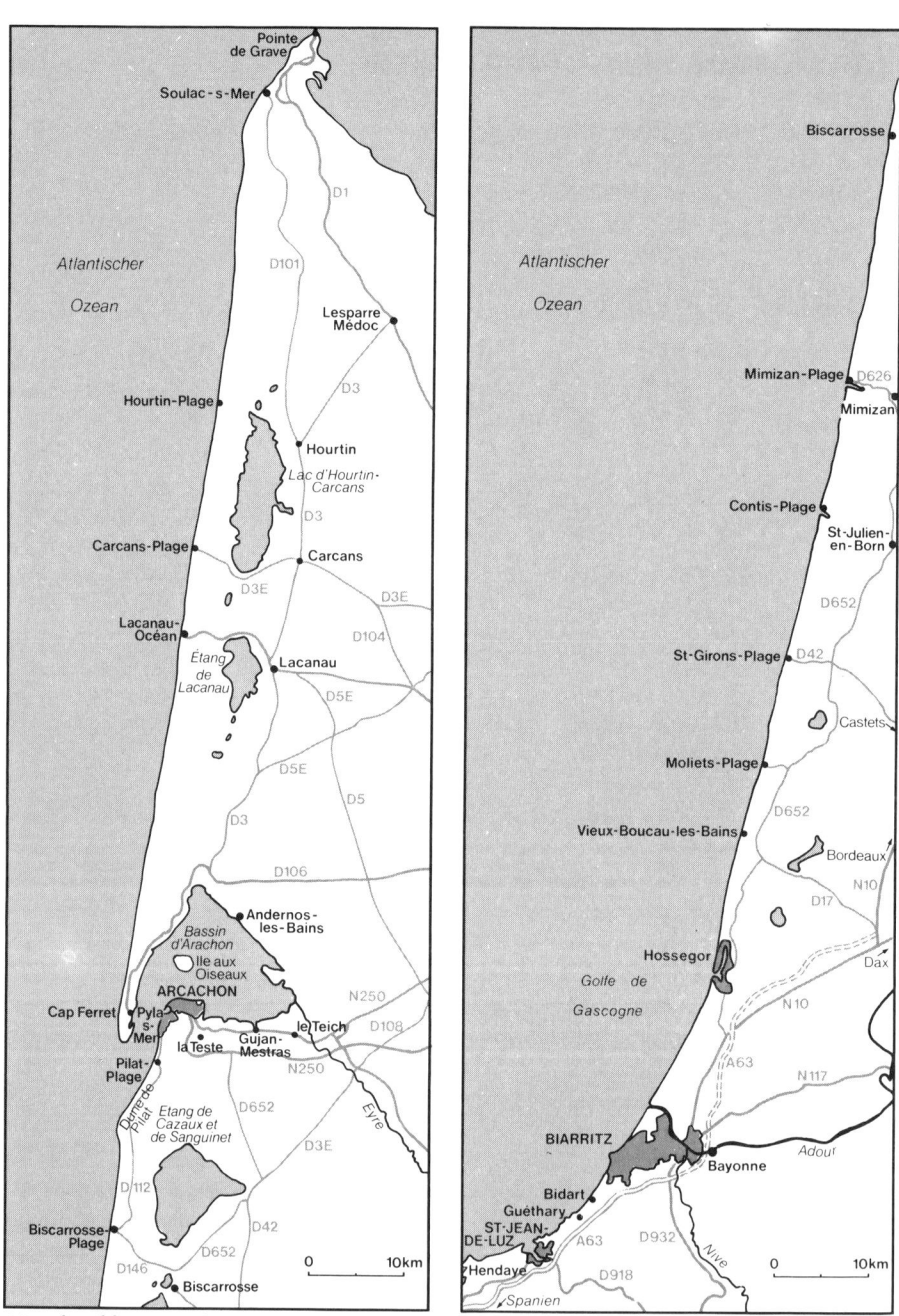

Die Atlantikküste von der Gironde-Mündung bis zur spanischen Grenze

Der Weg der Santiago-Wallfahrer führte nicht direkt entlang der Küste, sondern in einem Bogen durch das Landesinnere um das Becken von *Arcachon*. Die Küste war damals noch nahezu unbevölkert. Erst seit dem ausgehenden 19. Jh. entstanden die zahlreichen Badeorte als Ableger weiter im Landesinnern gelegener Dörfer. So gibt es heute zu *Hourtin, Carcans* und *Lacanau* die entsprechenden Ferienorte am Strand *Hourtin-Plage, Carcans-Plage* und *Lacanau-Plage*. Zwischen dem Becken von Arcachon und dem Atlantik verengt sich das Land zu einer schmalen Zunge, die bei *Cap Ferret* endet.

Das Becken von Arcachon

Von den zahlreichen Etangs des Médoc und der Landes ist der von Arcachon der größte und der einzige mit einer direkten Verbindung zum offenen Meer. Das natürliche Becken wäre eigentlich seit jeher bestens als Hafen geeignet gewesen. Aber zum einen war die geographische Lage weitab der großen kulturellen und wirtschaftlichen Zentren Aquitaniens ungünstig, schließlich besaß Bordeaux seinen eigenen Hafen, zum anderen war durch die Sandmassen der Dünen die Gefahr der schnellen Versandung stets gegenwärtig. Erst Ludwig XVI. faßte den Plan, im Becken von Arcachon einen Militärhafen anlegen zu lassen, und ließ deshalb 1779 die Möglichkeiten zur Befestigung der Dünen prüfen. Die Revolution vereitelte den Plan. Erst gut zehn Jahre später wurde unter der Leitung des Straßen- und Brücken-Ingenieurs Brémontier das gewaltige Projekt der Dünenbefestigung in Angriff genommen. Arcachon war bis dahin ein unbedeutendes, kleines Fischerdorf gewesen. Doch seit dem frühen 19. Jh. wurde es mehr und mehr ein beliebter Ausflugsort für die Großstädter aus Bordeaux, die dann allmählich erholungssuchende Franzosen auch aus entfernter gelegenen Städten nach sich zogen (Farbt. 41). So wuchs Arcachon rasch zu einem großen Ferienort, der neben Dinan, St-Malo, La Rochelle, Biarritz und St-Jean-de-Luz zu den bekanntesten Badeorten an der französischen Atlantikküste zählt.

Aber auch wirtschaftlich nimmt Arcachon einen hohen Rang ein, denn in dem natürlichen Becken wird die größte Austernzucht Europas gepflegt (Farbt. 39, 40). Schon den Römern wurden Austern aus dem Becken von Arcachon serviert, doch erst seit dem 19. Jh. wurde die Zucht kultiviert. Die heimische Austernart der *Grevettes* fiel 1922 nahezu vollständig einer Muschel-Seuche zum Opfer. Danach begann man, portugiesische Austern zu züchten, die weniger anfällig sein sollen, aber 1972 wurde auch diese Spezies durch eine Epidemie stark reduziert, was den Austernfischern schwere Einbußen bescherte. Deshalb wurden japanische Austern importiert, die als besonders robust und widerstandsfähig gelten. Ihre Anpflanzung erwies sich in der Tat als Glücksgriff und mittlerweile werden bis zu 20 000 Tonnen jährlich gewonnen (Angabe von 1977). Im Frühsommer pflanzen sich die Austern fort. Eine Auster kann bis zu eine Million Eier legen, aus denen kleine Larven schlüpfen, die sich an Ziegeln festsetzen. Sobald sie etwa drei bis vier Zentimeter groß sind, werden sie von den Ziegeln gelöst und in den *Parcs* ›ausgesät‹, wo sie ihr Wachstum fortsetzen. Nach drei Jahren sind die Muscheln ausgewachsen und werden dann in Siebe umgefüllt, in denen sie

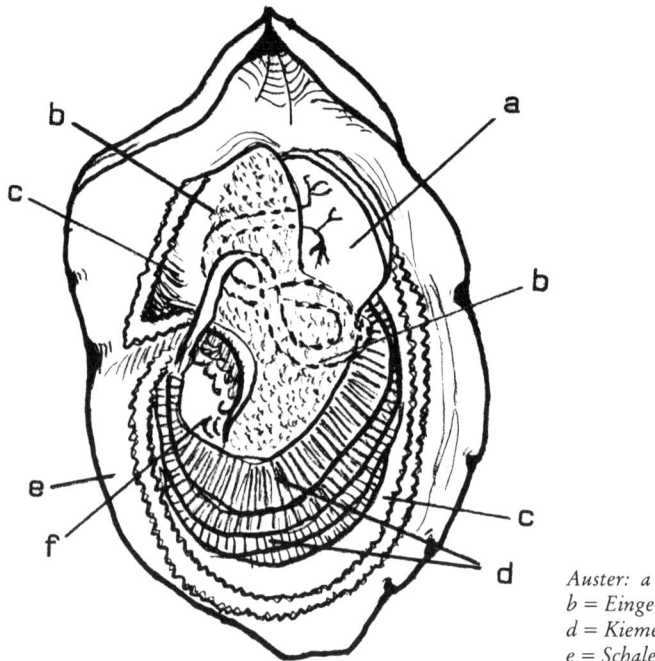

Auster: a = *Mundlappen,*
b = *Eingeweide,* c = *Mantel,*
d = *Kiemenblätter (Bart),*
e = *Schale,* f = *Schließmuskel.*

sich von Sand und Schlamm reinigen. Aus den Becken mit den Sieben wird das Wasser regelmäßig abgelassen, so daß die Austern lernen, das Wasser zurückzuhalten und somit länger zu überleben. Dies ist für die oft langen Transportwege erforderlich. Von den 25 000 Hektar des Beckens von Arcachon werden zur Zeit etwa 1800 für die Austernzucht verwendet.

Mitten im Becken liegt die *Vogelinsel,* ein Reservat, das nicht betreten werden darf. Hier nisten alle erdenklichen Arten von Seevögeln. Man kann von Arcachon aus eine Bootsfahrt mitmachen, die zu den Austernbänken und zur Vogelinsel führt. Rings um das Becken von Arcachon reiht sich ein Kranz von kleinen Orten, die allesamt vom Tourismus und von der Austernzucht leben. Eine besondere Attraktion ist der *Parc ornithologique* in *Le Teich,* in dem man einheimische und fremdländische Vogelarten studieren kann. In *Andernos-les-Bains* weisen einige Indizien darauf hin, daß die Ufer des Beckens von Arcachon schon seit alters besiedelt waren. Hier wurden kleine prähistorische Funde gemacht; im Mittelalter führte ein Seitenweg der Jakobspilger durch den Ort. Die romanische Apsis der Kirche *St-Eloi* läßt die Erinnerung daran fortleben.

Nach Süden geht Arcachon kaum merklich in die Badeorte *Le Moulleau* und *Pyla-sur-Mer* über. Vis à vis liegt das *Cap Ferret,* dazwischen befindet sich die schmale Verbindung des Beckens von Arcachon mit dem offenen Atlantik. Die Dünen wachsen weiter südlich zu der großen *Düne von Pilat* auf, der größten Wanderdüne Europas (Umschlaginnenklappe). Dieser gigantische Sandberg ist 114 m hoch und zieht sich mehr als 7 km an der Küste entlang. Von der Anhöhe offenbart sich ein einzigartiger Rundblick. Schaut man nach Süden, so glaubt man sich in die endlosen Weiten einer Sandwüste versetzt. Nach Osten breitet sich der urwaldähnliche grüne Teppich der Wälder der Landes aus, und nach Westen erstreckt sich die blaue Fläche des Atlantiks. Diese Kontraste machen den Aufstieg auf die Düne von Pilat zum eindrucksvollsten Landschaftserlebnis, das die ganze Küste des Südwestens zu bieten hat.

In den Landes

Biscarosse
Es fällt schwer, sich das ursprüngliche Aussehen der Landes vorzustellen. Vor der systematischen Aufforstung im vorigen Jahrhundert war das ganze Gebiet eine wüstenähnliche Einöde, die nur vereinzelt von Dörfern und Teichen unterbrochen wurde. Heute ist alles

Stelzenläufer in den Landes (Lithographie aus dem 19. Jh.)

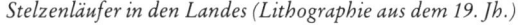

bewaldet und grün. Auch die Küstenorte der Landes sind wie jene des Médoc als Ableger weiter im Landesinnern gelegener Dörfer entstanden. *Biscarosse-Plage* ist ein typisches Beispiel für einen Badeort an der Côte d'Argent. Neben wenigen älteren Häusern ragen einige Appartementbauten und ein großes Hotel auf, im Wald um den Ort sind Ferienhäuser lose verstreut. Das wichtigste sind hier der Strand und das Meer. Im Sommer von buntem Treiben erfüllt, wirkt der Ort außerhalb der Saison wie ausgestorben. Das zugehörige Biscarosse liegt zwischen dem *Etang-de-Cazaux-et-de-Sanguinet* und dem *Etang-de-Biscarosse-et-de-Parentis,* den beiden größten Binnenseen der Landes. In der Ortsmitte steht eine Ulme, die mehrere hundert Jahre alt ist. Sie ist damit vermutlich das älteste Stück von Biscarosse überhaupt, denn die kleine Kirche des Mittelalters wurde so nachhaltig umgebaut, daß von der originalen Substanz kaum mehr etwas zu erahnen ist.

Mimizan

Am *Etang d'Aureilhan* gelegen, besaß dieser Ort eine Benediktiner-Abtei, deren Mönche die Jakobspilger betreuten, die den Weg durch das damals unwirtliche Gelände der Landes genommen hatten. Von dem Kloster steht heute einzig noch der Glockenturm der Kirche mit einem kleinen romanischen Portal. Die Einwohner dieses abseits der großen Wege gelegenen Ortes genossen im Mittelalter das ungewöhnliche Privileg, das Ladegut gestrandeter Schiffe behalten zu dürfen. Ein kleiner Wasserlauf verbindet Mimizan mit *Mimizan-Plage,* das seit dem frühen 20. Jh. ein beliebter Badeort ist. In den letzten Jahren hat es sich zu einem ausgesprochenen Ferienort für junge Familien entwickelt.

Südlich von Mimizan liegen verstreut einige kleine Dörfer, die besonders typisch für die Landes sind: *St-Julien-en-Born, Mézos* mit seiner gotischen Wehrkirche, *Lévignacq* und andere. Sie liegen alle an kleinen Flußläufen und Bächen, die die Gegend in großer Zahl durchziehen. Der Strand ist auf viele Kilometer wild (Farbt. 45) und wird nur von vereinzelten kleinen Badeorten belebt: *Contis-Plage, St-Girons-Plage, Moliets-Plage* und *Vieux-Boucau-les-Bains.*

Hossegor, Capbreton

Der bedeutendste Badeort zwischen Arcachon und Biarritz ist Hossegor, das mit dem benachbarten Capbreton eine Einheit bildet. Beide Orte haben zwar eine eigene Verwaltung und sind durch den kleinen Flußlauf des *Bourret* voneinander getrennt, aber für den Touristen ist kaum erkennbar, daß es sich um zwei Ortschaften handelt. Hossegor ist ein Anziehungspunkt für verschiedene Schriftsteller gewesen. Der 1859 in Brüssel geborene Rosny Jeune lebte hier mehr als zwanzig Jahre von 1900 bis 1921 in der *Ermitage de la Berge* (heute *Villa Agur Ena*). Paul Margueritte hatte sich in Hossegor niedergelassen, wo er die Romane ›La Princesse Noire‹ und ›Sous Les Pins Tranquilles‹ schrieb. Er starb 1918 und wurde auf dem Friedhof von Soorts-Hossegor beigesetzt. Für weitere Popularität des Ortes sorgten die Gäste Marcel Prévost, Supervielle und Gabriele d'Annunzio.

Capbreton ist der ältere der beiden Orte. Schon im 10. Jh. wurde von hier aus Fischfang im Golf von Biscaya betrieben. Im 16. Jh. gelangte die Fangflotte von Capbreton bis nach

Neufundland. Die Ausgangsbasis dafür bot der gut geschützte, natürliche Hafen, der in der Mündung des *Adour* lag. Durch die spätere Umleitung der Flußmündung nach Bayonne versandete der Hafen, und Capbreton verlor seine einstmals hervorragende Stellung. Nach Norden und Süden werden Hossegor und Capbreton von kleineren aufstrebenden Badeorten gerahmt. Nördlich Hossegor entsteht derzeit *Seignosse-le-Penon*, im Süden schließen sich die Flecken *Labenne-Océan* und *Ondres-Plages* an.

Ausblick in das Baskenland

Bayonne

Bayonne liegt am Rande des Baskenlandes und gehört zur Provinz *Labourd*, einer der drei kleinen französischen Basken-Provinzen. (Der Hauptteil des Baskenlandes liegt mit vier großen Provinzen in Spanien.) Die *Vascones* werden von den Römern erstmals im 3. Jh. v. Chr. erwähnt. Der Stamm gehört nicht zur indogermanischen Völkergruppe und unterscheidet sich deshalb in Sprache und Kultur deutlich von Franzosen und Spaniern. Ursprünglich siedelten die Basken nur im Raum des heutigen Spanien, erst vor den einwandernden Westgoten wichen sie im späten 6. Jh. n. Chr. zum Teil nach Frankreich aus. Sie trotzten den Mauren und den Franken und konnten in den nachfolgenden Jahrhunderten eine weitgehende Unabhängigkeit von den neu entstandenen Königtümern Navarra, Aragon, León und Kastilien behaupten. Ihre Sonderrechte verloren sie in Frankreich nach der Revolution 1789, in Spanien nach den Bürgerkriegen des 19. Jh. (1834–40 und 1873–76); Reste einer Autonomie wurden in Spanien endgültig 1939 aufgehoben. In den letzten Jahren flammte dort der Kampf um Autonomie wieder auf, der nach dem Ende des Franco-Regimes inzwischen zu einem Teilerfolg für die Basken geführt hat. Wer sich einen Überblick über Kultur und Geschichte dieser interessanten ethnischen Minderheit verschaffen will, findet in Bayonne im *Musée Basque* reiches Material (Abb. 105, 106).

Bayonne war seit der Römerzeit eine wichtige Hafenstadt, die nacheinander die Invasion der Westgoten, der Basken, der Mauren und der Normannen zu erdulden hatte. In der kurzen Zeit, als Aquitanien unter den Karolingern zum Königtum erhoben wurde, spielte Bayonne vorübergehend die Rolle der Hauptstadt der Vizegrafschaft Labourd, die im 12. Jh. mit dem Herzogtum Gascogne vereint wurde. Die Gascogne – der Name leitet sich von den Vascones ab – ist die Landschaft des Pyrenäen-Vorlandes, die im Mittelalter zeitweise ein eigenes Herzogtum bildete. Nach der Eheschließung Eleonores von Aquitanien mit Heinrich II. Plantagenet blieb Bayonne für 300 Jahre unter englischer Oberhoheit. Erst 1451 kam die Stadt für immer an die französische Krone. Dadurch wurde jedoch der schwungvolle Handel, den man bis dahin mit England getrieben hatte, unterbrochen und der Hafen versandete. Erst Karl IX. ließ den Hafen 1578 wieder in Betrieb nehmen, der sich dann rasch zu einem der führenden Häfen an Frankreichs Westküste entwickelte und diesen Platz bis heute behauptet.

Neben dem sehenswerten Musée Basque findet sich in Bayonne ein zweites interessantes Museum, das *Musée Bonnat,* so genannt nach dem Stifter, dem Maler Léon Bonnat (1833–1922), der seine stattliche Privatsammlung seiner Vaterstadt vermacht hatte. Im Parterre sind ägyptische, griechische und römische Skulpturen ausgestellt, im ersten Obergeschoss gibt sich die Maler-Prominenz von van Dyck über Rubens und Rembrandt bis hin zu Goya, David und Ingres ein Stelldichein. Das zweite Obergeschoss ist Léon Bonnat und seinen berühmten Zeitgenossen Delacroix und Géricault reserviert. Als Sammler verdient Bonnat den größeren Ruhm denn als Maler.

Auf dem *Pont Marengo* überquert man die *Nive,* die wenige 100 m weiter in den *Adour* mündet. Durch die Rue Port-de-Castets erreicht man die *Kathedrale Ste-Marie* (Abb. 103), das bedeutendste Bauwerk der Stadt. Sie wurde im späten 13. Jh. nach einem Plan Jean Deschamps begonnen und erst im 16. Jh. fertiggestellt. Der an den Bauhütten der Ile de France geschulte Baumeister, der seinen Weg über Clermont-Ferrand und Limoges nach Bayonne gefunden hatte, schuf einen Prototyp der nordfranzösischen Gotik, wie er in Südfrankreich nur vereinzelt anzutreffen ist. An das basilikale Langhaus schließen sich ein wenig ausladendes Querhaus und ein Chor mit Umgang und Kapellenkranz an. Von den beiden Türmen der Fassade wurde zunächst nur der südliche ausgeführt, der zudem noch ohne Spitzdach blieb. Erst im vorigen Jahrhundert wurde die Fassade durch den Bau des Nordturmes und die Bedachung beider Türme fertiggestellt. Die gut erhaltenen farbigen Fenster des 16. Jh. verleihen dem Innenraum besonders bei Sonnenschein ein prachtvolles Aussehen. Durch eine Tür im rechten Seitenschiff gelangt man in den Kreuzgang, der aus dem 14. Jh. stammt (Abb. 104). Er ist ungewöhnlich großzügig proportioniert, ein typischer Kathedral-Kreuzgang, der in erster Linie der Repräsentation zu dienen hatte. Vom Südflügel hat man einen vorzüglichen Blick auf die Längsseite der Kathedrale.

Beim weiteren Schlendern durch die Stadt streift man das *Château Vieux,* eine Burganlage der Renaissance, und die Reste der Festungswälle, die Vauban im 17. Jh. angelegt hatte.

Biarritz

Heute ist Bayonne mit dem nahen Biarritz schon fast zu einem Ort verschmolzen, ähnlich wie Hossegor mit Capbreton. Während Bayonne aber ein Stück ins Landesinnere versetzt liegt, ist Biarritz ein echter Küstenort. Im Mittelalter wurde von hier aus Walfischfang in der Biscaya getrieben. Nachdem die gewaltigen Tiere jedoch im 17. Jh. ausgerottet worden waren, war die Haupteinnahmequelle versiegt, und die Stadt sank zu einer kleinen Fischersiedlung ab. Ihren Aufstieg zum mondänen Badeort verdankte die Stadt dem Umstand, daß Kaiser Napoleon III. um die Mitte des 19. Jh. Biarritz durch einen sechswöchigen Aufenthalt hoffähig machte. Zu diesem Urlaub hatte ihn seine Frau, die Kaiserin Eugénie, ermuntert, die schon als Kind mit ihrer Mutter, der Gräfin von Montijo, in Biarritz mehrfach Ferien verlebt hatte. Als reiner Badeort ist Biarritz mit Sehenswürdigkeiten nicht gerade gesegnet. Erwähnenswert ist aber das *Musée de la Mer* mit seinen zahlreichen Aquarien, in denen man in erster Linie Meeresfische aus dem Golf von Biscaya bewundern kann. Den besonderen Reiz von Biarritz machen die Klippen aus – allen voran der *Rocher de la Vierge* –, von denen man schöne Ausblicke auf die Stadt, auf die feinsandigen Badestrände und auf die Weite des Atlantiks hat.

St-Jean-de-Luz

Kaum minder prominent ist St-Jean-de-Luz, das man über *Bidart* und *Guéthary* erreicht (Umschlagrückseite, Farbt. 43, 44). Die breite Mündung der *Nivelle* hat ein natürliches Becken ausgewaschen, das für die Anlage eines Hafens bestens geeignet war. Mit dem Rang von Biarritz konnte sich der Ort, was den Fischfang anbetrifft, messen. Er gelangte durch die legendäre Hochzeit des Sonnenkönigs Ludwig XIV. mit der spanischen Infantin Maria Teresa zu Berühmtheit. Die Eheschließung wurde 1660 in der Kirche St-Jean-Baptiste nahe dem Hafen vollzogen. Heute hat sich St-Jean-de-Luz als größter Thunfisch-Hafen des Landes eine bedeutende wirtschaftliche Stellung gesichert und genießt daneben als Badeort eine große Anziehung.

Beim Bummeln um den malerischen Hafen stößt man auf die erwähnte Kirche St-Jean-Baptiste, einen äußerlich unscheinbaren Bau des 13. Jh. Im Innern jedoch entfaltet sich barocke Pracht, die im Zusammenhang mit der Hochzeit des Sonnenkönigs geschaffen wurde (Abb. 107). Das Altarretabel mit seinen goldgefaßten Statuen macht den starken Einfluß des nahen Spanien deutlich.

Hendaye

Der letzte Küstenort vor der spanischen Grenze ist Hendaye. Die Küstenstraße dorthin führt entlang der *Corniche Basque* (Farbt. 42), einem aus schräg gelagerten Steinschichten imposant gebildeten Steilufer. Wie so zahlreiche Küstenorte des Atlantiks hat sich auch Hendaye die Mündung eines Flusses für seine Hafenanlage zunutze gemacht. Die kleine *Bidassoa*, die ihre Wasser von den Hängen der Pyrenäen herbeiführt, mündet hier in den Atlantischen Ozean. Eine große Rolle in der Geschichte Frankreichs spielte die kleine *Fasaneninsel,* die in der Mitte der Bidassoa kurz vor der Mündung liegt. 1463 trafen sich dort Ludwig XI. von Frankreich und Heinrich IV. von Kastilien, 1526 wurde Franz I. nach seiner Gefangennahme durch die Spanier bei Pavia gegen seine beiden Söhne als Geiseln ausgetauscht, 1659 wurde auf derselben Insel der Pyrenäen-Pakt unterzeichnet. Im zweiten Weltkrieg trafen Franco und Hitler auf dem kleinen Eiland zusammen, wo es dem Generalissimo gelang, sein vom Bürgerkrieg tief getroffenes Land aus dem großen Krieg herauszuhalten. Hendaye ist Grenzort zu Spanien, hier endet die französische Atlantikküste. Der Ort ist eine gute Ausgangsstation für Ausflüge in die Pyrenäen beidseits der Grenze.

Anmerkungen

1 Henry Miller, *Der Koloß von Maroussi*, Hamburg 1978, Vorwort.
2 C. Julius Caesar, *De bello Gallico,* commentarius primus, 1.: »Gallia est omnis divisa in partres tres, quarum unam incolunt Belgae, aliam Aquitani, tertiam, qui ipsorum lingua Celtae, nostra Galli appellantur.«
3 Decimus Magnus Ausonius Burdigalensis, *Opuscula,* hrsg. v. Rudolf Peiper, Darmstadt 1976, S. 118 ff.
4 Historische Romane über das Leben der Eleonore von Aquitanien: Régine Pernoud, *Eleonore von Aquitanien – Königin der Troubadours,* Köln 1966. Jean Markale, *Eleonore von Aquitanien – Königin von Frankreich und von England,* Tübingen 1980.
5 Hierzu ausführlich: Wilhelm Messerer, *Romanische Plastik in Frankreich,* DuMont Köln 1964, S. 22–35.
6 Etienne de La Boétie, *Von der freiwilligen Knechtschaft,* hrsg. v. Horst Günther, Frankfurt am Main 1980.
7 Hierzu ausführlich: Gerhard Rohlfs, *Primitive Kuppelbauten in Europa,* München 1957.
8 Miller, a. a. O., S. 6.
9 Anton Kriesis, *Versuch einer soziologischen Typologie des Stadtplans,* in: Figura I, 1951, S. 131.
10 Régis Issartel, *Abbaye Cistercienne de Cadouin,* Périgueux 1968.
11 Lilo Berger-Kircher, *Höhlenmalereien der Eiszeit,* München 1961, S. 7.
12 Herbert Kühn, *Eiszeitkunst. Die Geschichte ihrer Erforschung,* Göttingen 1965.
13 Herbert Kühn, *Die Felsbilder Europas,* Stuttgart 1952.
14 Max Sarradet, *Führer durch das Périgord,* Périgueux 1978, S. 143.
15 Nach Papst Leo I. genannte Versform mittellateinischer Gedichte (Hexameter und Pentameter), in denen Versmitte und Versende sich reimen.
16 Am päpstlichen Hof in Avignon arbeiteten im 14. Jh. bedeutende italienische Maler. Die bekanntesten waren Simone Martini und Matteo Giovanetti da Viterbo. Mit der Ausmalung der Kathedrale von Cahors wurden allerdings weniger namhafte Künstler beauftragt, die anonym blieben.
17 Vgl. Apostelgeschichte 7, 56.
18 Hierzu ausführlich: Sarradet, a. a. O., S. 117 ff.
19 Brantôme, *Les Dames Galantes,* mit einer Einführung von Maurice Rat, Paris 1965.
20 Viollet-le-Duc, *Dictionnaire raisonnée de l'architecture Française du XIe auf XVIe siècle,* Paris 1854–68, 3. Bd., S. 292.
21 Vgl. Anm. 3.
22 Erst seit Ende der 60er Jahre ist offiziell die Bezeichnung *Guyenne* wieder durch den alten Namen *Aquitaine* ersetzt worden.

Praktische Reise-Informationen

Inhalt

Reiseplanung
Auskünfte 298
Jahreszeiten 298
Karten und Ausrüstung 299
Verkehrsmittel 299
Anreisevorschläge für Autofahrer 300
Weitere Hinweise 301

Erholung und Sport
Wandern 301
Ferien mit dem Fahrrad 301
Ferien mit dem Pferdewagen 302
Kreative und alternative Ferien 302
Bootsfahrten 302
Badeplätze an den Flüssen 302
Die Badeorte am Atlantik von Nord nach Süd 303

Die Küche im Périgord
Spezialitäten des Landes 307
Ausgewählte Restaurants 310

Wissenswertes für den Freund guter Weine
Die Tradition der Bordeaux-Weine 312
Die Weinregionen im Bordelais 314
Das Etikett der Bordeaux-Weine 317
Über den Umgang mit Bordeaux-Weinen 318
Kleines Lexikon der Bordeaux-Weine 319

Öffnungszeiten
Die wichtigsten Schlösser 321
Museen 322
Höhlen und prähistorische Fundstätten 323
Sonstige Sehenswürdigkeiten 325

Reiseplanung

Auskünfte

Das *Amtliche Französische Verkehrsbüro* unterhält in der Bundesrepublik, Österreich und in der Schweiz Außenstellen, die jede gewünschte Information erteilen und Prospekte, Hotelverzeichnisse etc. zuschicken.

Die Büros für die Bundesrepublik:
6000 Frankfurt, Westendstraße 47
℘ 0611/740551
4000 Düsseldorf, Berliner Allee 26
℘ 0211/80375 u. 76

Für Österreich:
1030 Wien, Landstraßer Hauptstraße 2
Hilton Center Nr. 259
℘ 0222/757062

Für die Schweiz:
8022 Zürich, Bahnhofstraße 16
℘ 01/2113085 u. 86
1201 Genf, 3 rue Thalberg
℘ 022/328610

Im Lande selbst erhält man Auskünfte in den örtlichen Fremdenverkehrsbüros *(Syndicat d'Initiative)*. Sie liegen immer zentral, und der Weg ist meist gut ausgeschildert. Dort erhält man auch Wanderkarten und weiteres Informationsmaterial.

Benötigt man bei einem Unfall Hilfe, sind Ausweispapiere verloren gegangen oder ist die Reisekasse gestohlen worden usw., wendet man sich an das *Konsulat der Bundesrepublik Deutschland* in:

33200 Bordeaux-Caudéran,
377 Boulevard du Président Wilson
℘ 56/086020

Jahreszeiten

Das südwestliche Frankreich eignet sich hervorragend, um eine Besichtigungstour mit einem Badeurlaub zu verbinden. Die Temperaturen der Flüsse und des Atlantiks erlauben den Badebetrieb von Mitte Juni bis in den späten September. Die Tatsache, daß das Périgord in Deutschland immer noch wenig bekannt ist, sollte nicht über die Saison-Verhältnisse hinwegtäuschen, denn vor allem Engländer und Holländer strömen jeden Sommer zu Abertausenden in dieses Gebiet. Wer also im Juli/August reist, dem sei geraten, sich rechtzeitig, d. h. mindestens ein halbes Jahr im voraus, ein Quartier zu bestellen. Bei bedeutenden Sehenswürdigkeiten ist in dieser Zeit mit zum Teil erheblichen Wartezeiten für Einlaß und Führungen zu rechnen.

Beschaulicher reist es sich in der Vor- und Nachsaison, dann allerdings ist das Baden noch nicht, bzw. nicht mehr möglich. Die Lufttemperaturen sind aber in der Regel so mild, daß man schon ab Anfang April und bis Ende Oktober von warmer Witterung begleitet wird. Ein Nachteil in dieser Zeit sind die unregelmäßigen Öffnungszeiten der Sehenswürdigkeiten; hier hilft die unten aufgeführte Zusammenstellung.

Karten und Ausrüstung

Für die in diesem Buch beschriebenen Landschaften Aquitaniens sind die Gelben *Michelin*-Karten Nr. 71, 72, 75, 78 und 79 im Maßstab 1 : 200 000 (1 cm = 2 km) am besten geeignet. Daneben empfiehlt sich die große Übersichtskarte von Frankreich (Michelin-Nr. 989). Diese Karten sind in Frankreich an fast jeder Tankstelle, in Buchläden und Supermärkten, aber auch an Kiosken und Postkartenständen zu bekommen.

Gelegentlich werden *Straßen-Nummern* geändert. Die neue Kennziffer erscheint dann in der jeweils neuesten Ausgabe der Straßenkarte, an den Straßenschildern selbst jedoch bleibt oftmals noch jahrelang die alte Nummer stehen. In einem solchen Fall hält man sich dann besser an die Ortsnamen-Ausschilderung.

Da man oft durch ländlich abgeschiedene Gebiete fährt, in denen andere Verkehrsteilnehmer sich unter Umständen ungewöhnlich verhalten, sollte man eine *Versicherung* abschließen, die über die übliche Haftpflicht hinausgeht, möglichst auch einen Rechtsschutz (für ADAC-Mitglieder z.B. der Auslandsschutzbrief).

Ins Reisegepäck gehört eine *Taschenlampe*, in erster Linie für den Besuch der Höhlen und Grotten, aber auch für Krypten etc., weiterhin ein *Fernglas*, das nicht nur bei der Naturbeobachtung, sondern auch bei Besichtigungen, etwa hochgelegener, Kapitale gute Dienste leistet.

Bei der *Kleidung* ist folgendes zu beachten: auch in den warmen Sommermonaten kann es abends, vor allem in den Gebirgsgegenden des Zentralmassivs, aber auch in den Flußniederungen der Dordogne, des Lot etc. erheblich abkühlen. Warme Kleidung ist auch sinnvoll für den Besuch der Höhlen, deren Temperatur einige Grade unter der Außentemperatur liegt. Da die meisten Höhlen zudem feucht und schlüpfrig sind, braucht man ein Paar feste und vor allem wasserdichte Schuhe.

Verkehrsmittel

Für die in diesem Band beschriebenen Landschaften ist die Fahrt mit dem eigenen Pkw am günstigsten, denn zahlreiche Orte und Sehenswürdigkeiten sind nicht mit öffentlichen Verkehrsmitteln zu erreichen.

Wer dagegen die *Anreise mit der Bahn* unternimmt, wählt sich am besten ein festes Standquartier, von dem aus nahe gelegene Ziele mit örtlichen Omnibusunternehmen angesteuert werden können. Dafür empfehlen sich in erster Linie Sarlat und Périgueux. Man muß in jedem Fall über Paris fahren, da die Querverbindungen von Osten nach Westen in Frankreich mit mehrmaligem, zeitraubendem Umsteigen verbunden sind. Vom Gare-Austerlitz verkehren die Züge in Richtung Süden. In ca. fünf Stunden erreicht man Brive, von dort fahren Nahverkehrszüge und Omnibusse in die Umgebung, u. a. auch nach Périgueux und Sarlat. Die aktuellen Preise der Bahnfahrten nebst den möglichen Vergünstigungen (Seniorenpaß, kinderreiche Familien etc.) erfährt man bei der Vertretung der *Französischen Eisenbahn (SNCF)* in 6000 Frankfurt, Rüsterstraße 11. Eine gute, aber auch recht kostspielige Möglichkeit: Man reist per Bahn bis Brive und mietet dort einen Wagen. Am Hauptbahnhof von Brive sind sämtliche internationalen *Autoverleih-Firmen* vertreten; in erster Linie werden französische Fabrikate angeboten. Über eine deutsche Agentur kann man vorbestellen. Die ›Einweg-Miete‹ ermöglicht es, einen in Brive angemieteten Wagen z. B. in Bordeaux wieder abzugeben.

Wer nach Südwest-Frankreich *fliegen* möchte, kann von Frankfurt aus Toulouse und Bordeaux direkt erreichen. Auskünfte erteilt jedes Reisebüro.

Seit wenigen Jahren haben sich auch *Studienreise-Unternehmen* des südwest-französischen Raumes angenommen. Von vielen größeren deutschen Städten werden organisierte Pauschalreisen mit Omnibussen durchgeführt, die zwischen neun und fünfzehn Tagen dauern. Vor der Buchung einer solchen Reise sollte man sich vergewissern, ob der/die für die Fahrt eingeteilte Reiseleiter/in tatsächlich landeskundig ist.

Anreisevorschläge für Autofahrer

Für die Anreise mit dem Pkw bieten sich verschiedene Routen an. Wer aus dem nord- und westdeutschen Raum kommt, fährt auf der Autobahn Frankfurt-Basel und geht bei Neuenburg (30 km vor Basel) über die Grenze. Die im Sommer 1980 fertiggestellte Autobahn Richtung Dijon ermöglicht unter Umgehung von Belfort und Besançon ein zügiges Vorankommen. Bei Beaune trifft man auf die Nord-Süd-Autobahn von Paris nach Marseille. Hier gibt es nun zwei Möglichkeiten. Entweder wählt man den Weg durch Burgund oder durch die Auvergne. Der *durch Burgund* hat den Vorteil, daß er an den nördlichen Ausläufern des Zentralmassivs entlang führt und deshalb nicht besonders kurvenreich ist. Die fahrtechnisch angenehmste Strecke führt über Beau-

ne (gotisches Krankenhaus ›Hôtel-Dieu‹ mit berühmtem Weltgerichts-Triptychon des Roger van der Weyden), Autun (Theaterruine und Stadttore der gallo-römischen Epoche, Kathedrale St-Lazare mit dem Tympanon des Meisters Giselbert, Musée Rolin), Moulins (gotische Kathedrale), Montluçon und Bourganeuf nach Limoges. Nur der Abschnitt zwischen Gueret und Bourganeuf ist gelegentlich kurvenreich. Wer diese Route wählt, findet den Ort St-Léonard-de-Noblat vor Limoges als den ersten in diesem Band beschriebenen (Kap. Durch das Limousin nach Süden, S. 71 ff.).

Wer den Weg *durch die Auvergne* vorzieht, fährt auf der Autobahn von Chalon-sur-Saone bis Lyon und von dort Richtung Westen (D 489 bis Feurs, von da an die N 89 nach Clermont-Ferrand). Diese Route liegt für den Reisenden aus dem Raum Südbayern, Österreich und der Schweiz nahe. Man gelangt in diesem Fall über Zürich, Bern, Lausanne und Genf nach Lyon. Die Fahrt über das Zentralmassiv und ab La Bourboule am Oberlauf der Dordogne ist zwar relativ kurvenreich, aber landschaftlich ungemein reizvoll. Durch den jüngsten Ausbau der N 89 und der N 122 sind zahlreiche Kurvenstrecken entschärft worden.

Weitere Hinweise

Für den *Autofahrer:* In Frankreich besteht Gurtpflicht. Die Höchstgeschwindigkeit beträgt auf Landstraßen 110 km/h, auf Autobahnen 130 km/h. Bei Alkohol-Kontrollen greift die Polizei immer rigoroser durch und macht bei Ausländern keine Ausnahmen. Die Bußen für Verkehrsvergehen sind drastisch (vor allem bei zu schnellem Fahren).

Rechnen Sie bei Ihrer Urlaubskalkulation mit den hohen Autobahngebühren. Das Benzin ist deutlich teurer als in Deutschland. 1985 lag der Preis für einen Liter Super bereits über 1,80 DM. Da das französische Benzin eine geringere Oktanzahl hat als in Deutschland, müssen viele Autos, die in Deutschland mit Normalbenzin auskommen, in Frankreich mit Super betankt werden.

Die *Lebensmittelgeschäfte* sind in der Regel montags geschlossen, dafür an Sonntagen geöffnet. Abends kann man meistens bis 19 Uhr einkaufen, in manchen Orten auch länger. Wenn Ihnen in Geschäften, Restaurants, Tankstellen etc. astronomische Summen abverlangt werden, für ein Brot z. B. 250 Francs, erschrecken Sie nicht. Viele Franzosen, vor allem ältere, rechnen noch immer in der alten Währung, nach der ein Franc dem heutigen Centime entsprach.

Sollten Sie einen *Arzt* konsultieren müssen, ist das Honorar gleich nach der Behandlung in bar zu entrichten. Die Rechnung kann der deutschen Versicherung zur Erstattung vorgelegt werden.

Abschließend noch ein wichtiger Hinweis für *Hundebesitzer:* In den letzten Jahren hat sich in Südfrankreich eine tückische Hundekrankheit zunehmend verbreitet, die sog. Babesiose, die von Zecken übertragen wird. Wer seinen Hund mit in den Urlaub nimmt, sollte ihn deshalb nach Möglichkeit nicht unangeleint im freien Gelände stromern lassen. Sollte er sich dennoch einmal selbständig gemacht haben, untersuchen Sie das Tier auf Zeckenbefall und entfernen Sie die Schmarotzer umgehend. Wenn Sie Veränderungen im Verhalten Ihres Hundes bemerken (Appetitlosigkeit, Lähmungserscheinungen) suchen Sie unverzüglich den nächsten Tierarzt auf (Veterinaire; die Tierarztpraxen

sind in Frankreich durch grüne Kreuze kenntlich gemacht). Das erforderliche Serum ist praktisch in jeder Praxis verfügbar. Wenn das erkrankte Tier nicht behandelt wird, führt die Babesiose in den meisten Fällen zum Exitus. Spezialist auf diesem Gebiet ist Dr. Alain Labeille, Chemin de Plantier in Sarlat, ✆ 59 07 97.

Erholung und Sport

Wandern

Der Franzose hat im allgemeinen ein nüchternes Verhältnis zur Natur. Die Begeisterung, mit der viele Deutsche eine Landschaft erwandern, ist ihm fremd, deshalb sind Wanderwege in Frankreich nur in beschränktem Umfang vorhanden. In den letzten Jahren hat man sich jedoch zunehmend auf die Besucher aus dem Ausland eingestellt und inzwischen sogar recht brauchbare Karten mit Wandervorschlägen erarbeitet. Diese Karten, die immer nur ein begrenztes Gebiet erfassen, sind in den örtlichen Syndicats d'Initiative erhältlich.

Ferien mit dem Fahrrad

Das Binnenland ist nur in den Flußtälern zum bequemen Fahrradfahren geeignet. Dazwischen liegen immer wieder Höhenzüge mit Steigungen, die nur von trainierten Leuten zu bewältigen sind. Ideal für die Fortbewegung mit dem Drahtesel sind die endlosen Weiten der *Landes*. Mittlerweile gibt es in zahlreichen Orten – nicht nur an der Küste, sondern auch im Landesinnern – die Möglichkeit, Fahrräder zu mieten. Die Adressen der Verleiher erfährt man in den örtlichen Syndicats d'Initiative.

Ferien mit dem Pferdewagen

Erst seit wenigen Jahren besteht die Möglichkeit, die Dordogne ganz romantisch mit dem Pferdewagen zu bereisen. Der Pferdewagen wird wochenweise vermietet. Grundkenntnisse im Kutschieren sind nicht erforderlich, da man sehr gründlich eingewiesen wird. Für Familien mit Kindern unter sechs Jahren kommt diese Ferienform allerdings kaum in Betracht. Auskünfte erteilt das Office Départemental de Tourisme, 16, cours du Président Wilson, 24 000 Périgueux, Ø (53) 53 44 35.

Kreative und alternative Ferien

Hier sei auch noch auf die Möglichkeiten ›alternativer‹ Feriengestaltung hingewiesen. In ländlicher Umgebung kann man an organisierten Kunsthandwerk-Kursen teilnehmen, z. B. *Töpferei* (in *St-Jean-de-Côle* und in *Villars*), *Emailtechnik* und *Weberei* (in *St-Vincent-Jalmoutiers*), *Keramik* (in *Mussidan*) oder *Papierherstellung* nach altertümlicher Technik (in *Couze*). Für Großfamilien oder Gruppen von Freunden, die gemeinsam den Urlaub miteinander verbringen, bietet es sich an, ein altes *Bauernhaus* zu mieten. Anfragen sind zu richten an: Office Départemental de Tourisme, 16, cours du Président Wilson, 24 000 Périgueux, Ø (53) 53 44 35.

Bootsfahrten

Bootsverleih ist in den Küstenorten selbstverständlich. Neuerdings kann man aber auch an der Dordogne *Kanus* nach dem Einwegprinzip mieten. Man stellt sein Auto beim Bootsverleih ab, schippert die Dordogne flußabwärts und geht an einem mit dem Bootseigner vorher ausgemachten Ort wieder an Land. Am späten Nachmittag macht der Verleiher dann mit einem Kleinbus eine Runde und sammelt seine Kunden wieder ein. Die Boote werden auf einem Anhänger verstaut, die Gäste werden wieder an den Ausgangsort und zu ihrem Wagen zurückgebracht. Diese Möglichkeiten bestehen zur Zeit nur in *Vitrac*, in *Cénac* (unterhalb von Domme) und auf halber Strecke zwischen *Beynac* und *St-Cyprien* (Ausschilderung beachten).

Badeplätze an den Flüssen

Nicht nur die Atlantikküste, sondern auch das Binnenland mit seinen zahllosen Flüssen und gelegentlichen Seen bietet herrliche Möglichkeiten zum Baden und für andere Wassersportarten (Surfen, Segeln etc.). Am Oberlauf der Dordogne ist der Stausee von *Bort-les-Orgues* ein Badeparadies.

Ob sich die Flüsse zum Baden eignen, hängt immer von der Temperatur und dem Verschmutzungsgrad des Wassers ab. So sind etwa die Flüsse des Limousin trotz ihres in der Regel recht sauberen Wassers zum Baden selbst im Sommer zu kalt. Wegen extremer Verschmutzung sind zum Baden gleichfalls ungeeignet: die Vézère, der Lot und der Isle.

Die schönsten Badeplätze bietet die angenehm saubere *Dordogne,* deren Wasser erst ab Bergerac westwärts durch Industrie verschmutzt sind, zwischen *Souillac* und *Lalinde,* wo langgezogene Kiesbänke seicht ins

Wasser führen. Besonders reizvolle Plätze sind in *Vitrac* (auf halber Strecke zwischen Souillac und Sarlat), *Cénac* (unterhalb von Domme), *La Roque-Gageac* und *Beynac*. Dabei ist im Bereich der Brücken Vorsicht geboten, wo die gemächlich dahinfließende Dordogne reißend und unberechenbar werden kann. Hier können selbst geübte Schwimmer in Gefahr kommen. Zahlreiche weitere, malerische Badeplätze bieten die Seitentäler der Dordogne, allen voran der Flußlauf des kleinen *Céou,* der unterhalb der Burg von Castelnaud in die Dordogne mündet. Sein Wasser ist so klar, daß man selbst dort, wo es drei oder vier Meter tief ist, auch den kleinsten Kieselstein am Grunde erkennen kann. Viele dieser idyllischen Badeplätze sind mit einem Campingplatz verbunden. Diese Campingplätze sind ausnahmslos klein und überschaubar, sauber und gepflegt, zudem in landschaftlich schöner Lage, so daß das Zelten zum Vergnügen werden kann.

Die Badeorte am Atlantik von Nord nach Süd

Beim Baden an der Atlantikküste darf man die Gefahren der zum Teil starken Brandung und vor allem der Gezeitenwechsel nicht unterschätzen. Selbst guten Schwimmern wird empfohlen, nach Möglichkeit nur in abgegrenzten Bezirken ins Wasser zu gehen, die zumeist von einer Badeaufsicht überwacht werden. Vorsicht ist geboten beim Schwimmen in den scheinbar harmlosen Prielen. Bei Ebbe zieht das Wasser mit ungeheurem Druck ins offene Meer. Niemals allein schwimmen!

Die Badeorte der Côte d'Argent werden hier entsprechend ihrer Lage von Norden nach Süden kurz vorgestellt und kommentiert. Grundlage dafür bilden eigene Anschauung und Erfahrung des Autors, die ergänzt und überprüft wurden nach Informationen aus dem *ADAC Reiseführer. Die Badeplätze in Frankreich – Atlantik, München 1978.*

Le Verdon-Fleuve. Der kleine Badeort liegt nicht am offenen Atlantik, sondern noch in der Gironde-Mündung. Das bietet zwar einen guten Schutz gegen gelegentliche Winde von Westen, aber Strand und Wasser sind durch die an der ganzen Gironde angesiedelte Industrie so unangenehm verschmutzt, daß Le Verdon-Fleuve nur als Ausweichmöglichkeit in Betracht kommt, wenn es anderswo zu überfüllt ist. Vorhanden sind Erste-Hilfe-Station, Sonnenschirm-Verleih, Snack-Bars und Restaurants, Kinderclub.

Soulac-sur-Mer. Die vielen Freiflächen geben Platz für ausgedehnte Campingplätze, aber auch einige Hotels und Ferienhäuser sorgen dafür, daß dieser Ort in der Saison etliche zehntausend Gäste beherbergt. Dennoch verteilen sich die Urlauber am ausgedehnten, schönen Sandstrand, so daß alles recht ruhig zugeht. Soulac ist besonders für Familien mit Kindern zu empfehlen, da mehrere Kinderclubs zur Verfügung stehen. Vermietung von Zelten und Sonnenschirmen. Für Unterhaltung und Abwechslung sorgen ein Casino, Kinos, Diskotheken, Gelegenheiten zum Reiten, Minigolf und Tennis.

L'Amélie-sur-Mer. Kleiner Ort 5 km südlich Soulac. Derselbe feine Sandstrand wie dort. Ein abgesteckter Badeabschnitt wird von einer Badeaufsicht überwacht. Hinweis für Tierfreunde: das Mitbringen von Hunden an den Strand ist in Amélie verboten.

Le Gurp. Kein Ort, lediglich ein paar Snack-Bars und ein Campingplatz. In den schönen Dünen verteilen sich die wenigen Urlauber, so daß dieser Küstenabschnitt vor allem dem zu empfehlen ist, der Abgeschiedenheit und Ruhe sucht. Für Kinder vielleicht etwas langweilig.

Montalivet. In Montalivet befindet sich das größte FKK-Gelände Europas, das aber nur Inhabern mit internationalem Ausweis (I.N.F.) offensteht. Die Urlauber leben in kleinen Ferienhäuschen, die im Wald nebeneinander aufgereiht sind. Neben der üblichen Versorgung stehen auch eine Krankenschwester und ein Arzt zur Verfügung. An den übrigen Stränden von Montalivet, wie übrigens an allen nicht als FKK-Gelände ausgewiesenen Stränden der Atlantikküste, ist Nacktbaden offiziell verboten, dennoch ist die Atmosphäre meist sehr tolerant.

Hourtin-Plage und Hourtin-Lac. Ein winziger Ort mit einem großen Campingplatz (Raum für 2000 Menschen). Der Strand ist bei Flut nur knapp 30 m breit und starker Brandung ausgesetzt. Ideal für Wellenreiter und gute Schwimmer, die das Durchtauchen von Wellenbergen lieben. Wer ruhigeres Wasser vorzieht, findet einen seichten Strand in Hourtin-Lac am See von Hourtin-Carcans, Frankreichs größtem Binnensee. Dort kann man im Bootshafen Surfbretter, Motor- und Tretboote ausleihen.

Maubuisson. Gleichfalls am Lac d'Hourtin-Carcans gelegen; ist wie Hourtin-Lac familienfreundlich und ruhig. Man kann mit dem Boot (Leihmöglichkeit vorhanden) auf dem Canal de Jonction von Maubuisson zum Etang-de-Lacanau fahren.

Carcans-Plage. Kleiner Ort mit wenig Unterbringungsmöglichkeiten (nur ein Hotel), aber schönem Strand und ausgedehnten Dünen.

Lacanau. Lacanau-Océan ist ein Eldorado für Surfer und Austragungsort für Surfmeisterschaften, deshalb für Familien mit kleinen Kindern nicht unbedingt empfehlenswert. Campingplatz mit Raum für ca. 2300 Personen. In der Saison herrscht hektische Betriebsamkeit. Der einstmals kleine Ort wird jetzt in großem Stil mit einem gigantischen Ferienzentrum und einem Hotelkomplex ausgebaut. Im Landesinnern am Etang-de-Lacanau, in den Ortschaften Lacanau-Médoc und Le Moutchic geht es gemächlicher zu; sie werden deshalb von Familien dem quirligen Lacanau-Océan vorgezogen.

Cap Ferret. Am Zugang des Beckens von Arcachon zum offenen Meer gelegen, bieten sich von Cap Ferret schöne Ausblicke auf das Becken und die Düne von Pilat am jenseitigen Ufer. Das alte Fischerdorf wird im Hochsommer von mehr als 40 000 Urlaubern überflutet. Die Einwohner haben für die zahlreichen jungen Leute, die mit ihren zum Teil turmähnlichen Rucksäcken anreisen, den Spitznamen ›Les Escargots‹ (die Schnecken) geprägt. Der Sandstrand ist ausgedehnt und sauber. Das Baden am Strand zur Meerseite ist außerhalb der bewachten Abgrenzungen gefährlich. Die dem Landesinnern zugewandte Seite ist ruhiger und gefahrloser, deshalb für Kinder besser geeignet.

Arcachon. Großer alter Badeort mit dem gemütlichen Flair des vorigen Jahrhunderts. Hier tummeln sich Gäste aller Altersstufen. Das üppige Hotelangebot hat für jeden Geschmack und Geldbeutel die passende Bleibe. Viel Abwechslung durch Casino, Kinos, Diskotheken usw. sowie durch alle erdenklichen Sportmöglichkeiten (Minigolf, Tennis, Reiten etc.). Vor allem dem Wanderer bieten sich zahlreiche, erholsame Wege. Der Strand am Ort selber ist nicht immer der sauberste, wird aber regelmäßig von Abfällen und angeschwemmtem Dreck gesäubert.

Pyla-sur-Mer. Rückwärtig von der endlosen Waldfläche der Landes-de-Gascogne begrenzt, die hier anfangen, bietet der Ort zur Meerseite einen Strand mit feinstem Sand. Die meist gehobeneren Hotels und Restaurants sind auf ein begütertes Publikum eingestellt. Während Arcachon in erster Linie von Franzosen frequentiert wird, dominieren in Pyla Engländer und neuerdings auch Deutsche.

Pilat-Plage. Die Hauptattraktion ist die riesige Düne von Pilat, die nach Osten zum Wald, nach Westen zum Atlantik abfällt. In der Regel herrscht viel Trubel. Am schönsten ist eine morgendliche Wanderung über den 114 m hohen Rücken der Düne, wenn man das grandiose Naturschauspiel in Ruhe genießen kann. An den Stränden zwischen Pyla-sur-Mer und Pilat-Plage wird alles geboten: Segelschule, Surfen, Tennis, Minigolf, Pelota (der baskische Nationalsport).

Biscarosse-Plage. Betriebsamer kleiner Ort mit vorwiegend jüngerem Publikum. Ausgedehnter Strand, der jedoch wenige 100 m weiter südlich an ein abgesperrtes militärisches Übungsgelände grenzt. Der Ort selber ist ziemlich steril und gewinnt nur durch das bunte Treiben der Feriengäste Farbe. In der Vor- und Nachsaison ohne Leben.

Mimizan-Plage. Mimizan-Plage hat sich in den letzten Jahren zu einem ausgesprochenen Familienort entwickelt; man trifft vorwiegend jüngere Ehepaare mit Kindern. Wer die Einsamkeit sucht, findet im Hinterland ausgedehnte Wanderwege. Vorsicht: in den endlosen Wäldern der Landes kann man sich leicht verlaufen; ein kleiner Kompaß bewahrt einen vor ungewollten weiten Umwegen. Der Strand ist bis zu 100 m breit und zieht sich etliche Kilometer lang. Im Norden wildes FKK. Neben einigen Hotels und Ferienhäusern (Appartements) gibt es mehrere Campingplätze. Insgesamt ein, wenn auch nicht stilvoller, so doch heiterer und freundlicher Badeort.

Contis-Plage. Der Strand zwischen Mimizan- und Contis-Plage ist durch unberechenbare Srömungen sehr gefährlich. Erst in Contis-Plage kann man wieder gefahrlos baden. Der winzige Ort bietet wenig Unterbringungsmöglichkeiten und ist angenehm ruhig.

St-Girons-Plage. Von hier an nach Süden machen sich leider Abfälle unangenehm bemerkbar, die der Golfstrom von Spanien an die französische Atlantikküste spült. Der ansonsten sehr schöne Strand von St.-Girons-Plage wird deshalb jeden Monat einmal gründlich gereinigt. Er ist wie der von

Contis-Plage und der des Fleckens Cap de l'Homy, der zwischen beiden liegt, auffallend ruhig. Etwas abseits liegt der FKK-Campingplatz Arnaoutchot.

Moliets-Plage. Gute Bademöglichkeiten nicht nur am Meer, sondern auch an den zahlreichen kleinen Binnenseen im näheren Umkreis. Bei zu starker Brandung hat man also immer gute Ausweichmöglichkeiten.

Vieux-Boucau. Der belebte Ort ist wie Mimizan-Plage besonders bei jungen Familien beliebt, deren Kinder an dem regelmäßig gereinigten, sehr weitläufigen Strand ideale Spielmöglichkeiten finden (u. a. Kinderclub).

Soustons. Am Etang de Soustons liegt ein ruhiger Badeort, der über einen der besten Campingplätze im Küstengebiet verfügt (u. a. beheiztes Schwimmbad). Ausleihe von Booten (Paddel-, Motor-, Pedalboote). Wenig Sandstrand.

Seignosse-le-Penon. Hier ist eine moderne Ferienstadt aus Stahl und Beton entstanden, die zwar jeden gewünschten Komfort bietet, dafür aber nicht die Atmosphäre alter Orte wie etwa Mimizan vermitteln kann. Das liegt auch daran, daß noch viele Hotels im Bau sind. An den endlosen Feinsandstränden kann man sich verlaufen, so daß trotz der ca. 25000 Urlauber im Juli und August jeder einen ruhigen Flecken findet.

Hossegor und Capbreton. Beide Orte umschließen einen verzweigten See, dessen Wasser durch einen offenen Zugang zum Meer salzhaltig ist. Er ist meist zwei bis drei Grad wärmer als der Atlantik und für kleine Kinder ein ideales Planschbecken. Die beiden miteinander verschmolzenen Ortschaften haben viel Atmosphäre und sind besonders beim älteren Publikum beliebt. Außerhalb der alten Ortskerne entstehen jetzt große Hotelkomplexe. Auf dem weiteren Wege nach Biarritz findet man am Meer die Flecken Labenne-Océan und Ondres-Plage, deren Strände vor allem von Ausflüglern aus Bayonne frequentiert werden.

Biarritz. Die ›Grande Dame‹ unter den Badeorten wird von überwiegend älterem Publikum besucht. Die kleinen Strände sind für Kinder wenig geeignet, es ist alles zu eng. Für einen reinen Badeurlaub kommt Biarritz ohnehin nicht in Frage. Wer den Genuß guter Küche, komfortabler Unterbringung und plüschiger Atmosphäre mit etwas Schwimmen, Spazierengehen und vielleicht Bildung (z. B. Sprachkurse) verbinden möchte, kommt in Biarritz voll auf seine Kosten.

Bidart und Guéthary. Zwei alte baskische Dörfer zwischen den großen Orten Biarritz und St-Jean-de-Luz. Während Bidart mehr ein Durchgangsort vor allem für Spanienreisende ist, hat Guéthary den Charme eines Badeorts von altem Stil bewahrt. Die Küste wird hier bereits felsig, so daß man zum Schwimmen und Surfen (Ausleihe) die Buchten aufsuchen muß. In beiden Orten finden sich Tennis- und Minigolfplätze etc.

St-Jean-de-Luz. Die Bucht von St-Jean-de-Luz ist gegen die Brandung durch Wellenbrecher und neuerdings gegen den von Spanien antreibenden Unrat durch ein Auffangnetz gesichert. Der Strand ist deshalb angenehm sauber und zum Baden bestens geeignet. Die Altstadt ist malerisch und lädt vor allem um den Hafen herum zum Bummeln ein. Viel Abwechslung und Unterhaltung wird geboten. Guter Ausgangsort für Ausflüge in die Pyrenäen. Der Sportbegeisterte kann Badefreuden mit herrlichen Wanderungen verbinden.

Hendaye-Plage. In Hendaye endet die französische Atlantikküste. Auf der anderen Seite der Bidassoa liegt Spanien. Da der Durchgangsverkehr in das Nachbarland sich über die neue Autobahn oder auf der N 10 abwickelt, bleibt Hendaye selber davon weitgehend unberührt und ist als Badeort angenehm ruhig. Die Lage in der Bucht ist geschützt und der leidige Unrat, der von Spanien herüber getrieben wird, zieht an Hendaye vorbei. Deshalb bestehen gute Bademöglichkeiten in einer seichten Brandung. Wie St-Jean-de-Luz eignet sich Hendaye für Ausflüge in die Pyrenäen oder nach Spanien (Irún, San Sebastián).

Die Küche im Périgord

»Im Périgord Noir wäscht man sich nicht, da ißt man!«

(Altes Bauern-Sprichwort)

Das Essen spielt bekanntlich eine gewichtige Rolle im Leben der Franzosen; die Bewohner des Périgord genießen es sogar mit solcher Hingabe, daß Sprichwörter wie das oben wiedergegebene dafür bezeichnend sind. Die Küche des Périgord ist eine der eigenständigsten der regionalen Küchen Frankreichs. Man bevorzugt relativ schwere Speisen, die – zubereitet nach alten, bäuerlichen Rezepten – sich deutlich von dem unterscheiden, was man sonst in Frankreich gewohnt ist. Eugène le Roy, der bekannteste Schriftsteller des Périgord in diesem Jahrhundert und Verfasser des vielgelesenen ›Jacquou le Croquant‹, leitete eines seiner Bücher mit dem Satz ein: »Ce livre est purement Périgourdin; celui qui n' aime pas l'ail, le chabrol et l'huile de noix peut le fermer, il n'y comprendra rien.« (Frei übersetzt: »Dieses Buch ist durch und durch périgordinisch; wer keinen Knoblauch liebt, keine Kräutersuppe und auch kein Nußöl, der kann es gleich wieder schließen, denn er wird nichts verstehen«. Mit diesem Zitat sei der Leser eingeladen, einen Blick in die Küche des Périgord zu werfen.

Spezialitäten des Landes

Große Berühmtheit besitzt der *Trüffelpilz*, mit dem zahlreiche Speisen, sowohl Vor- als auch Hauptgerichte angemacht werden. Die Trüffel wächst unter der Erde, und zwar ausschließlich an den Wurzeln einer bestimmten Eichenart, der Trüffeleiche. Die Trüffel sondert einen Säurestoff ab, der den Boden ringsum verbrennt. Dennoch sind die Trüffel nicht immer leicht zu finden, darum nahm man früher Schweine zu Hilfe, die den edlen Pilz erschnüffelten; heute hat man dafür eigens zum Trüffelsuchen abgerichtete Schäferhunde. Es gibt mehr als vierzig verschiedene Arten, die sich grob in zwei Gruppen teilen lassen: die Schwarze bzw. Périgord-Trüffel und die Weiße oder auch Schweine-Trüffel. Beide Arten kommen im Périgord vor, sind jedoch mittlerweile so rar geworden, daß der Pfundpreis schon über die Tausend-Francs-Grenze geklettert ist. Daß die Trüffel ein Aphrodisiakum sei, ist wohl ein Aberglaube des Mittelalters. Dennoch hält sich im Périgord auch heute noch hartnäckig die Meinung, die Geliebte sei leichter zu umgarnen, wenn man ihr zuvor ein Mahl mit ausreichend vielen Trüffeln vorgesetzt habe. Die Trüffeln werden im Spätherbst, meist im November geerntet. Um sie kochfertig zu machen, wird der Pilz zuerst gereinigt und dann einem Sterilisationsprozeß unterworfen, bei dem ihm etwa ein Viertel seiner Substanz als Flüssigkeit entzogen wird; von einem Kilo Trüffel bleiben also nur 750 g. Aber auch der Trüffelsaft findet Verwendung, vor allem beim Abschmecken von Soßen.

Am häufigsten wird die Trüffel den verschiedenen *Pasteten*-Arten beigegeben, für die das Périgord über die Grenzen Frankreichs hinaus einen vorzüglichen Ruf genießt. Die bekannteste ist die getrüffelte Gänseleber-Pastete, daneben gibt es Enten- und Schweineleber-Pasteten oder auch Mischungen aus diesen Sorten. Die Gänse werden auch heute noch trotz heftiger Proteste der Tierschützer gestopft. Wenn sie etwa zwei Monate alt sind, werden sie bis zu dreimal täglich mit einem Maisbrei-Gemisch gefüttert, das man ihnen durch einen Trichter in den Schlund drückt. Bei dieser widernatürlichen Ernährung hypertro-

phiert die Leber, die am Ende bis zu einem Kilo schwer wird. Nach acht Monaten werden die Gänse geschlachtet. Die Leber wird entweder püriert und in Dosen eingemacht, oder grob zerkleinert und mit Gewürzen, Kräutern und Fett eingekocht. Letzteres, die ›Terrine‹ (nach den irdenen Gefäßen, in denen das Gericht eingemacht ist), findet man überall in der Aquitaine vom kleinen ländlichen Gasthof bis hin zum Luxusrestaurant als Spezialität des Hauses auf der Speisekarte. Die beigefügten Trüffeln geben beim Kochen ihr feines Aroma so weitgehend ab, daß sie, aus der Pastete oder Terrine herausgenommen und pur verzehrt, kaum noch Geschmack haben. Zum Verfeinern wird den Pasteten oftmals ein Schuß Armagnac hinzugefügt.

Das Fleisch der Gänse wird nur selten frisch genossen, verbreiteter ist die Verarbeitung zum *Confit d'oie.* Das Fleisch wird gekocht und im eigenen Fett des Geflügels eingemacht. Kühl aufbewahrt, hält sich das Confit mehrere Wochen lang. Es wird entweder kalt zum Salat oder warm mit *Pommes Sarladaises* gegessen, Kartoffeln, die roh in einer Pfanne mit Gänsefett und etwas Knoblauch geröstet werden. Überhaupt spielt Geflügel eine große Rolle. Neben der Gans genießen Enten, Hühner und Tauben große Beliebtheit. Die Taubenhaltung hat sogar eine eigene Bauform hervorgebracht, den Pigeonnier (Taubenturm), der noch bei den meisten alten Gehöften anzutreffen ist und das dörfliche Bild im Périgord entscheidend mitprägt. Das Fleisch der Hähnchen ist oftmals auffallend gelb, man spricht sogar von den *poulets jaunes.* Die fast ausschließlich mit Mais gefütterten Freiland-Hähnchen werden normalerweise erst mit zwölf statt wie sonst üblich mit acht Wochen geschlachtet. Mit Cognac flambiert, reichlich Pfeffer und Knoblauch gewürzt, ißt man sie mit kleinen, grünen Bohnen als Beilage.

Daneben findet man auf den Speisekarten selbst kleinerer Restaurants auch ausgefalleneres Geflügel wie Perlhuhn, Truthahn oder Wachtel. Zur Jagdsaison wird diese Palette um Rebhuhn und Fasan bereichert. An weiterem Wild ist die Gegend jedoch relativ arm. Häufig anzutreffen ist noch der Feldhase, der als *Lièvre à la Royale* als eines der klassischen Gerichte im Herbst aufgetragen wird. Der Verwandte des Hasen, das Kaninchen, gehört das ganze Jahr über zu den beliebten Gerichten. Herkömmliche Fleischarten von Schwein und Rind werden reichlich mit Kräutern und Knoblauch angemacht. Hervorzuheben ist die *Sauce Périgueux*, die dem Filet oder Rostbeef eine echt périgordinische Note verleiht. Sie wird aus dem Sud zerkochter Knochen, Portwein und Trüffelsaft zubereitet.

Die zahlreichen Flüsse liefern Fische, von denen allen voran die *Forelle* zu nennen ist. Sie wird normalerweise gebraten und mit Trüffeln oder Mandeln serviert. Dabei ist die Art der Zubereitung erwähnenswert. Beim Ausnehmen der Forelle wird nicht wie sonst der ganze Bauch der Länge nach aufgeschlitzt, sondern man macht unterhalb des Kopfes nur einen kleinen Schnitt, so daß die Bauchhöhle geschlossen erhalten bleibt. Dahinein werden dann frische Kräuter gesteckt, die beim Garen mitziehen und dem Fisch einen besonders feinen, originellen Geschmack verleihen. Als besondere Spezialität ist auch der *Hecht* zu nennen. Durch die Nähe zum Atlantik findet man aber auch, je weiter man nach Westen kommt, ein reiches Angebot an Meeresgetier. Als

Vorgericht werden oft die berühmten Austern aus Arcachon angeboten.

Von Gemüse und Salat scheint man nicht all zu viel zu halten. Im Frühjahr kommt viel *Spargel* aus den Landes auf die Märkte, im Herbst bevorzugt man die *Haricots verts*. Einen gewichtigen Platz nehmen die unterschiedlichen Pilzsorten ein, allen voran der *Steinpilz*, der hier noch recht verbreitet und deshalb entsprechend preiswerter ist als in Deutschland. Im Herbst bereichern *Maronen* die Beilagen, Eßkastanienbäume wachsen in ganzen Wäldern überall im Périgord. Als *Salat* gibt es fast ausschließlich grünen Blattsalat, den man einfach, aber höchst wirkungsvoll anmacht: Er wird mit reichlich Nußöl übergossen und manchmal zusätzlich mit frischen Walnüssen garniert. Aus den *Nüssen*, die zu den Haupterzeugnissen des Périgord gehören, wird auch ein wohlschmeckender Schnaps hergestellt. Ein anderer guter Schnaps wird aus Pflaumen gewonnen. Überhaupt ißt man gerne Früchte oder nutzt sie zur Gewinnung aller möglichen Schnapssorten.

Wie sieht nun ein typisches Menü des Périgord aus? Zunächst einmal wird mit aller Selbstverständlichkeit eine Suppe aufgetragen. Sie gehört zu fast jedem Essen, was vielleicht gerade dem Geschmack des deutschen Reisenden entgegenkommt. Typisch ist die aus Kräutern und Gemüse gekochte Suppe *chabrol*, die ein echter Périgordiner auch heute noch so ißt, daß er den etwa zu drei Vierteln leergelöffelten Teller noch einmal bis zum Rand mit Rotwein auffüllt und ihn dann direkt aus dem Teller schlürft. Dazu bedient man sich natürlich ausgiebig von dem guten Weißbrot. Dann folgt eine hausgemachte Terrine und als Zwischengericht eine gebratene Forelle. Zum Hauptgang wählt man ein Fleischgericht mit Sauce Périgueux oder ein Confit aus Enten- oder Gänsefleisch, zur Jagdsaison vielleicht einen Fasan oder einen Hasen. Dazu trinkt man einen Bordeaux oder einen der lokalen Weine aus der Gegend um Cahors (rot), seltener einen Monbazillac (weiß). Als Nachspeise ißt man im Périgord gern Gebackenes oder Obst. Empfehlenswert sind die Apfel-, Heidelbeer- und Pflaumenkuchen. In der Gegend um Rouffignac befindet sich das größte Erdbeeranbaugebiet Frankreichs; die dort gezüchteten Früchte sind klein und haben ein intensives Aroma. In den Plantagen um Bergerac reifen köstliche Pfirsiche, und die Gegend um Agen ist berühmt für ihre Pflaumen. Auf jeden Fall braucht man für ein ganzes Menü viel Zeit. Es können gut und gerne zwei, sogar drei Stunden vergehen, bis man schließlich mit einem Schnaps und einem Kaffee die Zeremonie beschließt.

Wer sich in besonderem Maße für die Küche im Périgord und ihre Rezepte interessiert, dem sei das umfangreiche Buch von: *Zette Guinaudeau-Franc. La cuisine paysanne en France – Les secrets des fermes en Périgord Noir, Paris 1978*, empfohlen, das allerdings bislang nur in französischer Fassung vorliegt.

Ausgewählte Restaurants

Die Empfehlung besonders guter und typischer Restaurants ist hier problematisch, weil immer wieder personelle oder andere Veränderungen zu Qualitätsschwankungen führen können. Der jährlich neu erschei-

nende *Michelin*-Restaurantführer informiert den Reisenden verläßlich über den neuesten Stand. Nachstehend hat der Verfasser ein paar Restaurants zusammengestellt, die nach seiner jahrelangen Beobachtung für gute, gleichbleibende Qualität bürgen. Diese Auswahl stellt keinerlei Anspruch auf Vollständigkeit, vielmehr ging es darum, einzelne Häuser zu nennen, die als besonders typisch für die Region gelten können.

Die ersten acht Adressen sind Restaurants der gehobenen Klasse, in denen man gut und noch einigermaßen preiswert ißt (Menü ab 70–80 FF). Die folgenden fünf Restaurants sind Spitzenlokale, die seit Jahren ihren festen Stern im Michelin haben. Entsprechend ist auch der Preis in diesen Häusern um eine Kategorie höher anzusetzen. Wenn nicht anders vermerkt, sind alle diese Restaurants mit einem Hotel verbunden.

Hotel-Restaurant Vieille Auberge
46200 Souillac
Ø (65) 37.79.43

Hotel-Restaurant Saint Albert
Place Pasteur
24200 Sarlat
Ø (53) 59.01.09

Hotel-Restaurant Le Périgord
24250 La Roque-Gageac
Ø (53) 28.36.55
(liegt unterhalb Domme)

Hotel-Restaurant L'Abbaye
24220 St-Cyprien
Ø (53) 29.20.48

Hotel-Restaurant Bonnet
24220 Beynac
∅ (53) 29.50.01

Hostellerie de la Bouriane
Place Forail
46300 Gourdon
∅ (65) 37.06.37

Chez Germaine (nur Restaurant)
Place Clocher
33330 St-Emilion
∅ (56) 24.70.88

Hotel-Restaurant Scholly
Place de la Poste
24170 Siorac-en-Périgord
∅ (53) 29.60.02

Hotel-Restaurant Cro-Magnon
24620 Les Eyzies-de-Tayac
∅ (53) 06.97.06

Hotel-Restaurant Centenaire
24620 Les Eyzies-de-Tayac
∅ (53) 06.97.18

La Taverne (nur Restaurant)
41, rue J.-B. Delpech
46000 Cahors
∅ (65) 35.28.66

Hotel-Restaurant Le Cyrano
2, boulevard Montaigne
24100 Bergerac
∅ (53) 57.02.76

Le St-James (nur Restaurant),
2, cours Intendance
33000 Bordeaux
∅ (56) 52.59.79

Wer Lust verspürt, die Köstlichkeiten der périgordinischen Küche nicht nur im fertigen Endzustand im Restaurant zu konsumieren, sondern ihre Entstehung zu erleben, findet nachstehend einige ausgefallene Adressen.

In Ste-Nathalène befindet sich die einzige Nußölmühle des Périgord, die noch ohne Elektrizität und andere moderne Hilfsmittel mit zum Teil jahrhundertealten Gerätschaften das Nußöl preßt. Der stolze Besitzer zeigt dem Besucher unentgeltlich den vollständigen Arbeitsvorgang vom Knacken der Nüsse bis zum fertigen Öl. Man erreicht Ste-Nathalène von Sarlat nach Osten auf der D 47 (10 km). ∅ (53) 59.22.08.

In die Geheimnisse der Pastetenherstellung weiht Madame Bournazel ein. Sie wohnt in Castelnaud (vgl. S. 115 f.) unterhalb der Burg. Am besten fragt man in der Bar du Château nach ihr. ∅ (53) 29.51.16.

Die Destillerie du Périgord S. A. Mazelaygue gewährt dem Besucher einen Einblick in die Verarbeitungsmethoden einer Schnapsbrennerei. Sie liegt nur knapp einen Kilometer außerhalb von Sarlat an der D 704 in Richtung Gourdon/Cahors (gleich hinter der Bahnüberführung links). ∅ (53) 59.31.10.

Der Weinfreund findet im Cahors- bzw. Bergerac-Gebiet und natürlich im Bordelais eine Unzahl von »Dégustations«, die lediglich am Verkauf ihrer Produkte interessiert sind. Einen informativen Einblick in die Weinkultur bietet dagegen das kleine Weingut Château Court les Muts in 24240 Sigoulès, ∅ (53) 27.92.17 (von Bergerac auf der D 936 Richtung Bordeaux, nach ca. 15 km in Gardonne Richtung Saussignac links abbiegen, nach 3 km kreuzt die D 14, dort rechts abbiegen, das Château Court les Muts liegt nach 500 m auf der linken Seite).

Wissenswertes für den Freund guter Weine

Die Tradition der Bordeaux-Weine

Der Weinbau ist Jahrtausende alt. Bereits in der Zeit um 6000 v. Chr. wurde er in Mesopotamien gepflegt und verbreitete sich von dort aus in Richtung Westen. Seit ca. 3000 v. Chr. den Ägyptern und gut 1000 Jahre später den Griechen bekannt, übernahmen ihn die Römer und trugen ihn später in die Provinzen ihres gewaltigen Imperiums. Spätestens seit dem 1. Jh. n. Chr. wurde in der Gegend um Bordeaux Wein angebaut, und zur Zeit des Ausonius im 4. Jh. n. Chr. gehörte er bereits fest zur agrarischen Kultur des südwestlichen Frankreichs. Wenn auch die Übergangszeit von der ausgehenden Antike zum Mittelalter weitgehend im Dunkel liegt, kann es als sicher gelten, daß die Kultur des Weinbaus kaum unterbrochen wurde.

Neben dem alltäglichen Konsum spielte der Wein in der christlichen Kirche und Glaubenslehre eine zentrale Rolle: Christus selber hatte sich mit einem Weinstock verglichen, und beim Meßopfer erlebt der

Bordelaiser Küfermeister (Zeichnung von G. de Galard aus dem ›Album Bordelais ou Caprice‹, 19. Jh.)

Gläubige die Verwandlung von Wein in Christi Blut. Entsprechend haben mittelalterliche Darstellungen der Weinernte oder des Traubenessens oft die symbolische Bedeutung der Erlösung des Menschen.

In früheren Zeiten genoß man den Wein auf ganz andere Art als heute. Durch sehr viel kürzere Lagerung war der Wein eher milde, oberflächlich und hatte geringere Alkoholprozente. Erst mit dem beginnenden 19. Jh. wandelte sich der Geschmack grundlegend. Der hellfarbene Rosé, der bis dahin sehr beliebt war, kam außer Mode, und man bevorzugte nun langverlorene, dunkelfarbige Weine. Der Lagerung und dem Reifungsprozeß wurde zunehmend Aufmerksamkeit gewidmet, die Formen der Verarbeitung wurden vielfältiger, und der Wein gewann etwas, was bis dahin wohl unbekannt war: das Bukett.

Jetzt begann sich auch die Naturwissenschaft mit Fragen der Weinverarbeitung zu beschäftigen. Der große Bakteriologe Louis Pasteur (1822–95) entdeckte, daß sich im Wein bei zu starker Berührung mit Luft Essigbakterien ausbreiten können, wodurch mancher Wein bis dahin oft vergoren war. Die Form der Lagerung und der Zeitpunkt des Abziehens auf Flaschen wurden deshalb nach der Mitte des vorigen Jahrhunderts immer wichtiger. Um diese Zeit begann man auch mit den Klassifizierungen, die zum Teil noch heute gelten. Die Einteilung der Médoc-Weine in fünf Kategorien von 1855 wurde 1973 bestätigt. Alle Weine des Bordelais gehören ausnahmslos zur Klasse der *Appellation Controlée,* die den Herkunftsort und eine gehobene Qualität garantiert, im Gegensatz zu den einfacheren Landweinen, den *Vins de Pays.* Diese Bezeichnung wurde offiziell erst 1973 eingeführt; darun-

ter rangiert noch der *Vin de Table* oder *Vin ordinaire.*

Die Landschaften um Bordeaux sind zum Weinbau prädestiniert, weil der nahe Atlantik ein weitgehend stabiles Klima mit warmen Sommern und milden Wintern gewährleistet und die ausgedehnten Küstenwälder Schutz vor salzhaltigen Winden und vor zu viel Niederschlag bieten. Dazu kommt noch die günstige mineralogische Zusammensetzung des Bodens.

Um Bordeaux befindet sich heute das größte zusammenhängende Anbaugebiet der Erde für Qualitätsweine. Auf rund 100 000 Hektar werden jährlich etwa 3,75 Millionen Hektoliter erwirtschaftet (Angabe von 1975). Davon wird rund eine Million exportiert, wobei Deutschland mit einem Drittel dieser Menge der größte Abnehmer ist, gefolgt von Großbritannien, Belgien, den USA, Holland und der Schweiz. Bordeaux-Weine werden in über 140 Länder exportiert.

Die Gesamtmenge verteilt sich zu einem Drittel auf weißen und zu zwei Dritteln auf roten Wein. Bis zur großen Reblaus-Katastrophe um 1870, der gleich mehrere Ernten zum Opfer gefallen waren, hatten die Rotweine noch deutlicher überwogen. Auffallend ist das Nord-Süd-Gefälle: In den nördlichen Landstrichen Médoc, St-Emilion, Fronsac und Pomerol wird fast ausschließlich Rotwein angebaut, in den Gebieten Graves, Ste-Foy und Premières Côtes de Bordeaux treten beide Rebarten gemischt auf, und in den südlichen Gegenden Entre-Deux-Mers, Barsac und Sauternes trifft man nur auf weiße Sorten (vgl. Karte in der hinteren Umschlagklappe). Fachleute erklären dies mit dem höheren Niederschlag in den südlichen Landstrichen, der der weißen Rebe zuträglich, für die rote jedoch schädlich ist und leicht zu Fäulnisbildung führt. Es kommen ferner die Frühnebel dazu, die von den zahlreichen kleinen Flüssen und Bächen vor allem des Sauternais aufsteigen, während das Médoc- und das St-Emilion-Gebiet sehr viel trockener sind. Ja, es hat sich mittlerweile herausgestellt, daß der Rotwein um so besser wird, je trockener und karger der Boden ist, auf dem die Traube gereift ist.

Während noch bis vor kurzem die geologischen Bedingungen als in erster Linie für die Qualität eines Weines ausschlaggebend galten, hat sich in den letzten Jahren eine neue Theorie durchgesetzt, die besagt, daß ein Weinstock seine lebenswichtigen Nährstoffe überall findet. Je ärmer nun ein Boden ist, desto tiefer müssen die Wurzeln vordringen; düngt man aber den Boden, bleiben sie kurz und entsprechend kraftlos. Das würde auch erklären, warum ein Wein immer besser wird, je älter der Stock ist, von dem er stammt. Die besten Médoc-Weine gedeihen auf Kiesbänken, die eine schnelle Entwässerung gewährleisten. Wo dagegen lehmiger Untergrund die Feuchtigkeit staut, wächst ein deutlich schlechterer Wein.

Die Weinregionen im Bordelais

Médoc. Das Médoc ist ein schmaler Streifen von etwa 70 km Länge und kaum mehr als 10 km Breite, der sich am Westufer der Gironde von deren Mündung in den Atlantik bis vor die Tore von Bordeaux hinzieht. (Der Name kommt von lat. *in medio oceanorum*, zwischen den Ozeanen, d. h. zwischen Atlantik und Gironde.) Die nördliche Hälfte ist das eigentliche *Médoc*, die südliche das *Haut-Médoc*. Neben diesen beiden Namen gibt es noch folgende kontrollierte Herkunftsbezeichnungen (Appellation Controlée): *St-Estèphe, Saint-Julien, Listrac, Moulis* und *Margaux,* die nicht nur den jeweiligen Ort, sondern verschiedene umliegende Châteaux mit umfassen. So sind etwa die Châteaux von *Montrose* oder *Cos-d'Estournel* die berühmtesten St-Estèphe-Lagen. 1855 wurden die Weine des Médoc klassifiziert. Die Skala reicht vom *Premier Grand Cru Classé* hinab bis zum *Cinquième Grand Cru Classé*, dazu kamen noch der *Cru Exceptionell, Cru Bourgeois Supérieur* und *Cru Bourgeois.* Diese Klassifizierung gilt nur für das Médoc bzw. Haut-Médoc; die anderen Gebiete haben ihre eigenen Kategorien.

Allen aus dem Médoc stammenden Weinen ist gemeinsam, daß sie niemals nur aus einer einzigen Rebsorte gekeltert, sondern aus zwei oder sogar mehreren verschiedenen Arten gemischt werden. In der Regel liefert die *Cabernet-Sauvignon*-Traube die Grundlage.

Im Gebiet von *Pauillac* befinden sich die drei bekanntesten Châteaux: *Lafite, Latour* und *Mouton-Rothschild.* Die guten Jahrgänge müssen zum Teil bis zu zwanzig Jahren und länger liegen, bis sie ihre volle Reife entwickelt haben und dann zu astronomischen Summen gehandelt werden. Obwohl das Gebiet von *Saint-Julien* als das flächenmäßig kleinste des Médoc den geringsten Ertrag hat, liegen hier doch mehr klassifizierte Châteaux als in den anderen Gemeinden. Der junge Wein dieser Gegend ist recht hart, im Alter wird er weich und vollmundig. *Listrac* und *Moulis* bilden die Brücke zwischen dem niederen und dem Haut-Médoc, hier herrschen die Crus Bourgeois vor. Der Hauptort im Haut-Médoc ist *Margaux*. Die Weine dieser Gegend gelten als die vornehmsten aller Bordeaux-Weine. Da sie auf dem undankbarsten Boden der ganzen Region gedeihen, sind sie anfälliger für schlechte Witterung als andere Lagen, so daß oftmals bestimmte Jahrgänge ein glatter Reinfall werden, während die Nachbargemeinden gute Ergebnisse erzielen. Ein von guter Witterung begünstigtes Jahr kann dagegen einen Wein hervorbringen, dessen süßes Bukett und edle Abgerundetheit alles andere übertrifft. Es ist gewiß kein Zufall, daß auf den Margaux-Etiketten der Goldton häufiger vorkommt als bei anderen Médoc-Lagen.

Graves. Südlich von Bordeaux grenzt am linken Ufer der Garonne das Gebiet der Graves. In den nördlichen Partien wird überwiegend roter und nur wenig weißer Wein angebaut, in den südlichen wird ausschließlich weißer gezogen. Der Rotwein ist jenem des Médoc in Farbe, Geschmack und Bukett verwandt, weshalb auch das Médoc- und das Graves-Gebiet zu einer Familie gerechnet werden. Dennoch ist die Zahl der klassifizierten Châteaux weit geringer als im Médoc. Wo der Kieselboden durch einen lehmhaltigen Untergrund abgelöst wird, zieht man Weißwein. Die Weißen Graves sind herb und kraftvoll, sie eignen sich vorzüglich zu Fischgerichten, Muscheln und Meeresfrüchten.

Sauternes. Das Sauternais schließt südlich an die Graves an. Auf den Hängen rund um das Dorf Sauternes, aber auch in den angrenzenden Gemeinden *Cérons, Barsac, Loupiac, Ste-Croix-du-Mont, Cadillac* und *St-Macaire* wird ausschließlich Weißwein erzeugt. Die Weine dieser Region fallen völlig aus dem Rahmen der übrigen Bordeaux-Weine. Es sind süße, schwere, fruchtigblumige und in der Farbe goldgelb changierende Weine. In Frankreich läßt sich lediglich der Monbazillac mit dem Sauternes vergleichen. Das Geheimnis des süßen Geschmacks liegt in der *Semillon*-Traube, die über die Gabe der sogenannten Edelfäule verfügt. Ein mikroskopisch kleiner Pilz *(Botrytis Cinerea)* befällt die Beeren bei bestimmter Wärme- und Feuchtigkeitskonzentration der Luft und macht die Fruchthülse porös. Dadurch entweicht Saft, so daß sich der Gehalt an Zucker und Extraktstoffen erhöht. Da jedoch jede Beere zu einem anderen Zeitpunkt den optimalen Grad der Austrocknung erreicht, wird der Wein bis zu fünf Mal gelesen, wobei die Traube hängenbleibt und jede Beere einzeln gepflückt wird. Entsprechend verlangt der Sauternes einen enormen Arbeitsaufwand, und der Ertrag ist immer bescheiden. Das berühmte *Château d'Yquem* gewinnt aus seinen gut 100 Hektar nur etwa 1200 Flaschen jährlich. Diese besonderen Umstände rechtfertigen den oftmals stolzen Preis des Sauternes. Man trinkt ihn gut gekühlt als Apéritif oder als Dessertwein, besonders raffiniert schmeckt der Sauternes zu Gänseleber-Pastete; Kenner trinken ihn auch zu Roquefort oder anderen Schimmelpilz-Käsen.

Premières Côtes de Bordeaux. Die Premières Côtes de Bordeaux liegen den Graves und Sauternes am rechten Garonne-Ufer gegenüber. Es ist ein schmaler Landstreifen von ca. 60 km Länge und kaum mehr als 5 km Breite. Da verschiedene kleine, hier nicht einzeln aufgeführte Gebiete, die Bezeichnung Côtes de Bordeaux führen, wird die Gegend an der Garonne abgrenzend *Premières* Côtes de Bordeaux genannt. Hier werden überwiegend rote, in einigen Lagen aber auch weiße Weine gezogen. Sie erreichen selten die große Klasse der Médoc- oder St-Emilion-Weine, aber sie verbürgen immer für eine gute Qualität und sind dabei nicht allzu teuer. Die Rotweine sind fruchtig und mild, die weißen, die in der Regel aus den Trauben *Semillon, Sauvignon Blanc* und *Muscat* verschnitten werden, sind spritzig, frisch und werden jung getrunken.

Entre-Deux-Mers. An den Hügeln im Entre-Deux-Mers zwischen Garonne und Dordogne reift ein trockener, kräftiger Weißwein. Er ist den Weißweinen der Graves und Premières Côtes de Bordeaux verwandt und eignet sich gleichfalls vorzüglich zu allen möglichen Fischgerichten. Rotweinanbau ist im Entre-Deux-Mers ganz selten, die ganze Region ist praktisch ein reines Weißwein-Gebiet. Nur die Hanglagen des Entre-Deux-Mers sind mit Wein bepflanzt, die Hügelkuppen sind bewaldet, und in den Tälern wird vorwiegend Tabak angebaut.

St-Emilion – Pomerol – Fronsac. Die drei Orte liegen nah beieinander im Libournais, rechtsseitig der Dordogne. Während sich der Name von St-Emilion mit einer alten Tradition verknüpft, haben Pomerol und Fronsac erst in den letzten vier bis fünf Jahrzehnten ihren Weg in den Kreis der edelsten Weinlagen gefunden. Obwohl in Pomerol bereits seit der Römerzeit der Weinbau gepflegt wurde, galt doch der Pomerol noch bis zu Beginn unseres Jahrhunderts als ein einfacher Landwein. Mittlerweile genießt er ebenso wie der lange verpönte Fronsac Berühmtheit, und gute Jahrgänge erzielen dieselben Preise wie die Spitzenweine des Médoc. In den genannten Gemeinden und den beiden benachbarten Gemarkungen *Lalande-Pomerol* und *Montagne-Saint-Emilion* wird ausschließlich roter Wein angebaut, als Gewächs herrscht die *Merlot*-Traube vor. Die St-Emilion-Weine sind wie jene des Médoc seit 1954 klassifiziert, allerdings ist das System einfacher und deshalb leichter überschaubar. An oberster Stelle rangieren die *Premiers Grands Crus Classés* mit *Cheval Blanc* und *Château Ausone* an der Spitze, es folgen die *Grands Crus Classés*, und an dritter Stelle stehen die *Crus Classés*. Die Pomerol- und Fronsac-Weine unterliegen keiner solchen Klassifizierung.

Die Weine dieser Gebiete sind kraftvoller im Geschmack als die Rotweine des Médoc. Wem die Bordeaux-Weine noch weitgehend unbekannt sind, der findet bei den St-Emilion und Pomerol-Weinen den besten Einstieg, um sich mit den Köstlichkeiten des Bordelais vertraut zu machen. Der St-Emilion ist übrigens der einzige Rotwein, den man auch zu Fischgerichten trinkt; er ist ebenfalls zum Abschmecken feiner Soßen beliebt.

Côtes de Bourg und Côtes de Blaye. Dem Médoc liegen am rechten Gironde-Ufer die Gebiete der Côtes de Bourg und der Côtes de Blaye gegenüber. Die Côtes de Bourg-Weine sind überwiegend Rotweine und ähneln im Geschmack dem Médoc, haben jedoch nicht dessen Tiefe. Im Blayais dagegen dominiert der Weißwein, der mit den trockenen Weißen des Entre-Deux-Mers und den Graves verwandt ist. Einige Châteaux haben zwar einen guten Namen (Château-du-Bousquet, Château de Barbe, Château-

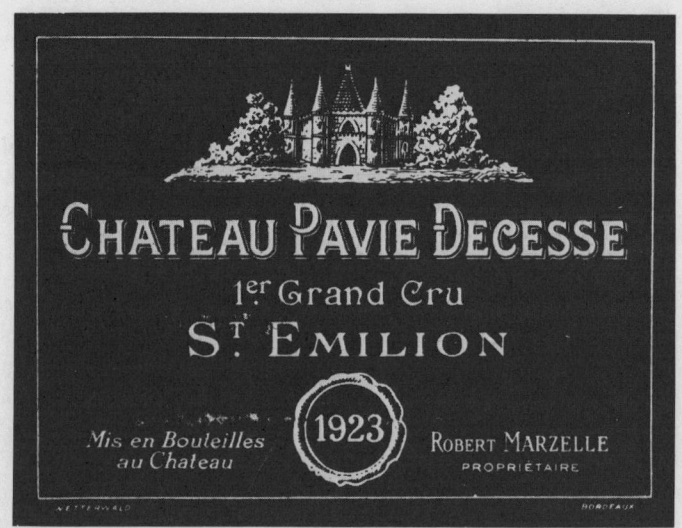

Weinetikett aus dem
St-Emilion-Gebiet

Rouet u. a.), aber es fehlen die großen Berühmtheiten, die für das Médoc und St-Emilion so bezeichnend sind. Dafür sind sie wiederum sehr viel erschwinglicher.

Das Etikett der Bordeaux-Weine

Die Etiketten der Flaschen weisen so viele Informationen aus, daß es sinnvoll ist, sich einen Überblick über die wichtigsten Begriffe zu verschaffen. In der Regel steht zuoberst der Name des Château, von dem der Wein stammt, und der Jahrgang. Kleiner gedruckt wird darunter die Klassifizierung ausgewiesen (vgl. hierzu die Erläuterungen beim Médoc und St-Emilion). Die Bezeichnung *Grand Vin* ist immer nur eine selbstgewählte Bezeichnung des Erzeugers, die keine spezifische Bedeutung hat. Wichtig ist der Hinweis auf die *Appellation Controlée*, die eine Gewähr dafür bietet, daß der Wein tatsächlich unverfälscht aus der angegebenen Region stammt. Die Bezeichnung *Mis en Bouteille au Château* weist darauf hin, daß es sich um einen Schloß-Abzug handelt. Daneben gibt es auch zahlreiche Weine, die von Händlern abgefüllt werden. Die Händler kaufen die jungen Weine in Fässern vom Erzeuger, lagern sie in ihren Kellereien, von denen sich die meisten in Bordeaux befinden, und füllen sie dann selbst auf Flaschen, die den entsprechenden Vermerk tragen. Einige Côtes de Bordeaux- und Graves-Weine tragen die Zusatzbezeichnung *Supérieur,* ein Hinweis darauf, daß der Wein ein Volumenprozent Alkohol mehr enthält als die amtlich festgesetzte Grenze für die übrigen Bordeaux- oder Graves-Lagen. Auf jedem Etikett muß schließlich der Name des Weingutbesitzers und seine Anschrift angegeben sein. In einzelnen Fällen sind bei Spitzenlagen die Flaschen numeriert.

317

Über den Umgang mit Bordeaux-Weinen

Wer sich im Restaurant einen Wein bestellt, kann davon ausgehen, daß die gewünschte Flasche richtig serviert wird. Wer aber die eine oder andere Flasche von einer Reise mit nach Hause nimmt, möge beachten, daß ein transportierter Wein einige Zeit liegen muß, um wieder zur Ruhe zu kommen. Einen Weißen sollte man nicht vor drei bis vier, einen Roten nicht vor sechs bis acht Wochen nach der Heimkehr anbrechen. Der Weiße kann gleich nach dem Öffnen serviert werden, den Roten sollte man nach Möglichkeit etwa eine Stunde vor dem Genuß offen stehen lassen, vielleicht auch in eine Karaffe umfüllen. Vorsicht ist beim Umfüllen oder Einschenken geboten, damit nicht der Bodensatz miteingeschenkt wird.

Besonders wichtig ist die Temperatur des Weins. Grundsätzlich gilt, daß ein jüngerer Wein kühler getrunken wird als ein älterer. Am kältesten trinkt man die süßen Weißweine der Sauternes und der angrenzenden Lagen (Loupiac, Cadillac, Barsac etc.). Sie können mit Kühlschranktemperatur genossen werden, d. h. zwischen 5 und 7° C. Die herben Weißweine des Entre-Deux-Mers, der Graves oder Côtes de Blaye werden gleichfalls kühl, aber nicht eiskalt getrunken. Optimal ist eine Temperatur zwischen 8 und 10° C, wie sie in den meisten Kellern herrscht. Die Temperierung der Rotweine ist dagegen schwieriger, da sie grundsätzlich wärmer getrunken werden als die Weißen. Ideal sind 15 bis 18° C. Um den Wein auf diese Temperatur zu bringen, holt man ihn nach Möglichkeit schon einen Tag vorher aus dem Keller, damit er sich langsam erwärmen kann. Schnelle Aufwärmung, etwa an der Heizung, in der Nähe eines Kaminfeuers oder gar in heißem Wasser zerstört jeden Wein. Auch ist darauf zu achten, daß der Wein nicht über 18° C erwärmt wird, da der Alkohol bei höheren Temperaturen anfängt zu verdunsten, der Wein einen unangenehmen Geruch entwickelt und der Geschmack sich verfremdet.

Als Apéritif nimmt man einen der süßen Sauternes-Weine; wer herbe Sorten vorzieht, kann auch einen Entre-Deux-Mers oder Graves probieren. Je nach dem, welches Vorgericht man wählt, trinkt man einen weißen oder einen roten Wein. Zu Wurstwaren, Schinken, allen Arten von Rohkost *(Crudités)* und Salaten trinkt man Rotwein, und zwar nicht die Spitzenlagen, sondern einen abgerundeten Côtes de Bordeaux, – Blaye oder - Bourg. Trockener Weißwein paßt zu warmen Pasteten, ein süßer ist die ideale Ergänzung zu der im Südwesten beliebten Gänseleberpastete. Zu allen möglichen Arten von Fischen, Meeresfrüchten und Muscheln passen grundsätzlich die herben Weißweine Entre-Deux-Mers, Graves oder Côtes de Blaye. Der einzige Rotwein, den man zu Fisch nehmen kann, ist, wie schon erwähnt, der St-Emilion. Fast obligatorisch gehört ein St-Emilion zum *Lamproie à la Bordelaise* (Neunauge auf Bordelaiser Art), einer bekannten Spezialität der Gegend. Kräftige Rotweine (St-Emilion, Pomerol, Fronsac, Premières Côtes de Bordeaux) begleiten dunkle Fleischsorten, weniger kräftige Rotweine gehören zu hellen Fleischsorten (Médoc und Graves). St-Emilion-, Pomerol- und Fronsac-Weine sind die beste Ergänzung zu Wildbret, vor allem zu Hase und Fasan. Zum Käse passen alle Rotweine; eine besondere Finesse ist der Weiße Sauternes zu Roquefort und anderen Schimmelpilzkäsen. Zum Dessert wird vorzugsweise weißer Wein gewählt, wobei verständlicherweise wieder die süßen Weine Sauternes, Barsac, Loupiac etc. ganz oben rangieren. Dies gilt für Gebäck, Puddings und andere Süßspeisen. Aber auch Rotwein wird im Bordelais zum Dessert getrunken, und zwar in erster Linie zu roten Früchten (Erdbeeren, Kirschen, Himbeeren etc.), aber gelegentlich auch zu hellen Früchten (Birne, Apfel, Pfirsich etc.). Hierfür empfiehlt sich wiederum ein St-Emilion, aber nicht ein alter, voll ausgereifter, sondern eher ein jüngerer, leichter Wein.

Weinernte (Miniatur einer Handschrift aus dem 14. Jh.)

Kleines Lexikon der Bordeaux-Weine

Ablagerung (Dépot) Bildet sich auf dem Flaschenboden mancher alter Weine. Ist nicht nachteilig, im Gegenteil, eher ein gutes Zeichen. Durch das Dekantieren (s. u.) wird die Ablagerung vom Wein getrennt.

Akademie der Bordeaux-Weine 1948 gegründet. Ihr Ziel ist, Kenntnisse von den Bordeaux-Weinen zu verbreiten. Gibt jedes Jahr einen mehrsprachigen Code der Jahrgänge heraus.

Ban des vendages Zeremonie zur Eröffnung der Weinlese. Die bekannteste ist die alljährliche Eröffnungsfeier in St-Emilion.

Bordelaise Flasche mit 75 cl Inhalt, die traditionsgemäß im Bordelais benutzt wird (vgl. u. Flaschen).

Bukett Der Duft des Weines. Man genießt ihn durch leichtes Schwenken des Glases.

Chambrieren Das Temperieren des Weines auf die ideale Trinktemperatur.

Château Diese Bezeichnung wird für alle Weingüter verwandt, die für die Weinproduktion geeignete Gebäude haben.

C.I.V.B. *Conseil Interprofessionnel du Vin de Bordeaux* (Interberuflicher Rat der Bordeaux-Weine). Seine Hauptaufgabe liegt darin, den Kontakt zwischen Winzern und Händlern herzustellen und zu pflegen, die Qualität der Weine zu überwachen und den Verbraucher zu informieren. Anschrift: *C.I.V.B., 1 Cours du XXX Juillet, F-33075 Bordeaux.* (Hier kann man kostenlos Broschüren und Informationsmaterial anfordern.)

Claret Aus dem Mittelalter stammende, noch heute gebräuchliche Bezeichnung in England für die Bordeaux-Rotweine. Der Name erklärt sich daher, daß die Weine früher heller waren als heute.

Confrèries Vineuses Wein-Bruderschaften; innerhalb einer Herkunftsbezeichnung vereinen sich Winzer und Händler, deren Hauptsorge in der Aufrechterhaltung der traditionellen Qualitäten liegt. Im Bordelais gibt es neun Bruderschaften, die im Großen Rat des Bordeaux-Weins zusammengefaßt sind: *Jurade de St-Emilion; Commanderie du Bontemps du Médoc et des Graves; Connétablie de Guyenne; Commanderie du Bontemps de Sauternes et Barsac; Commanderie du Bontemps de Sainte-Croix-duMont; Compagnons de Bordeaux; Compagnons de Loupiac; Gentilshommes de Fronsac; Hospitaliers de Pomerol.*

Courtier (Makler) Er vermittelt zwischen Winzern und Händlern.

Cru (Weinsorte) Im Bordelais bezeichnet der Begriff das Schloß bzw. Gut.

Cuve (Bottich) Sie sind traditionsgemäß aus Holz. Daneben gibt es aber auch moderne Bottiche aus Zement.

Cuvaison Bezeichnet die Dauer der Fermentierung in den *Cuves* .

Dekantieren Umfüllen eines alten Rotweins in eine Karaffe, um den Wein von der Ablagerung (s. o.) zu trennen. Dies geschieht bei Kerzenlicht, indem eine Kerze hinter den Flaschenhals gestellt wird.

Fermentierung Der Fermentierungsprozeß macht den Traubensaft zu Wein. Die natürliche Aktion der Hefe wandelt den Traubenzucker in Alkohol um.

Flaschen Die klassische Mengeneinheit ist 0,75 Liter (75 cl). Es gibt aber auch sogenannte halbe Flaschen *(Demi bouteille)* mit 0,375, das *Magnum* mit 1,50, das *Doppelmagnum* oder *Jeroboam* mit 2, den *Rehoboam* mit 4,5 und die *Imperial* mit 6 Litern.

Gerbsäure Gruppe organischer Verbindungen, die in den Kernen und in der Schale sitzen. Sie ist wichtig zum Altern des Weines. Rotweine enthalten beträchtlich mehr Gerbsäure als Weißweine (daher auch ihre Fähigkeit zu höherem Alter).

Maison du Vin Es gibt vier ›Häuser des Weines‹ im Bordelais: *La Maison du Vin, Cours du XXX Juillet, Bordeaux; La Maison du Vin, Allées Marine in Blaye; La Maison du Vin, Château des Ducs d'Epernon in Cadillac; La Maison du Vin, Quai Ferchaud in Pauillac.*

Maître de Chai Kellermeister; wichtige Persönlichkeit im Bordelais. Das Gelingen des Weines hängt von seinem Ermessen ab und unterliegt seiner Autorität. Seine Kleidung ist seit Jahrhunderten unverändert: schwarzes Wams und eine Lederschürze.

Millésime Jahrgang.

Mirer Der Wein wird gegen das Licht gehalten, um seine Farbe und Ungetrübtheit zu beurteilen.

Onologe ›Techniker‹ des Weinberges. Er fertigt Analysen vom Saft der Traube bis hin zum fertigen Wein und zieht daraus seine Resultate zur Weiterbehandlung.

Rebsorte (Cépage) Die Bordeaux-Weine sind in der Regel das Ergebnis einer Mischung verschiedener Rebsorten. Die bekanntesten sind: *Cabernet* und

Merlot für die Rotweine und *Sauvignon* und *Sémillon* für die Weißweine.

Weinfaß Das Fassungsvermögen beträgt 225 Liter. Es kann aufgeteilt werden in halbe Fässer (*demi-barrique*) und Viertelfässer (*quart de barrique*). Das häufigste Vielfache ist die Tonne (*tonneau*) zu 900 Litern, d. h. vier Fässer.

Weinlagerraum (Chai) Meist ebenerdig, von den anderen Gebäuden eines Weingutes getrennt gelegen. Dicke Mauern sichern eine konstante Temperatur.

Wer seine Kenntnis der Bordeaux-Weine über die hier vermittelten knappen Informationen hinaus vertiefen möchte, findet vorzügliche weitergehende Hinweise bei: *Hugh Johnson. Der große Weinatlas, 11. Aufl., Bern und Stuttgart 1978.*

Öffnungszeiten

Die nachstehenden Öffnungszeiten sind eingehend überprüft. Dennoch sind in Einzelfällen nicht vorhersehbare Schwankungen möglich. Verlag und Autor können daher keine Gewähr übernehmen.

Die wichtigsten Schlösser

Beynac 1. März bis 4. November 10 bis 12 und 14.30 bis 19 Uhr. In den Wintermonaten nur samstags und sonntags 14.30 bis 17 Uhr.

Biron Mai bis September 10 bis 12 und 14 bis 18 Uhr. Außerhalb der Saison nur an Sonn- und Feiertagen zu denselben Uhrzeiten.

Bonaguil Von Ostern bis 30. September. Geführte Besichtigungen im April, Mai und September jeweils um 10.30, 14.30, 15.30 und 16.30 Uhr; im Juni, Juli und August um 10, 11, 15, 16, 17 und 18 Uhr. Von Oktober bis Ostern nur an Sonn- und Feiertagen um 14.30 und 16 Uhr. Im Dezember und Januar ganz geschlossen. Die Besichtigung dauert ca. 1 Stunde.

Bourdeilles 9 bis 11.30 und 14 bis 18 Uhr. Dienstags und 15. Dezember bis 1. Februar und in der ersten Woche im Oktober geschlossen.

Castelnau Ganzjährig geöffnet 9 bis 12 und 14 bis 18 Uhr. Dienstags geschlossen.

Castelnaud Von Anfang Mai bis Ende September täglich von 10.30 bis 19.30 Uhr. Von Oktober bis April geschlossen.

Fages Von Ostern bis Pfingsten und vom 1. Juli bis 15. September 10 bis 12 und 15 bis 18 Uhr. In der übrigen Zeit und grundsätzlich an Dienstagen geschlossen.

Fayrac Das Schloß befindet sich in Privatbesitz und ist bewohnt. Besichtigung leider nicht möglich.

Fénelon Ständig wechselnde Öffnungszeiten. Zuletzt galt: ganzjährig 9 bis 12 und 14 bis 19 Uhr; von 1. Oktober bis 15. März abends nur bis 18.30 Uhr.

Hautefort Von Ostern bis Allerheiligen 9 bis 12 und 14 bis 18 Uhr; in den Sommermonaten auch bis 19 Uhr. Außerhalb dieser Monate nur an Sonn- und Feiertagen geöffnet. Dienstags geschlossen mit Ausnahme der Hochsaison Juli/August.

Labrède 15. März bis 15. November 10 bis 11.30 und 14.30 bis 17.30 Uhr; 15. November bis 15. Dezember und 15. Februar bis 15. März nur mittwochs, samstags und sonntags 10 bis 11.30 und 14 bis 16.30 Uhr. Dienstags immer geschlossen und vom 15. Dezember bis 15. Februar.

Lanquais 9 bis 12 und 14 bis 18.30 Uhr; außerhalb der Saison nachmittags nur bis 16 Uhr.

La Treyne 15. März bis 15. Oktober 8.30 bis 12.30 und 14 bis 19.30 Uhr; im übrigen Jahr 9.30 bis 12 und 14.30 bis 18.30 Uhr.

Les Milandes 1. April bis 30. September 9 bis 12.30 und 14 bis 19 Uhr; im übrigen Jahr 9 bis 12 und 14 bis 18 Uhr.

Marthonie Nur im Juli und August auf Anfrage im Syndicat d'Initiative, das im Château de La Marthonie selbst untergebracht ist.

Montal 1. März bis 31. Oktober 9 bis 12 und 14 bis 18 Uhr; in den Wintermonaten geschlossen.

Montfort Seit kurzem für die öffentliche Besichtigung geschlossen. Mit einer Wiedereröffnung kann in absehbarer Zeit nicht gerechnet werden.

Puyguilhem 9 bis 11.30 und 14 bis 18 Uhr; außerhalb der Saison 10 bis 11.30 und 14 bis 16 Uhr. Geschlossen grundsätzlich dienstags, 1. bis 15. September und 1. bis 15. November.

Salignac 1. April bis 30. September 9 bis 12 und 14 bis 18 Uhr. Den Rest des Jahres geschlossen.

Museen

Bayonne *Musée Basque:* 9.30 bis 12.30 und 14.30 bis 18.30 Uhr in den Sommermonaten; 10 bis 12 und 14.30 bis 17.30 Uhr in den Wintermonaten. An Sonn- und Feiertagen geschlossen.
Musée Bonnat: 10 bis 12 und 14 bis 18 Uhr (bzw. 17 Uhr vom 1. Oktober bis 30. Juni). Dienstags und an Feiertagen geschlossen.

Bergerac *Musée du Tabac:* 9 bis 12 und 14 bis 18 Uhr, an Sonn- und Feiertagen nur nachmittags 14.30 bis 18 Uhr. Montagvormittag von Anfang November bis Ende Mai geschlossen.

Biarritz *Musée de la Mer:* 1. Juli bis 14. September durchgehend 9 bis 19 Uhr; 15. September bis 30. Juni 9 bis 12 und 14 bis 18 Uhr.

Bordeaux *Musée des Beaux Arts:* 10 bis 12 und 14 bis 18 Uhr. Dienstags und an Feiertagen geschlossen. Sonntags und mittwochs freier Eintritt.
Musée d'Aquitaine: nur nachmittags 14 bis 18 Uhr. Sonntags und dienstags geschlossen.
Musée des Arts Décoratifs: nur nachmittags 14 bis 18 Uhr. Dienstags geschlossen. Mittwochs sowie an Sonn- und Feiertagen freier Eintritt.
Musée d'Histoire naturelle: nur nachmittags 14 bis 18 Uhr; vom 16. Septem-

ber bis 15. Juni 17.30 Uhr. Dienstags und an Feiertagen geschlossen. Mittwochs und sonntags freier Eintritt.

Cahors *Musée Municipal:* 1. April bis 30. September 10 bis 12 und 14 bis 18 Uhr. An Sonntagen und vom 1. Oktober bis 31. März geschlossen.

Chancelade *Musée d'Art religieux:* nur in den Monaten Juni bis September nachmittags 14 bis 18 Uhr geöffnet.

Les Eyzies: *Musée National de Préhistoire:* täglich 9 bis 12 und 14 bis 18 Uhr. Dienstags geschlossen.
Musée de la Spéléologie: nur 1. April bis 15. September, 9 bis 12 und 14 bis 18 Uhr.

Le Thot 1. Mai bis 30. Juni sowie im September 9 bis 11.45 und 14 bis 17.45 Uhr; im Juli und August durchgehend von 9 bis 17.45 Uhr; 1. Oktober bis 30. April nur an Sonn- und Feiertagen sowie während der Schulferien 10 bis 11.45 und 14 bis 17.45 Uhr. Außerhalb der Saison samstags geschlossen.

Limoges *Musée Municipal:* 10 bis 12 und 14 bis 18 Uhr (1. Oktober bis 31. Mai nur bis 17.30 Uhr). Dienstags geschlossen außer im Juli, August und September. Das Museum wurde im Dezember 1980 ausgeraubt; bei Drucklegung war der Diebstahl noch nicht aufgeklärt.
Musée National Adrien-Dubouché: 10 bis 12 und 13.30 bis 17 Uhr. Dienstags geschlossen.

Périgueux *Musée du Périgord:* 10 bis 12 und 14 bis 17 Uhr. Dienstags geschlossen.

St-Cirq-Lapopie *Musée la Gardette:* 1. April bis 1. November 10.30 bis 12 und 14.30 bis 18 Uhr. Im übrigen Jahr geschlossen.

Höhlen und prähistorische Fundstätten

Abri du Cap-Blanc Von Palmsonntag bis 30. Juni 10 bis 12 und 14 bis 17 Uhr, im Juli und August 9 bis 12 und 14 bis 18.30 Uhr, im September und Oktober wie von Palmsonntag bis 30. Juni. In der Zeit vom 1. November bis Palmsonntag nur nach telephonischer Voranmeldung bei M. Archambeau unter Sarlat (53) 59.21.74.

Abri du Poisson Hierfür ist der Führer von Laugerie Haute zuständig (Öffnungszeiten s. u.).

Bara-Bahau Von Palmsonntag bis 30. Oktober 8 bis 12 und 14 bis 19 Uhr.

Bellevue (Grotte de) 22. März bis 30. September 9 bis 12 und 14 bis 19 Uhr (die Vormittage außer sonntags vom 22. März bis 17. Mai geschlossen, in dieser Zeit nur nachmittags offen); im Oktober nur sonntags 9.30 bis 12 und 14 bis 18 Uhr. Im übrigen Jahr geschlossen.

Carpe-Diem 9 bis 12 und 14 bis 18 Uhr. Vom 1. November bis 28. Februar geschlossen.

Combarelles Nach jahrelanger Schließung erst vor kurzer Zeit wiedereröffnet. Im allgemeinen gelten dieselben Öffnungszeiten wie für Font-de-Gaume. Die Gruppen sind jedoch auf maximal 10 bis 12 Personen beschränkt.

Cougnac Von Palmsonntag bis 30. Juni und vom 21. September bis Allerheiligen 9.30 bis 11 und 14 bis 17 Uhr; 1. Juli bis 20. September von 9 bis 18 Uhr.

Domme 1. April bis 30. September 8.30 bis 12 und 13.30 bis 19 Uhr. Im übrigen Jahr geschlossen.

Font-de-Gaume In der Hochsaison Führungen um 9, 9.30, 10, 10.30, 11, 14, 14.30, 15, 15.30, 16, 16.30 und 17 Uhr. Maximal 20 Personen pro Führung. Vor- und Nachsaison: 10, 10.30, 11, 14, 14.30 und 15 Uhr. Geschlossen 25. November bis 25. Dezember und grundsätzlich dienstags. In der Hochsaison herrscht immer ein reger Andrang. Da mittlerweile eine tägliche Maximalbesucherzahl festgelegt worden ist, stellt man sich am besten schon recht früh an, mindestens eine halbe Stunde vor der offiziellen Öffnung. Man erhält dann ein Ticket, auf dem das Kassenfräulein die Uhrzeit notiert, zu welcher man zur Führung eingeteilt ist. Das kann unter Umständen erst in den Nachmittagsstunden sein. Die Leerzeit bis dahin läßt sich bequem mit dem Besuch des prähistorischen Museums in Les Eyzies oder anderer nah gelegener Höhlen überbrücken (z. B. Abri du Cap-Blanc; Les Combarelles liegt nur wenige hundert Meter weiter etc.).

Lacave Von Palmsonntag bis 9. September 8.30 bis 12 und 14 bis 19 Uhr; 10. September bis 30. Oktober 9 bis 12 und 14 bis 18 Uhr. Im August durchgehend von 8 bis 19 Uhr.

La Mouthe Das ganze Jahr über von 10 bis 12 und von 14 bis 18 Uhr. Montags geschlossen.

Lascaux Seit 1964 geschlossen. Eine Wiedereröffnung ist selbst in fernerer Zukunft nicht zu erwarten. Seit 1983 kann man jedoch die Nachbildung, genannt »Lascaux II«, besichtigen. 4. Februar bis 30. Juni und 1. September bis 30. Dezember 10 bis 12 und 14 bis 17.30 Uhr, im Juli und August täglich von 9.30 bis 19.30 Uhr. Geschlossen an Montagen, außer im Juli und August, sowie vom 1. Januar bis zum 3. Februar. In der Hochsaison werden geschlossene Gruppen von mehr als 20 Personen abgewiesen. Auch außerhalb der Saison müssen Gruppen (wichtig für Veranstalter von Omnibusreisen!) bei der Denkmalbehörde in Périgueux mindestens eine Woche im voraus telephonisch angemeldet werden unter (53) 53.44.35.

Laugerie Basse 15. Februar bis 15. November 9 bis 12 und 14 bis 18 Uhr bzw. 18.30 Uhr im Juli und August. Im übrigen Jahr geschlossen.

Laugerie Haute 9 bis 12 und 14 bis 18 Uhr; 1. Oktober bis 31. März 10 bis 12 und 14 bis 16 Uhr. Geschlossen montags und dienstags und vom 25. November bis zum 25. Dezember.

Le Grand Roc Wie Laugerie Basse (s. o.).

Padirac Von Palmsonntag bis zum 2. Sonntag im Oktober 8 bis 12 und 14 bis 19 Uhr; am 14. Juli (Nationalfeiertag) und an allen folgenden Samstagen und Sonntagen im Juli und August durchgehend von 8 bis 19 Uhr.

Pair-non-Pair 1. Mai bis 30. September 9.30 bis 11.30 und 14.30 bis 18 Uhr; im übrigen Jahr 9.30 bis 11 und 14.30 bis 17 Uhr. Geschlossen immer dienstags und den ganzen Oktober über.

Pech-Merle Von Palmsonntag bis 30. September 9 bis 12 und 14.30 bis 18 Uhr; 1. bis 31. Oktober 9.30 bis 11.30 und 15.30 bis 17 Uhr. Das restliche Jahr geschlossen.

Presque 1. April bis 15. Oktober 8.30 (9 Uhr im April, Mai und Oktober) bis 12 und 14 bis 19 Uhr. Das restliche Jahr geschlossen.

Proumeyssac Von Palmsonntag bis 30. Oktober 8 bis 12 und 14 bis 19 Uhr. Den Rest des Jahres geschlossen.

Roque St-Christophe 15. Juni bis 25. September 9 bis 12 und 14 bis 18.30 Uhr. Im übrigen Jahr geschlossen.

Rouffignac Von Palmsonntag bis 30. Juni und vom 16. September bis 31. Oktober 10.30 bis 12 und 14 bis 17 Uhr; vom 1. Juli bis 15. September 9 bis 11.30 und 14 bis 18 Uhr; vom 1. November bis Palmsonntag nur sonntags (dann muß man sich den Führer aus dem nahe gelegenen Bauernhof holen).

Villars Von Palmsonntag bis 14. Juni und vom 16. September bis 15. Oktober nur an Sonn- und Feiertagen; vom 15. Juni bis 15. September an allen Tagen der Woche 9 bis 11.30 und 14 bis 18.30 Uhr. Vom 16. Oktober bis Palmsonntag geschlossen.

Sonstige Sehenswürdigkeiten

Brantôme *Ehemalige Konventsgebäude:* an den Oster- und Weihnachtsfeiertagen sowie vom 1. Juli bis 15. September 9 bis 12 und 14 bis 18 Uhr; vom 16. September bis 30. Juni nur nachmittags 14 bis 16 Uhr.

Bordeaux *Grand Théâtre:* geführter Besuch im August von Montag bis Freitag um 10.30, 15, 17 Uhr. In den anderen Monaten nur samstags einmal um 15 Uhr.

Cadouin *Kreuzgang:* 9 bis 12 und 14 bis 19 Uhr bzw. vom 1. Oktober bis 30. Mai 18 Uhr. Dienstags geschlossen.

Cahors *Kreuzgang:* 9 bis 12 und 14 bis 18 Uhr. Sonntags geschlossen.
Pont Valentré (mittlerer Turm): vom 1. Juli bis 31. August 9 bis 12 und 14 bis 18.45 Uhr. Im übrigen Jahr geschlossen.

La Sauve Majeure *Abteiruine:* von Palmsonntag bis 30. September 8.30 bis 11 und 14.30 bis 18.30; sonst 9 bis 11 und 13.30 bis 15.30 Uhr. Am 1. Mai und von Heiligabend 24. 12. bis 1. Januar geschlossen.

Le Teich *Vogel-Naturpark:* vom 1. April bis 15. September ab 10 Uhr durchgehend bis zum Sonnenuntergang. Im übrigen Jahr nur an Samstagen, Sonn- und Feiertagen geöffnet.

Montcaret *Römische Ausgrabungen:* 1. Mai bis 30. September 9 bis 11.15 und 15 bis 18.15 Uhr; 1. Oktober bis 30. April 9 bis 11.15 und 13 bis 15.30 Uhr. Dienstags und vom 25. Januar bis 25. Februar geschlossen.

St-Emilion *Felskirche:* 9 bis 12 und 14 bis 18 Uhr. Außerhalb der Saison sehr unregelmäßig. Wenn innerhalb der regulären Zeiten geschlossen ist, fragt man im Syndicat d'Initiative nach, das direkt neben dem Eingang zur Felskirche liegt. Dasselbe gilt für das *Château-du-Roi* und den *Kreuzgang der Kollegiatskirche.*
Franziskaner-Kreuzgang: 1. April bis 11. November 9.30 bis 12.15 und 14.15 bis 19 Uhr. Im übrigen Jahr 8 bis 12 und 14 bis 18 Uhr außer an Sonntagvormittagen und an Feiertagen.

Abbildungsnachweis

Die Aufnahmen des Verfassers (Umschlagvorderseite und -innenklappe, 13 Farbtafeln und 49 Schwarzweißabbildungen) wurden ergänzt durch:

Jacques Alexandre Productions, Köln Farbt. 42–44
Caisse Nationale des Monuments Historiques, Paris Farbt. 16
Werner Neumeister, München Farbt. 30–32, 34–36, 39–41;
   Abb. 17, 18, 63, 66, 68–70, 82–85, 89–98, 102–107
Dr. Friedrich Nolte, München Farbt. 20–25; Abb. 6, 38
Léo Pélissier, L'Hay-Les-Roses Farbt. 3, 5, 7, 8, 26–28; Abb. 10, 11, 15, 16, 31, 57, 74
Jean Roubier, Paris Abb. 1, 3, 4, 9, 12, 21, 22, 40, 41, 52, 54, 55, 62, 64, 65, 67, 79, 80, 81
Toni Schneiders, Lindau Farbt. 37
VLOO, Paris Farbt. 14, 18, 38, 45
ZEFA, Düsseldorf Umschlagrückseite, Farbt. 29
Zodiaque, St-Léger-Vauban Farbt. 1; Abb. 76–78

Textabbildungen und Pläne:

Dr. Christiane Bruns-Droste, München S. 51, 65, 107, 182, 286
Werner Neumeister, München S. 276, 291, 312
Zodiaque, St-Léger-Vauban S. 54, 63, 67, 73, 97, 109, 113, 123, 144, 180, 186, 196, 198, 225, 231, 235, 236, 241, 243, 244, 246
Alle übrigen Vorlagen stammen aus den Archiven des Verfassers und des Verlages.

Raum für Ihre Reisenotizen

Anschriften neuer Freunde, Foto- u. Filmvermerke, neuentdeckte gute Restaurants, etc.

Raum für Ihre Reisenotizen

Anschriften neuer Freunde, Foto- u. Filmvermerke, neuentdeckte gute Restaurants, etc.

Register

Geographische Begriffe (Orte, Länder, Flüsse etc.)

Adana 68
Adour 12, 293, 294
Agen 12, 310
Aillac 112
Albi 30
Andernos-les-Bains 290
Angevinisches Reich 28
Angoumois 243
Anjou 28
Antiochien 122
Antonne-et-Trigonant 227
Antwerpen 273
Apulien 110
Aquitanien 9, 11, 14, 23, 24, 27, 30, 32,
  49, 69, 114, 118, 201, 273, 277, 287, 289,
  293, 299
Aquitanisches Becken 11, 14
Aragon 293
Araukanien 230
Arcachon 13, *289f.*, 292, 304, *305*, 309;
  Farbt. 40, 41
Arelat 27
Argentat 53
Arles 27, 225
Armorikanisches Massiv 14
Arnaoutchot 306
Arras 31
Atlantik 9, 13, 18, 27, 233, 273, *287ff.*,
  298, 302, *303ff.*, 309, 313, 314
Aubazines 122
Aubusson 56
Aulnay 244
Ausone, Château 316

Autun 300
Auvergne 51, 55, 234, 238, 300
Auvézère 12, 227, 230
Avignon 30, 188, 248, 296

Badefols, Château 247
Balearen 110
Bannes, Château de 122
Barbe, Château de 316
Barsac 284, 313, 315, 318, 319, 320
Baskenland *293ff.*
Bas-Quercy 181
Basses-Pyrénées 11
Bastiden:
– Beaumont 121f.; Abb. 37
– Castillonnès 122
– Créon 285
– Domme 113ff.; Abb. 31–33
– Lalinde 247, 302
– Monflanquin 121
– Monpazier *119f.*, 121; Farbt. 13, Abb.
  38
– Ste-Foy-la-Grande 248
– Villefranche-du-Périgord 121
– Villeneuve-sur-Lot 199, 200
– Villeréal 121
Bave 56
Bayonne 76, *293f.*, 306, 322; Abb.
  103–106
Beaugency 28
Beaulieu-sur-Dordogne 26, *53ff.*, 62, 63,
  67; Abb. 1–5
Beaumont 121f., Abb. 37

Beaune 300
Belcayre, Château 177; Abb. 50
Belfort 300
Belvès 119
Bergerac 11, 19, *247f.*, 302, 310, 311, 322
Bergeracois *247f.*
Bern 300, 321
Besançon 300
Beune 137, 138
Beychevelle, Château 286
Beynac, Château 11, 32, 116, 117, *118*, 119, 302, 303, 310, 321; Farbt. 3
Béziers 30
Biarritz 13, 292, *294f.*, 306, 322
Bidart 295, 306
Bidassoa 295, 307
Biron, Château 118, *120f.*, 321
Biscarosse 291 f.
Biscarosse-Plage 292, 305
Biscaya, Golf von 14, 292, 294
Blasimon, 285; Abb. 99–101
Blayais 285 f., 316
Blaye 286, 320
Bléou 183
Bonaguil, Château *198f.*, 321; Farbt. 10, Abb. 62
Bordeaux 11, 12, 23, 25, 26, 28, 32, 49, 105, 134, 201, 238, 251, 255, *256ff.*, 285, 286, 287, 289, 298, 300, 311, 313, *314ff.*, 319, 320, 322, 325; Farbt. 36, Abb. 85–98
– Börse 275; Abb. 86
– Grand Théâtre 274 f., 282, 285, 325; Farbt. 36
– La Grosse Cloche 279; Abb. 88
– Musée d'Aquitaine 282, 322
– Musée des Arts Décoratifs 288, 322
– Musée des Beaux Arts 282, 322
– Musée d'Histoire Naturelle 283, 322 f.
– Palais Gallien 282; Abb. 95
– Porte de Cailhau 277 ff.; Abb. 87
– St. André, Kathedrale 279 ff.; Abb. 89–93
– Ste-Croix 278 f.; Abb. 94
– St. Michel 277 f.; Abb. 85, 98

– St-Pierre 277
– St-Seurin 282, 287
Bordelais 9, 12, 23, 232, 233, 245, 248, 249, *250ff.*, *313ff.*
Bort-les-Orgues 51 f., 302
Boschaud 239
Bouilh, Château-du- 285
Bourdeilles, Château 118, *233ff.*, 321; Abb. 74, 75
Bourganeuf 300
Bourges 195
Bourg-sur-Gironde 285; Abb. 102
Bourret 292
Bousquet, Château-du- 316
Bouvines 28, 52
Brantôme 73, 233, *235ff.*, 243, 279, 325; Farbt. 28, Abb. 79
Bretagne 14, 250, 301
Bretenoux 55
Brétigny 31, 101, 184
Bridoire, Château 248
Brive 11, 56, 97, *100*, 180, 299, 300; Abb. 22
Burdigala 23, 201, 273
Burgund 25, 31, 129, 300
Bussières-Badil 244, 249
Byzanz 26, 204

Cabrerets 194
Cadillac 284, 315, 318, 320
Cadouin *122ff.*, 189, 296, 325; Farbt. 27, Abb. 39–41
Cahors 25, 26, 30, 59, 181, *183ff.*, 196, 197, 208, 296, 310, 311, 323, 325; Farbt. 6, Abb. 52–55
– Pont Valentré 192 f., 325; Abb. 52
– St-Barthélemy 190
– St-Etienne, Kathedrale 186 ff.; Farbt. 6, Abb. 55
– St-Urcisse 190
– Tour de Jean XXII. 190
Cajarc 194
Calvignac 194
Camargue 74, 287
Cambrai 32

Campagne, Château de 143
Canal-de-Jonction 304
Cantal 52
Capbreton *292f.,* 294, 306
Cap-de-l' Homy 306
Cap Ferret 289, 290, 304
Carcans 289
Carcans-Plage 289, 304
Carennac 26, *62ff.,* 65, 189; Farbt. 2,
  Abb. 8–11
Carsac 112; Abb. 29
Castelnau, Château 55f, 321
Castelnaud, Château *115f.,* 117, 118, 193,
  303, 310, 321; Umschlagvorderseite,
  Farbt. 11
Castillon 31, 249, 250
Causse de Gramat 57, 181
Causse de Limogne 181
Causse de Martel 64, 181
Célé 194
Celles 97
Cénac 113, 303; Abb. 30
Cénevières, Château 194
Céou 116, 303
Cère 55
Céron 315
Cevennen 12, 193
Chalon-sur-Saone 300
Chambord 239
Chancelade *230,* 231, 323; Abb. 71–73
Chantilly 80
Charente 243, 244, 253
Chartres 187, 281
Château
– Ausone 316
– Badefols 247
– Bannes 122
– Barbe 316
– Barrière 227
– Belcayre 177; Abb. 50
– Beychevelle 286
– Beynac 116, 117, *118,* 119, 321; Farbt. 3
– Biron 118, *120f.,* 321
– Bonaguil *198f.,* 321; Farbt. 10, Abb. 62
– Bouilh 285

– Bourdeilles 118, *233ff.,* 321; Abb. 74,
  75
– Bousquet 316
– Bridoire 248
– Campagne 143
– Castelnau 55f., 321
– Castelnaud *115f.,* 117, 118, 193, 303, 321;
  Umschlagvorderseite, Farbt. 11
– Cénevières 194
– Cheval Blanc 316
– Clérans 144
– Commarque 137
– Cos-d'Estournel 314
– Diable 194
– Fages *119,* 321
– Fayrac *116f.,* 118, 277, 321; Abb. 36
– Fénelon 32, *111f.,* 321
– Gontaut-Biron 194
– Grande Filolie 178
– Hautefort 32, *227ff.,* 321f.
– Herm, de l' 139; Abb. 51
– Labrède 32, 283f., 322; Abb. 80
– La Chapelle-Faucher 243
– Lafite 286, 314
– La Malartrie 115, 116, 118; Abb. 34
– Lanquais 247, 322
– Larroque-Toirac 194
– Latour 314; Farbt. 31
– La Treyne *66,* 234, 322; Farbt. 9
– Laussel 138
– Les Bories 227
– Les Milandes 115, *117f.,* 227, 322; Abb.
  35
– Losse 177
– Loubressac 57
– Malle 284
– Mareuil 118
– Margaux 286, 314; Farbt. 33
– Marqueyssac 116, 118
– Marthonie 241, 322
– Mercuès 196f.
– Monbazillac 248; Abb. 81
– Montal *56f.,* 322; Farbt. 4
– Montrose 314
– Mouton-Rothschild 286, 314

- Puyguilhem *238f.,* 241, 322
- Puymartin 109
- Rastignac 180
- Roc 109
- Rouet 316
- Roufillac 112
- Salignac 108, 322; Abb. 28
- Tayac 140
- Turenne 56
- Val 51, 52
- Veyrignac 112
- Yquem, d' 284, 315

Cherval 235
Cheval-Blanc, Château 316
Cingle de Monfort 112; Farbt. 8
Cingle de Trémolat 246f.
Civitas Lemoricum 74
Clérans, Château 144
Clermont-Ferrand 51, 76, 294, 300
Cluny 101
Côle 241ff.
Collonges-la-Rouge 100
Colonia Nemausus 23
Commarque, Château 137
Compiègne 31
Conques 25
Contis-Plage 292, 305
Corniche Basque 13, 295; Farbt. 42
Corrèze 11, 100, 122
Cos-d'Estournel, Château 314
Côte d'Argent *287ff., 303ff.;* Farbt. 45
Côtes de Blaye 316, 318
Côtes de Bordeaux 314ff.
Côtes de Bourg 316
Coulaures 227
Couze 122, 302
Couze-et-St-Front 247
Créon 285
Creuse 11

Dalon 228
Diable, Château-du- 194
Dijon 300
Divona Cadurcorum 183
Dogne 11

Domme *113ff.,* 302, 303, 310; Abb. 31–33
Domrémy 31
Dordogne 9, 11, 12, 13, 18, 30, 31, 32, 49, 51, 53, 55, 58, 66, 71, 100, *110ff.,* 181, 193, 201, 245, 246, 247, 248, 255, 285, 299, 300, 302, 303, 316
Dore 11
Dronne 12, 232, *233ff.,* 245
Duravel 197f.; Abb. 56

Entre-Deux-Mers 283, *285f.,* 313, 316, 318
Etang-d'Aureilhan 292
Etang-de-Biscarosse-et-de-Parentis 292
Etang-de-Cazaux-et-de-Sanguinet 292
Etang-de-Lacanau 304
Etang-de-Soustons 306
Etang-de-St-Estèphe 244
Exideuil 227

Fages, Château de *119,* 321
Fayrac, Château 11, *116f.,* 118, 227, 321; Abb. 36
Fénelon, Château 32, *111f.,* 321
Feurs 300
Fleury 98
Florenz 103, 105, 254
Fontainebleau 234
Freising 69
Fronsac 255, 313, 316, 318, 320
Fumel 199

Galicien 25
Gallien 22, 201
Garonne 11, 12, 14, 200, 275, *283ff.,* 315, 316
Gascogne 27, 255, 293
Gironde 9, 11, 128, 273, 285, 286, 287, 303, 314; Farbt. 38
Gontaut-Biron, Château 194
Gourdon 128, *182f.,* 310
Gramat 62
Grand-Brassac 235
Grande Filolie, Château de la 178
Graves *283f.,* 313, 315, 316, 318, 320
Grotten, *siehe unter Höhlen*

Gueret 300
Guéthary 295, 306
Guyenne 273, 284, 296, 320

Hautefort, Château 32, 227, *321 f.*
Haute-Garonne 128
Haute-Vienne 11, 75
Haut-Médoc 314 f.
Haut-Quercy 181
Hendaye 13, 287, 295, 307
Herm, Château de l' 139; Abb. 51
Höhlen und prähistorische Fundstätten:
– Abri du Cap-Blanc 128, 129, *137 f.*, 282, 323; Abb. 47
– Abri-du-Poisson *140,* 323
– Altamira 126, 127, 128, 136
– Bara-Bahau 131, *139,* 323
– Bellevue *195,* 323
– Carpe Diem *142 f.,* 323; Farbt. 14
– Cougnac 128, *182,* 323; Abb. 60, 61
– Covalanas 128
– Domme, Grotte de Jubilé 324
– El Castillo 128
– Font-de-Gaume 126, 128, 129, 130, 131, *135 f.,* 137, 138, 324
– Fourneau de Diable 134
– Gabillou 128
– Gargas 131
– Gorge d'Enfer 140
– Hornos de la Pena 128
– Lacave *65,* 324
– La Grèze *138,* 323
– La Madeleine 142
– La Mouthe 128, *141,* 324
– La Pasiega 128
– Lascaux 128, 131, 136, *177 f.,* 324; Farbt. 16
– Laugerie-Basse *140,* 142, 324; Abb. 48
– Laugerie-Haute *140 f,* 142, 324
– Le Grand Roc *142,* 324
– Le Moustier 142
– Le Portel 128
– Les Combarelles 126, 128, *136 f.,* 138, 139, 323; Abb. 42, 45
– Marsoulas 128
– Niaux 128
– Padirac *57 ff.,* 143, 324; Abb. 6
– Pair-non-Pair 128, *285,* 324
– Pech-Merle 128, 130, 131, 132, *194 f.,* 324; Farbt. 17
– Pena de Candamo 128
– Presque *57,* 324; Abb. 7
– Proumeyssac *143,* 324
– Roque St-Christophe 142, 324
– Rouffignac 126, 128, 131, *138 f.,* 324; Abb. 46
– Santimamine 128
– Trois Frères 128
– Tuc d'Audoubert 128, 130
– Villars 128, *239,* 325
Hossegor *292 f.,* 294, 306
Hourtin 289
Hourtin-Lac 304
Hourtin-Plage 289, 304

Ile de France 76, 281, 294
Irún 307
Isle 12, 201, 227, 232, 238, 245, 255, 302
Issoire 51

Jericho 59
Jugoslawien 14

Karst 14, 17
Kastilien 293
Katalonien 110
Kilikien 68
Kleinasien 68, 194

Labenne-Océan 293, 306
La Bourboule 51, 300
Labourd 293
Labrède, Château 32, *283,* 322; Abb. 80
Lacanau 289, 304
Lacanau-Médoc 304
Lacanau-Océan 304
Lacanau-Plage 289, 304
Lac d'Hourtin-Carcans 304
La Chapelle-Faucher, Château 243
La Chapelle-St-Robert 244, 249

Lafite, Château   286, 314
La Grèze   323
Lalande-Pomerol   316
Lalinde   247, 302
La Malartrie, Château   115, 116, 118; Abb. 34
L'Amelie-sur-Mer   304
Landes   11, 12, 13, 18, 19, 49, *291 ff.*, 301, 309
Landes de Gascogne   18, 305
Landes de Médoc   18
Languedoc   26, 30, 208
Lanobre   51
Lanquais, Château   247, 322
La Roque-Gageac   32, *115,* 116, 118, 303
Larroque-Toirac, Château   194
La Sauve-Majeure   *285,* 325
Latour, Château   314; Farbt. 31
La Treyne, Château   *66,* 234, 322; Farbt. 9
Lausanne   300
Laussel, Château   138
Le Bugue   126
Le Gurp   304
Le Moulleau   290
Le Moutchic   304
León   293
Le Puy   25, 73, 122, 238
Les Bories, Château   227
Les Eyzies   109, 126, 128, *134 f.*, 138, 140, 141, 142, 311, 323; Abb. 43, 44
Les Milandes, Château   115, *117 f.*, 227, 322; Abb. 35
Le Teich   290, 325
Le Thot   177, 323
Le Verdon-Fleuve   303
Lévignacq   292
Libourne   12, *255,* 282
Limeuil   11, 110, 126, 245
Limoges   12, 25, 26, 27, 32, 71, 72, *74 ff.*, 97, 101, 208, 246, 294, 300, 323; Farbt. 46, Abb. 18–20
– Amphitheater   80
– Musée Municipal   78 f., 323; Farbt. 46
– Musée National Adrien-Dubouché   80, 323

– St-Etienne, Kathedrale   74, 75 ff.; Abb. 18–20
– St-Martial   80, 246
– St-Michel-des-Lions   80
Limousin   9, 11, 26, 30, 55, *71, 72,* 74, 75, 78, 80, 97, 99, 100, 238, 243, 279, 300, 302
Lisle   235
Lissabon   127
Listrac   314
Loire   28, 98, 238, 239, 301
London   255
Losse, Château de   177
Lot   9, 11, 14, 111, 134, 181, 183, 185, 190, 191, *193 ff.*, 299, 302
Lot-et-Garonne   11, 19, 199
Loubressac, Château   57
Loue   227
Loupiac   315, 318, 319, 320
Lüttich   97
Luzech   197
Lyon   300

Maine   28
Malfourat, Mühle von   248
Malle, Château de   284
Marcilhac   192, *195 f.;* Abb. 58, 59
Mareuil, Château   118
Margaux   286, 314 f.
Marqueyssac, Château   116, 118
Martel   64
Marthonie, Château de la   241, 322
Martignac   197
Maubuisson   304
Mauriac   53
Médoc   18, *285 ff.*, 289, 292, *313 ff.*, 320
Mercuès, Château de   196
Merlande   231
Meyronne   65
Mézos   292
Mimizan   292, 305
Mimizan-Plage   292, 305
Mirepoix   30
Moissac   25, 62, 69, 113, 253
Moliets-Plage   292, 306

Monbazillac, Château   *248,* 310, 315
Monflanquin   121
Monpazier   *119f.,* 121; Farbt. 13, Abb. 38
Montagne-St-Émilion   316
Montagrier   235
Montal, Château   *56f.,* 322; Farbt. 4
Montalivet   304
Mont-Bessou   11
Montbrun   194
Montcaret   9, *248f.,* 325
Mont-Dore   11
Montfort, Château   30, *112f.,* 322; Farbt. 8
Montignac   32, 177, 178, 229; Abb. 49
Montluçon   300
Montpeyroux   249
Montrem,   232
Montrose, Château   314
Montségur   30
Mont-St-Cyr   183
Montvalent   65
Moulins   300
Moulis   314
Mouton-Rothschild, Château   286, 314
Mussidan   232, 245, 302

Nantes   32
Narbonne   76
Navarra   293
Neuvic   232
Nîmes   23, 225
Nive   294
Nivelle   295
Nontron   243
Nontronnais   243, 245, 249
Normandie   28
Novio Magnus   287
Noyon   97

Ondres-Plage   293, 306
Oradour   75
Orange   20
Orcival   51
Orléans   25, 31

Parentis-en-Born   14, 49
Paris   25, 31, 32, 49, 66, 80, 98, 105, 120, 126, 186, 203, 205, 228, 238, 275, 281, 285, 286, 296, 299, 300, 310
Pauillac   286, 314, 320
Paunat   245f.
Paussac-et-St-Vivien   235
Périgord Noir   *101,* 110, 180, 307, 310
Périgord Vert   *201ff.*
Périgueux   9, 12, 23, 25, 26, 110, 128, 180, 187, *201ff.,* 227, 228, 230, 232, 237, 241, 245, 279, 296, 299, 302, 323; Farbt. 34, 35, Abb. 63–69
– Amphitheater   225f.
– Château Barrière   227
– Musée-du-Périgord   *207f.,* 323
– St-Etienne-de-la-Cité   187, 201, 208, 225, 226, 227; Abb. 67, 68
– St-Front, Kathedrale   110, 201, *203ff.,* 208, 237, 241; Abb. 64–66
– Vesuna-Tempel   226; Abb. 69
Pierre Buffière   99
Pilat, Düne von   291, 304, 305; Umschlaginnenklappe
Pilat-Plage   305
Pleaux   53
Pointe de Grave   287
Poitiers   24, 25, 64, 244, 285
Poitou   26, 27, 123, 243, 244, 249
Pomerol   255, 313, 316, 318, 320
Prähistorische Fundstätten,   *siehe unter Höhlen*
Provence   20, 23, 26, 27, 110
Puy-de-Dôme   11
Puy-de-Sancy   11, 52
Puy-du-Tour   53
Puyguilhem, Château   *238f.,* 241, 322
Puy-l'Evêque   197
Puymartin, Château   109; Abb. 27
Puy-St-Front   202
Pyla-sur-Mer   290, 305
Pyrenäen   12, 13, 14, 20, 24, 28, 132, 293, 295, 307

Quercy 9, 11, 12, 26, 53, 56, 63, 111, 180, *181ff.*

Rabastens 208
Rastignac, Château 180
Ravillou 227
Raymonden, Abri von 230
Reims 31, 281
Rocamadour *59ff.*, 287; Abb. 16
Roc, Château-du- 109
Rom 24, 25, 183, 226, 275, 287
Roncesvalles 24
Rouen 31
Rouet, Château 316
Rouffignac 310
Rouffignac-de-Sigoulès 248
Roufillac, Château 112
Royan 287

Saintes 25
Salignac, Château *108,* 322; Abb. 28
San Sebastián 307
Santiago-de-Compostela 25, 26, 51, 53, 285, 289
Santillana del Mar 126
Saragossa 24
Sarlat 32, 66, *101ff.*, 115, 122, 140, 144, 203, 207, 250, 299, 303, 310; Farbt. 12, Abb. 23–26
– Hôtel Chassaing 106, 107
– Hôtel de Malville 106
– Hôtel de Mirandol 108
– Hôtel Plamon 107 f.; Abb. 25
– Lanterne-des-Morts 101, 105; Abb. 26
– Maison de La Boétie 104 f., 106; Abb. 23
– Ste-Marie 106, 107
– St-Sacerdos 105
Sauternais *283 f.,* 286, 314, 315
Sauternes 284, 313, 315, 318, 319, 320
Savignac-les-Eglises 227
Schottland 28
Seignosse-le-Penon 293, 306
Seine-et-Oise 248
Sergeac 144, 177

Sèvres 80
Siorac 119, 311
Solignac *97ff.*
Solutré 129
Soorts-Hossegor 292
Souillac 26, 64, 65, *66ff.*, 100, 110, 111, 234, 302, 303, 310; Farbt. 1; Abb. 12–15
Soulac-sur-Mer 287, 303, 304
Soustons 306
Spanien 24, 25, 78, 126, 128, 293, 295, 305, 306, 307
Stablo-Malmedy 97
St-Amand-de-Coly *178ff.*, 230
St-André de Cubzac 285
St-Astier 232
St-Bertrand de Comminges 30
St-Céré 56
St-Cirq-Lapopie *193 f.*, 323; Abb. 57
St-Cloud 80
St-Cyprien *119,* 302, 310
St-Denis 25, 98
Ste-Croix-du-Mont 285, 315, 320
St-Emilion *250ff.*, 311, 313, 314, 316, 317, 319, 325; Farbt. 29, 30, Abb. 82–84
– Château-du-Roi 255, 325
– Felskirche 252 f., 325; Farbt. 29
– Franziskaner-Kloster 254 f., 325; Farbt. 30, Abb. 83
– Kollegiatskirche 253, 325
– Ste-Trinité und Eremitage 252; Abb. 82
Ste-Mondane 111
Stes-Maries-de-la-Mer 287
Ste-Trie 228
St-Estèphe 314
Ste-Foy-la-Grande 248
St-Gilles 25
St-Girons-Plage 292, 305 f.
St-Jean-de-Côle *241 f.*, 302; Farbt. 7
St-Jean-de-Luz 13, 295, *306 f.*; Umschlag-rückseite, Farbt. 43, 44, Abb. 107
St-Jouin 244
St-Julien 314
St-Julien de Lampon 111
St-Julien-en-Born 292
St-Junien 238

St-Léonard-de-Noblat *71 ff.*, 238, 300; Abb. 17
St-Léon-sur-l'Isle 232
St-Léon-sur-Vézère *143 f.*; Farbt. 26
St-Macaire 285, 315
St-Martin de Riberac 235
St-Michel-de-Montaigne 249
St-Nectaire 51
St-Pierre-Toirac 194
St-Privat 53
St-Savin-sur-Gartempe 244
St-Vincent-Jalmoutiers 302

Tayac 140
Temniac 108
Thiviers 242 f.; Abb. 76–78
Thonac 177
Toulouse 12, 24, 25, 26, 27, 49, 51, 54, 56, 63, 66, 122, 128, 184, 186, 189, 253, 283, 300
Tours 24, 25, 64
Touraine 28
Tourtoirac 230
Trémolat 26, *246 f.*
Trincou 238
Turenne, Château de 56
Tursac 142

Uzerche *99 f.*, 238; Farbt. 5, Abb. 21

Val, Château de 51, 52
Vendée 14
Venedig 26, 110, 204
Versailles 227, 273
Vesuna Petrucorium 23, 201, 202, 208, 225
Veyrignac, Château 112
Vézac 310
Vézelay 25
Vézère 9, 11, 14, 18, 99, 100, 110, *126 ff.*, 245, 282, 302
Vienne 74
Vieux-Boucau-les-Bains 292, 306
Villars 238, 239, 302
Ville d'Avray 186
Villefranche-du-Périgord 121
Villeneuve-sur-Lot 199, 200
Villeréal 121
Vitrac 302, 303
Vorderasien 127
Vouillé 24

Yquem, Château d' 284, 315

Zentralmassiv 11, 14, 15, 25, 71, 299, 300

Personen und Völker

Abadie, Paul 204 f., 237, 279
Abraham 69
Adhémar de Monteil, Abt von Le Puy 122
Aemilianus, hl. (St-Emilion) 250, 252
Agathon, hl. 198
Aimeric de Sarlat 27
Albigenser *30*, 112
Alemannen 201
Alphons von Poitiers 200
Amadour, hl. 62, 287

Amandus, hl. 178
Ambroise le Noble 234
Ampoulange 138
Annunzio, Gabriele d' 292
Anouilh, Jean 49
Antoninus Pius, röm. Kaiser 23
Aquilanus, Abt von Moissac 113
Araber 183
Araukaner-Indianer 230
Arnaut Daniel 27

Asside, Jean d', Bischof von Périgueux 225
Atlas 32
Augustiner 119, 178, 207, 230
Augustus, röm. Kaiser 23, 225
Ausonius, Decimus Magnus Burdigalensis 23, 49, 250, 273, 296, 311

Baker, Josephine 117f.
Basken 24, 293
Beaumont-Beynac, Familie 242
Benedikt, hl. 69, 250
Benedikt XII., Papst 30
Benediktiner 53, 67, 101, 230, 253, 292
Berger-Kircher, Lilo 127, 296
Bernard de Ventadour 27, 228
Bernhard von Clairvaux 59, 101, 105
Berry, Herzogin von 286
Bertran de Born 27, 227f.
Bertrand de Got (Papst Clemens V.) 30
Beynac, Barone von 118, 134
Biron-Gontaut, Familie 120
Boétie, Etienne de la 32, 105, 106, 249, 296
Bonnat, Léon 294
Born, Marthe de 228
Boudin, Eugène 282
Bourdeille, André de 234
Brantôme (Pierre de Bourdeille) 32, 234, 236f., 296
Brémontier 289
Breuil, Henri 128, 132, 136, 177
Brun, Bernard, Bischof von Limoges 78
Buffarot 119
Bureau, Pierre 123
Burgunder 24

Cadurcen 183
Caesar, Gaius Julius 11, 23, 296
Capetinger 30
Cartailhac, E. 128
Casteret, Norbert 139
Caumont, François de 117
Chaban-Delmas, Jacques 274
Chateaubriand 32
Chlodwig I., frz. König 72

Chlothar II., frz. König 97, 183
Christoph, hl. 230
Christus 53, 54, 59, 62, 63, 69, 79, 122, 123, 179, 189, 190, 194, 196, 197, 208, 230, 242, 280, 287, 311, 313
Clemens V., Papst 30
Clemens VI., Papst 30
Cluniazenser 53, 55
Corot, Jean-Baptiste Camille 282
Cro-Magnon-Mensch 9, 22, 134, 140
Cybar, hl. 246
Cyrano von Bergerac 247
Cyrus, hl. 194

Dagobert, frz. König 67, 97
Daleau, F. 128
Daniel, Prophet 54, 189, 285
Dante Alighieri 228
Dardé 134
Daubigny, Charles François 282
Daumesnil, General 207
David, Jacques-Louis 294
David, Prophet 189
Dehio, Georg 110
Delacroix, Eugène 282, 294
Deschamps, Jean 76, 294
Desiderius, hl. (St-Didier), Bischof von Cahors 183
Dieudonné d'Estaing 52
Diokletian, röm. Kaiser 24, 194
Dominikus, hl. 30, 59, 120
Dominikaner 30, 254, 255
Domitius, Cn. 22
Dorat, Jean 32
Duèze, Jacques (Papst Johannes XXII.) 30
Duèze, Pierre 190
Dyck, Anthonis van 294

Eduard I., engl. König 119
Eduard III., engl. König 30, 31, 74
Eleonore von Aquitanien 27f., 64, 277, 280, 285, 293, 296
Eligius, hl. (St-Eloi) 97
Epernon, Herzöge von 119, 284

Eugen III., Papst 101
Eugénie, frz. Kaiserin 294
Ezechiel, Prophet 189
Ezra, Prophet 189

Fabre, Jean Henri 20
Fayolle, Annet de 232
Fénelon, François de Salignac de la Mothe-
32, 111
Ferrari 247
Fournier, Jacques
(Papst Benedikt XII.) 30
Franco 293, 295
Franken 24, 201, 293
Franz I., frz. König 239, 295
Franziskaner 254, 255
Friedrich I. Barbarossa, dtsch. Kaiser 27
Frontus, hl. (St-Front) 201f., 226

Gabriel, Jacques Ange 277
Gambetta, Léon 186, 191
Genteuil, Armand de 105
Gérard, hl. 285
Géricault, Jean Louis André
Théodore 294
Germanen 24, 226
Giorgione 247
Girondisten 250f., 273, 275
Giselbert, Meister 300
Goddi, Nicolo, Bischof von Florenz 105
Gontaut-Hautefort, Familie 228
Gontaut, Karl von 120
Gontaut, Pons de 121
Gottfried, engl. Prinz 28
Goya, Francisco 294
Grailly, Jean de 119
Guadet, Elie 251
Günther, Horst 296
Guinaudeau-Franc, Zette 310

Habakuk, Prophet 189
Hadelinus, hl. 97
Hautefort, Johanna von 227
Heinrich II., engl. König 28, 64, 227, 293
Heinrich III., engl. König 255

Heinrich d. J., engl. Prinz 28, 64, 227
Heinrich III., frz. König 284
Heinrich IV., frz. König 27, 32, 112, 120,
190, 194, 232, 284
Heinrich IV., König von Kastilien 295
Herkules 195
Hilarion, hl. 198
Hitler, Adolf 295
Horaz 142
Hugenotten 32, 102, 113, 177, 204, 208,
230, 236
Hugo, Victor 273

Ingres, Jean Auguste Dominique 294
Innozenz III., Papst 30
Isaak 69
Issartel, Régis 123, 296

Jakobus d. Ä. 25
Jeanne d'Arc 31
Jeremias, Prophet 189
Jesaja, Prophet 189
Jesaja von Souillac 68, 69f.; Abb. 15
Jeune, Rosny 292
Johann ohne Land 28
Johannes 183
Johannes Ev. 62, 63
Johannes d. Täufer 80, 230
Johannes XXII., Papst 30, 101, 184, 188,
190, 191
Johnson, Hugh 321
Joly 58
Jonas, Prophet 189
Joseph von Arimathia 63
Joubert, Joseph 32
Judas Ischarioth 189

Kalixtus II., Papst 186
Karl der Große 24, 101, 235
Karl der Kahle 24
Karl Martell 24, 64
Karl V., frz. König 122
Karl VII., frz. König 31, 249
Karl VIII., frz. König 277
Karl IX., frz. König 293

Karolinger 101, 293
Katharina von Medici, frz. Königin 105, 234
Kelten 22, 183, 201
Konstantin der Große, röm. Kaiser 24
Kriesis, Anton 296
Kühn, Herbert 129, 132, 296

Lalanne 138
Langeac, Jean de, Bischof von Limoges 78
Langlois, Jean 285
La Popie, Familie 194
Latour, Georges de 230
Lavalette, Jean-Louis de Nogaret de 284
Lavour 58
Lemoricer 71
Lémozi, Abbé 194
Leo I., Papst 296
Leonhard, hl. (St-Léonard) 72 f.
Le Roy, Eugène 49, 139, 229, 307
Leyburn, Roger 255, 282
Lia, hl. 179
Losse, Jean II. de 177
Louis, Victor 275, 285
Ludwig der Fromme 24, 73
Ludwig VII., frz. König 28, 277
Ludwig VIII., frz. König 56, 120
Ludwig IX., der Hl., frz. König 59, 122, 234
Ludwig XI., frz. König 112, 122, 295
Ludwig XIII., frz. König 66, 100, 113, 247
Ludwig XIV., frz. König 113, 295
Ludwig XV., frz. König 66, 109
Ludwig XVI., frz. König 289
Lukas 62
Luzech, Antoine de, Bischof von Cahors 189

Maigret, Jean 228
Maine de Biran 32
Mareuil, Pierre de, Abt von Brantôme 236
Margueritte, Paul 292
Maria, hl. 80, 179, 183, 190, 197, 208
Maria Magdalena, hl. 63, 242

Maria Teresa, frz. Königin 295
Markale, Jean 296
Markus 62
Marta, hl. 179
Martel, E. A. 58, 65
Marthonie, Geoffroy de la 239
Marthonie, Mondot de la 238 f.
Martial, hl. 74, 76, 80, 279
Martin, hl. 58
Martini, Simone 296
Matteo Giovanetti da Viterbo 296
Matthäus 62
Maubourguet, Jean 139
Maumont, Géraud de 234
Mauren 293
Mauriac, François 49
Messerer, Wilhelm 296
Michael, Erzengel 252
Miller, Henry 9, 114, 296
Mistral, Fréderic 27
Montaigne, Michel de 32, 105, 249, 275
Montbrun, Jacquette de 234
Montesquieu, Charles de Secondat, Baron von La Brède und 32, 275, *283f.*
Montijo, Gräfin von 294

Napoleon I., frz. Kaiser 49, 227
Napoleon III., frz. Kaiser 49, 294
Neandertaler 22, 131, 134
Nikodemus 63
Normannen 98, 184, 201, 235, 250, 293

Palladius, hl., Erzbischof von Bourges 195
Pasteur, Louis 313
Paulus 54, 190, 235
Peiper, Rudolf 296
Pernoud, Régine 296
Perugino 282
Petrucoren 201
Petrus 53, 54, 63, 69, 201, 235, 242
Pey Berland, Erzbischof von Bordeaux 279
Peyrony, Denis 128, 132, 134, 135, 136
Philipp II. Auguste, frz. König 28, 52

Philipp III. der Kühne, frz. König 113
Philipp IV. der Schöne, frz. König 30, 59, 234
Philipp VI., frz. König 30, 59
Pippin der Kurze 101, 194
Pippin I., König von Aquitanien 24
Pippin II., König von Aquitanien 24
Pleione 32
Plejaden 32
Peomon, hl. 198
Pordenone 247
Porte, Raynaud de la, Bischof von Limoges 78
Prévost, Marcel 292

Rachel, hl. 179
Raoul, Erzbischof von Bourges 53
Rat, Maurice 296
Raymond V., Graf von Toulouse 56
Remaclus, hl. 97
Rembrandt, Harmensz. van Rijn 294
Renaud de Thiviers, Bischof von Périgueux 241
Renoir, Auguste 27, 80
Richard Löwenherz 28, 118, 122, 194, 227
Römer 22, 23, 183, 201, 225, 273, 289, 293, 311
Roger, Pierre (Papst Clemens VI.) 30
Rohlfs, Gerhard 296
Roland 24
Roquefeuil, Bérengar von 199
Rostand, Edmond 247
Rubens, Peter Paul 294
Rustikus, hl., Bischof von Cahors 183

Sacerdos, hl. 101
Salignac, François de 112
Samson 242, 285
Santiard-Beultau 234
Sarazenen 24, 98, 100, 183, 201, 250
Sarradet, Max 101, 178, 296
Sautuola, Graf M. de 126
Schwarzer Prinz 74
Sendreux, Guillaume de 144
Sicarius, hl. 235

Simon von Montfort 30, 112, 118, 120
Stephanus 80,
Stephanus, hl. 74, 76, 189 f.
Störtebeker 26
Sully 232
Supervielle 292

Talleyrand 227, 232
Tarde, Gabriel de 115
Tarde, Jean de 115
Tayac, Herren von 134
Télémaque 32
Templer 114
Theatus, hl. 97
Theodebert, frz. König 72
Theophil, hl. 68
Thomas Beckett, hl. 230
Tizian 282
Tounens, Antoine Orélie de 230
Trombe 58

Valerie 80
Valois 30
Vandalen 24
Vascones 293
Vauban 286, 294
Veronese, Paolo 282
Veronika, hl. 59, 287
Viollet-le-Duc, Eugène Emmanuel 237, 281, 296
Viré, Armand 65
Vivans 32, 102, 113, 114, 119, 177, 294

Waïfre, Herzog von Aquitanien 194
Westgoten 24, 201, 293
Weyden, Roger van der 300
Wilhelm, Abt von St-Amand-de-Coly 178 ff.
Wilhelm IX., Herzog von Aquitanien 27, 285
Wilhelm X., Herzog von Aquitanien 27
Wisigarde, frz. Königin 72

Zachäus, hl. 59, 194, 287
Zeus 32
Zisterzienser 122, 124, 239

Von Thorsten Droste erschienen in unserem Verlag:

Das Poitou

Westfrankreich zwischen Poitiers, La Rochelle und Angoulême – die Atlantikküste von der Loire-mündung bis zur Gironde

364 Seiten mit 35 farbigen und 119 einfarbigen Abbildungen, 136 Karten und Zeichnungen, 50 Seiten praktischen Reisehinweisen, Register

Die Provence

Ein Begleiter zu den Kunststätten und Naturschönheiten im Sonnenland Frankreichs

392 Seiten mit 40 farbigen und 95 einfarbigen Abbildungen sowie 146 Zeichnungen, Karten und Plänen, 32 Seiten praktischen Reisehinweisen, Glossar, Register

Venedig

Die Stadt in der Lagune – Kirchen und Paläste, Gondeln und Karneval

392 Seiten mit 37 farbigen und 148 einfarbigen Abbildungen, 104 Karten und Plänen, 18 Seiten praktischen Reisehinweisen, Glossar, Register

---

Bitte beachten Sie auch folgende DuMont Kunst-Reiseführer zu Frankreich:

Südwest-Frankreich

Vom Zentralmassiv zu den Pyrenäen – Kunst, Kultur und Geschichte

Von Rolf Legler. 288 Seiten mit 30 farbigen und 122 einfarbigen Abbildungen, 71 Zeichnungen und Plänen, Literaturhinweisen, 16 Seiten praktischen Reisehinweisen, Register

Auvergne und Zentralmassiv

Entdeckungsreisen von Clermont-Ferrand über die Vulkane und Schluchten des Zentralmassivs zum Cevennen-Nationalpark

Von Ulrich Rosenbaum. 248 Seiten mit 36 farbigen und 97 einfarbigen Abbildungen, 45 Plänen und Zeichnungen, 16 Seiten praktischen Reisehinweisen, Register

Languedoc-Roussillon

Von der Rhône bis zu den Pyrenäen

Von Rolf Legler. 352 Seiten mit 48 farbigen und 247 einfarbigen Abbildungen, Plänen und Zeichnungen, 16 Seiten praktischen Reisehinweisen, Register

Côte d'Azur

Frankreichs Mittelmeerküste von Marseille bis Menton

Von Rolf Legler. 357 Seiten mit 45 farbigen und 150 einfarbigen Abbildungen, 106 Karten und Zeichnungen, 44 Seiten praktischen Reisehinweisen, Register

Savoyen

Zwischen Montblanc und Rhône – Natur und Kunst in den französischen Alpen

Von Ruth und Jean Yves Mariotte. 256 Seiten mit 34 farbigen und 85 einfarbigen Abbildungen, 87 Zeichnungen, Plänen und Stichen, 16 Seiten praktischen Reisehinweisen, Register, Zeittafel

DuMont Kunst-Reiseführer

»Kunst- und kulturgeschichtlich Interessierten sind die DuMont Kunst-Reiseführer unentbehrliche Reisebegleiter geworden. Denn sie vermitteln, Text und Bild meist trefflich kombiniert, fundierte Einführungen in Geschichte und Kultur der jeweiligen Länder oder Städte, und sie erweisen sich gleichzeitig als praktische Führer.« *Süddeutsche Zeitung*

Alle Titel in dieser Reihe:

- Ägypten und Sinai
- Entdeckungsreisen in Ägypten 1815–1819
- Algerien Arabien
- Entdeckungsreisen in Südarabien
- Belgien
- Brasilien
- Bulgarien
- Bundesrepublik Deutschland
- Das Allgäu
- Das Bergische Land
- Bodensee und Oberschwaben
- Bremen, Bremerhaven und das nördliche Niedersachsen
- Die Eifel
- Franken
- Hessen
- Kölns romanische Kirchen
- Die Mosel
- München
- Münster und das Münsterland
- Zwischen Neckar und Donau
- Der Niederrhein
- Oberbayern
- Oberpfalz, Bayerischer Wald, Niederbayern
- Ostfriesland
- Die Pfalz
- Der Rhein von Mainz bis Köln
- Das Ruhrgebiet
- Sauerland
- Schleswig-Holstein
- Der Schwarzwald und das Oberrheinland
- Sylt, Helgoland, Amrum, Föhr
- Der Westerwald
- Östliches Westfalen
- Württemberg-Hohenzollern
- Volksrepublik China
- DDR
- Dänemark Frankreich
- Auvergne und Zentralmassiv
- Die Bretagne
- Burgund
- Côte d'Azur
- Das Elsaß
- Frankreich für Pferdefreunde
- Frankreichs gotische Kathedralen
- Korsika
- Languedoc – Roussillon
- Das Tal der Loire
- Lothringen
- Die Normandie
- Paris und die Ile de France
- Périgord und Atlantikküste
- Das Poitou
- Die Provence
- Drei Jahrtausende Provence
- Licht der Provence
- Savoyen
- Südwest-Frankreich Griechenland
- Hellas
- Athen
- Die griechischen Inseln
- Alte Kirchen und Klöster Griechenlands
- Tempel und Stätten der Götter Griechenlands
- Korfu
- Kreta
- Rhodos Großbritannien
- Englische Kathedralen
- Die Kanalinseln und die Insel Wight
- London
- Schottland
- Süd-England
- Wales
- Guatemala
- Das Heilige Land
- Holland
- Indien
- Ladakh und Zanskar
- Indonesien
- Bali
- Irland
- Italien
- Apulien
- Elba
- Das etruskische Italien
- Florenz
- Gardasee, Verona, Trentino
- Die Marken
- Ober-Italien
- Die italienische Riviera
- Von Pavia nach Rom
- Rom – Ein Reisebegleiter
- Rom in 1000 Bildern
- Das antike Rom
- Sardinien
- Sizilien
- Südtirol
- Toscana
- Umbrien
- Venedig
- Die Villen im Veneto
- Japan
- Nippon
- Der Jemen
- Jordanien
- Jugoslawien
- Karibische Inseln
- Kenya
- Luxemburg
- Malta und Gozo
- Marokko
- Mexiko
- Unbekanntes Mexiko
- Nepal Österreich
- Kärnten und Steiermark
- Salzburg, Salzkammergut, Oberösterreich
- Tirol
- Wien und Umgebung
- Pakistan
- Papua-Neuguinea
- Portugal
- Madeira
- Rumänien
- Die Sahara
- Sahel: Senegal, Mauretanien, Mali, Niger
- Die Schweiz Tessin
- Das Wallis
- Skandinavien
- Sowjetunion Kunst in Rußland
- Sowjetischer Orient
- Spanien
- Die Kanarischen Inseln
- Katalonien
- Mallorca – Menorca
- Südspanien für Pferdefreunde
- Zentral-Spanien
- Sudan
- Südamerika
- Südkorea
- Syrien
- Thailand und Burma
- Tunesien
- USA – Der Südwesten

»Diese Einführungen in Kunst, Kultur, Geschichte und Landschaft eines Landes gehören zum Besten, was man heute zur Vorbereitung einer Reise in die Hand nehmen kann. Der Informationswert liegt sehr hoch, die vielen Abbildungen geben Anregung und Erinnerung. Selbst auf einen Teil mit mehr praktischen Hinweisen wurde nicht verzichtet.« *Literaturreport*

Alle Bände mit vielen, zum Teil farbigen Abbildungen; dazu Zeichnungen, Karten, Grundrisse, praktische Reisehinweise.

»Richtig reisen«

»Richtig reisen«: Ägypten
Von Marianne Doris Meyer

»Richtig reisen«: Algerische Sahara
Reise-Handbuch. Von Ursula und Wolfgang Eckert

»Richtig reisen«: Amsterdam
Von Eddy und Henriette Posthuma de Boer

»Richtig reisen«: Arabische Halbinsel
Saudi-Arabien und Golfstaaten
Reise-Handbuch. Von Gerhard Heck und Manfred Wöbcke

»Richtig reisen«: Australien
Reise-Handbuch. Von Johannes Schultz-Tesmar

»Richtig reisen«: Bahamas
Von Manfred Ph. Obst. Fotos von Werner Lengemann

»Richtig reisen«: Von Bangkok nach Bali
Reise-Handbuch. Von Manfred Auer

»Richtig reisen«: Berlin
Von Ursula von Kardorff und Helga Sittl

»Richtig reisen«: Budapest
Von Erika Bollweg

»Richtig reisen«: Cuba
Reise-Handbuch. Von Karl-Arnulf Rädecke

»Richtig reisen«: Elsaß
Von Uwe Anhäuser

»Richtig reisen«: Ferner Osten
Reise-Handbuch. Von H.-J. Aubert

»Richtig reisen«: Finnland
Von Reinhold Dey

»Richtig reisen«: Florida
Von Manfred Ph. Obst. Fotos von Werner Lengemann

»Richtig reisen«: Friaul – Triest – Venetien
Von Eva Bakos

»Richtig reisen«: Graz und die Steiermark
Von Christine Metzger

»Richtig reisen«: Griechenland
Delphi, Athen, Peloponnes und Inseln. Von Evi Melas

»Richtig reisen«: Griechische Inseln
Reise-Handbuch. Von Dana Facaros

»Richtig reisen«: Großbritannien
England, Wales, Schottland. Von Rolf Breitenstein

»Richtig reisen«: Hawaii
Von Kurt Jochen Ohlhoff

»Richtig reisen«: Holland
Von Helmut Hetzel

»Richtig reisen«: Hongkong
Mit Macau und Kanton. Von Uli Franz

»Richtig reisen«: Irland
Von Wolfgang Kuballa

»Richtig reisen«: Istanbul
Von Klaus und Lissi Barisch

»Richtig reisen«: Jamaica
Von Brigitte Geh

»Richtig reisen«: Kairo
Von Peter Wald

»Richtig reisen«: Kalifornien
Von Horst Schmidt-Brümmer und Gudrun Wasmuth

»Richtig reisen«: Kanada und Alaska
Von Ferdi Wenger

»Richtig reisen«: West-Kanada und Alaska
Von Kurt Jochen Ohlhoff

»Richtig reisen«: Kreta
Von Horst Schwartz

»Richtig wandern«: Kykladen
Von Kurt Schreiner

»Richtig reisen«: London
Von Klaus Barisch und Peter Sahla

»Richtig reisen«: Los Angeles
Von Horst Schmidt-Brümmer

»Richtig reisen«: Madagaskar
Reise-Handbuch. Von Wolfgang Därr und Anne Wodtcke

»Richtig reisen«: Malediven
Reise-Handbuch. Von Norbert Schmidt

»Richtig reisen«: Marokko
Reise-Handbuch. Von Michael Köhler

»Richtig reisen«: Mauritius
Reise-Handbuch. Von Wolfgang Därr

»Richtig reisen«: Moskau
Von Wolfgang Kuballa

»Richtig reisen«: München
Von Hannelore Schütz-Doinet und Brigitte Zander

»Richtig reisen«: Nepal
Kathmandu: Tor zum Nepal-Trekking. Von Dieter Bedenig

»Richtig reisen«: Neu-England
Von Christine Metzger

»Richtig reisen«: Neuseeland
Von Joachim Fischer

»Richtig reisen«: New Mexico
Santa Fe – Rio Grande – Taos
Von Horst Schmidt-Brümmer

»Richtig reisen«: New Orleans
und die Südstaaten Louisiana, Mississippi, Alabama, Tennessee, Georgia
Von Hanne Zens, Horst Schmidt-Brümmer und Gudrun Wasmuth

»Richtig reisen«: New York
Von Gabriele von Arnim und Bruni Mayor

»Richtig reisen«: Nord-Indien
Von Henriette Rouillard

»Richtig reisen«: Norwegen
Von Reinhold Dey

»Richtig reisen«: Paris
Von Ursula von Kardorff und Helga Sittl

»Richtig reisen«: Paris für Feinschmecker
exklusiv. Von Patricia Wells

»Richtig reisen«: Philippinen
Von Roland Dusik

»Richtig reisen«: Portugal
Reise-Handbuch. Von Thomas Fischer

»Richtig wandern«: Rhodos
Von Günter Spitzing

»Richtig reisen«: Rom
Von Birgit Kraatz

»Richtig reisen«: San Francisco
Von Hartmut Gerdes

»Richtig reisen«: Die Schweiz und ihre Städte
Von Antje Ziehr

»Richtig reisen«: Seychellen
Reise-Handbuch. Von Wolfgang Därr

»Richtig reisen«: Sizilien
Von Eva Gründel u. Heinz Tomek

»Richtig reisen«: Sri Lanka
(Ceylon) Von Jochen Siemens

»Richtig reisen«: Südamerika 1
Kolumbien, Ekuador, Peru, Bolivien. Von Thomas Binder

»Richtig reisen«: Südamerika 2
Argentinien, Chile, Uruguay, Paraguay. Von Thomas Binder

»Richtig reisen«: Südamerika 3
Brasilien, Venezuela, die Guayanas. Von Thomas Binder

»Richtig reisen«: Süd-Indien
Von Henriette Rouillard

»Richtig reisen«: Texas
Von Horst Schmidt-Brümmer und Gudrun Wasmuth

»Richtig reisen«: Thailand
Von Renate Ramb und Stefan Loose

»Richtig reisen«: Toscana
Von Nana Claudia Nenzel

»Richtig wandern«: Toscana und Latium
Von Christoph Hennig

»Richtig reisen«: Türkei
Reise-Handbuch. Von Dux Schneider

»Richtig reisen«: Tunesien
Reise-Handbuch. Von Michael Köhler

»Richtig reisen«: Venedig
Von Eva Bakos

»Richtig reisen«: Wallis
Von Antje Ziehr

»Richtig reisen«: Wien
Von Wolfgang Kuballa und Arno Mayer

»Richtig reisen«: Zypern
Von Klaus Bötig